基于新文科与应用人文实践的公共管理实

基层公共文化与治理实务案例研究

何 一　熊若柳　晏 艳◎编著

吉林大学出版社
·长春·

图书在版编目(CIP)数据

基层公共文化与治理实务案例研究 / 何一，熊若柳，晏艳编著.— 长春：吉林大学出版社，2023.9
 ISBN 978-7-5768-2194-9

Ⅰ．①基… Ⅱ．①何… ②熊… ③柳… Ⅲ．①公共管理－文化工作－研究－中国 Ⅳ．①G123

中国国家版本馆CIP数据核字(2023)第192422号

书　　名：基层公共文化与治理实务案例研究
　　　　　JICENG GONGGONG WENHUA YU ZHILI SHIWU ANLI YANJIU

作　　者：何一　熊若柳　晏艳
策划编辑：邵宇彤
责任编辑：高珊珊
责任校对：蔡玉奎
装帧设计：优盛文化
出版发行：吉林大学出版社
社　　址：长春市人民大街4059号
邮政编码：130021
发行电话：0431-89580028/29/21
网　　址：http://www.jlup.com.cn
电子邮箱：jldxcbs@sina.com
印　　刷：三河市华晨印务有限公司
成品尺寸：170mm×240mm　　　16开
印　　张：16.5
字　　数：293千字
版　　次：2024年1月第1版
印　　次：2024年1月第1次
书　　号：ISBN 978-7-5768-2194-9
定　　价：88.00元

版权所有　　翻印必究

《基于新文科与应用人文实践的公共管理实务研究》丛书

编委会

主　任：何　一
副主任：周　陶　单琰秋　徐向峰　刘廷华　陈世海　肖乾利　张义烈
总　编：何　一
副总编：周　陶　单琰秋　徐向峰
编　委：（按姓氏笔画为序）
　　　　王　毅　王　烬　王　浩　冯丽丽　冯嘉华　曲美霞　李怀宗
　　　　李　敏　李裕坤　沈　霞　张金华　庞　豪　赵　敏　晏　艳
　　　　唐　蔚　黄　河　黄　璐　龚文君　熊若柳

总　序

马克斯·韦伯在《学术作为一种志业》中尝说:"学术工作要求过时。任何有志献身学术工作的人,都必须接受这项事实,这不仅是我们共同的命运,更是我们共同的目标。"的确,对于学术价值的个人、个别或单项所为的追求,是超越和恒定,但时间永宙的环宇事实,知识的紊序变迁与认知的演绎前行,终究是无阻无限。人"贱"为芦草,而"贵"为"思维的芦草",作为自觉而兼具实然与应然世界的动物,亦即"有气、有生、有知亦且有义"的"最贵"者,其创造和改变知识的天性与行为,决定着自身历史的状态与进程。虽无力完全有序把控或绝对精准预测知识发展的无限未来,以致于终极性历史决定论"贫困"尽显,但知识自身的变化演进是必然和常态的。特别是发端于紧系主观林立的人的世界、功能指向侧重于价值认知、实践效应居"以仁统智"地位的文科知识,其主观性、多样性、颠覆性、复兴性以及融合性变换特质,更是以贯穿历史、盘互交错、日新月异的姿态,激荡着现实生活世界。为应对当今世界普遍而深刻的社会变革,探索人文社科的未来转型和发展方向,确立其新定位、新范式、新效能,从而发挥其新作为,自 2018 年始,教育部发出了大力建设新文科的倡议。

一

致思于专项问题研究。作为具备人才培养、科学研究、社会服务和文化传承基本功能的社会组织,高等学校是新文科体系化构建与系统性效能发挥的集中性原初发起点。

针对学科现状，广义的新文科建设诉求，在效能上，增强实用机能，以应对现实市场需求，进而匹配国家发展目标；在方法上，人文与社科、文科与自然科学无界融合；在道器体用上，新文科的建设，目的不在借他学以助己，而是如陈寅恪所言，是为了更好发挥其"天理人事之学，精深博奥者，亘万古、横九垓，而不变。凡时凡地，均可用之。而救国经世，尤必以精神之学问为根基"的特殊效能。

基于问题意识，立足应用转型地方高校的现实需求，结合公共管理学科、专业建设以及基层社会治理人才培养，以"应用人文教育"理念和实践为核心支撑的"新文科"建设，其产生的机缘和对症标的，依据实然应然、抽象具象、普遍具体的逻辑顺序，其价值效能所支撑的问题表现在：

——在生存共性上，每一人的人生存在三大普世求解：一是存在状态上，先天"本能常量"与后天"文化变量"交合的复合人性，导致"心形互役""天人大战"的人生之难；二是作为知识人之"真知知识"与"价值知识"的合理效益匹配之难；三是自觉主动经历一生的"工具人"与"目的人"亦即"生存"还是"生活"的真实理性定位。

——在大学因应的时代通识上，高等教育面临的共性背景及现实主题，亦即"时代三问"：第一，资讯自取自媒的时代，大学能做什么？第二，知识即生即灭的时代，大学该教什么？第三，追逐人工智能的时代，学生应学什么？

——在培养现代大学生必备的基本素质与能力上，如哈佛大学前校长德里克·博克在《回归大学之道》中所述：表达沟通，独立思考与批判思维，道德意识，公民意识，适应多元文化，全球化素养，学术兴趣，就业能力，内心的形上世界。为此，新文科如何应对？

——具象于宜宾学院，"应用""创新""国际化""特色鲜明"和"综合大学"为学校办学新要素。基于"应用人文教育"核心的新文科，在为"应用"立本的同时，可为"创新"修智性，为"国际化"建立中国人文底色和世界文明参照，为"特色鲜明"丰富"应用"的内在育人要素，为"综合大学"奠定人文基础。

——在专业理念上，立足法学与公共管理学部"良法从则，善管允公"是宏观理念，具体到公共管理类专业之职业特点，则以人为第一和根本工作对象，洞察人性、厘清事理是基础思维；律人驭事、建制善管是职业核心指向；知行合一、师生共建是常态化高效路径；好"技术"与高"素质"是人才完美匹配。而这一切，无不根植于人文之"以仁统智"的修养机理。

基于目标指向：

——探究"应用型"高校"新文科"建设路径。第一，功能融合：基于"应用"转型，探究人文学科与社会科学"形上"与"形下"的应用性功能融合，构建"新文科"；第二，功能延展：基于"学科思政"，探究应用型人才综合素养和科学与人文融合"以仁统智"观念的培养，构建"新文科"；第三，学科融合：基于人文、社科学科群功能的"软科学"化转化，围绕创新型应用人才培养，构建"新文科"。

——探究人才规格与标准，亦即探索构建"应用转型"与"应用人文教育"实践下的"创新型应用"人才规格的新内涵、新要素、新标准。着力培养能洞察人性事理，律人驭事，有深度、宽度、厚度和温度的"四度"职业人、开明人和生活人。

——探索现代高等教育的"纠偏"路径，亦即人才培养模式简单"工业化"、内容单一技术化、人才庸俗工具化倾向，以及"用"而无魂，重外轻内，有技术无素养，有知识无文化，有事功无价值之庸俗的科学主义、工具主义、技术主义的急功近利倾向和"应用"异化偏致。回归遵循目的人与工具人、价值理性与工具理性并重的人本原理以及道用一体，仁智同修，物我并重，有用之用与无用之用、成人与成才和谐共进的应用素质教育本真。

——实践创新诉求。第一，创造新模式："人文"+"应用"的"应用人文教育"模式，由于此前尚无先识，当然更没有系统化的实践，因而具有独创意义和实践价值。第二，探索新机制：呼唤大学人文精神回归与"应用转型"潮流不期而遇，如何在微观实务中具体实现二者的效益互促、价值共赢，意义重大。第三，证成新理念：在应用转型中普遍追逐物质技术"高精尖新奇奥"的潮流下，以切实和独辟蹊径的实践，尝试并证实"无用之用是为大用"的育人新智慧。

基于方法论原理：

——在总体思路上：依托创新应用导向，学术化认知，应用人文渗透，软科学化转化，仿真化训练，准职业化实践的转型策略，遵循治人与自治的人学，以仁统智的准科学，私德公用的行业个性以及以人为第一和根本工作对象、以理念主导和规则制定为第一要务之文科职业个性，通过人文与社科学科

3

在知识、功能上的综合融合，有效实践学习力、应用力、就业力、发展力和有本事、有情怀、有正气、有理想的应用人才培养标准，以培养能洞察人性事理，具备和谐协调、理念主导、律人驭事、建制善管、变革思维、高效执行素养的创新型公共管理应用人才。

——技术路线包括：第一，效用原理："应用人文"教育的提出，不单纯以知识和技术培训为目标，而是立足培养一种素养、精神、内省和价值构建的内在修为。在"效用"逻辑上，则基于道器体用论的分层认知原理和大学教育之知识、能力、人格三个完整的维度，以及方法论上"有用"与"无用"、"大用"与"小用"、"道术裂"与"道术合"的体用原理。第二，特质贯通：充分挖掘和发挥人文学科比之于社会科学、自然科学更具超越与普遍性、根源性与母体性、长远性与历史纵深性、民族差异与价值性、综合性与贯通性、经典性与普适性、德性与智性、主观性与非实用性的特点，以弥补纯客观化、标准化、工具性应用精神之不足。第三，嵌入实践：亦即各专业采取组合式课堂教学的同时，延伸课程形式平台类别，特别是教师主导下的师资服务社会实务和课程化规范组织学生参与社会实践，各实践课程基于对其知识体系内在精神、思维方式和行为特质的自觉，实现"应用"与"人文"、技术与素质、专业与通识的育人结合，直击观念引导、修为养成、情怀陶育、价值构建、思维训练和视野拓展，促进学生价值理性与工具理性在认知和能力上的均衡匹配发展。同时以"师生同成"的目标获取实践上的效应：其应用，旨在工匠精神，契约精神，实学精神，事业情怀。其创新，侧重于变革理念、创新的事实与价值判断和批判思维。

——系列知识落地：第一，通用路径：全域挖掘每门课程内在的独特价值体系、思辨方式和实践技术资源，开展科学精神、人文主义、超越情怀、契约精神、工匠精神、哲学思辨、批判思维、价值构建等"应用"与"人文教育"。第二，专设课程：以道（信仰与情怀）、理（人性与事理）、法（契约与律理）、术（思维与智慧）为纲，以古今中外人文成果为主要教育资源和素材，专设12个专题：人性与人文、科学与人文、人本与人文、东方和西方、古典与现代、超越与情怀、理学与实学、常道与匠心、礼乐与契约、思辨与批判、变革与创新、六艺与礼仪。第三，博雅内涵：涵摄哲学、宗教学、伦理学、儒家实学、文化、美学、艺术、文学、史学等学科内容，指向东西方人文主义、传统文化、信仰情怀、人格人伦、躬行践道、创新求真、世界眼光、礼仪修为等方面的内修式的、安身立命内外兼修、积累传统底蕴、塑造现代素质的博雅教育。第四，目标指向：修养：东方人本、西方人文、价值构建、修为自省。能力：匠心磨砺、笃行笃业、批判包容、思辨创造。素质：人文健全、人性体悟、事理辨析、实学认知。人格：传统底蕴、现代要素、事业情怀与职业素质。

二

密切于管理实践传统。关于知识与人的渊源，荀子《解蔽》言："凡以知，人之性也。"亚里士多德《形而上学》言："求知是人的本性。"人是知识的存在物，天生于知识系统之内，而动物则生活在"物理宇宙"之中。知识是文化的载体，文化则是人在接受自然法则之外自觉约束本能的"后天法则"，它由非生物性的思想和行为习惯模式组成，所以，文化是人的本质属性和独有生活方式。文科，从知识到升华凝炼亦即文化层级，成为人之生活行为、特别是"名教"领域最为原始、直接和自发的知识体系。"知识如何可能？"的怀疑论，是知识学问化的质变性起点，而原始、自发之后的"枢纽"环节，是人自身对于人、人文的认知和行为效益的"自觉"。具体到以人为第一和核心关联对象的公共管理学科专业而言，无论个人专业自存、团队专业打造还是学术性专业创造，基于文科知识与文化效应的体系化有意呈现，其"新文科"构建的自觉，首在团队化专业的人、事、行的全域实践、验证和新知辨析。而其所直接对症的现实，就是大学事务中普遍存在的无意义的学习、无文化的知识、无温暖的技术、无人文的行政。功利取代价值，事实取代理解，现象取代思辨，当下取代长远，个别取代普世，变化代替发展，破坏代替创新，将所有新的、快的、大的、高的、强的都等同于好的——知识与科学的"非人化"等现象。

为此，基于专业自觉以及最高的管理是文化管理理念，在历时十余载的公共管理及相关专业团队建设（其中政府管理学院12年，法学与公共管理学部3年）、人才培养和学术研究实践中，立足"人学"文科及其文化升华效应，亦即文化的基础是里仁，文化的核心是价值，文化的载体是知识，文化的高度是思想，文化的目标是人格等实施点位，循序渐进开展了"新文科"的生活化与业务性融合、常态化与专业性交错的自然、细节性实践。

在组织文化方面，其中法学与公共管理学部和政府管理学院分别以"良法从则，善管允公"和"道理法术，正文立人"为总基调。在内容要素上，以崇善学术，追求卓越，发扬民主的大学精神为组织文化建设的圭臬。管理工作职业常道，基于两个朴实的假设。对教工——假如对面坐的是自己的兄弟姐妹，对学生——假如讲台下面坐的是自己的孩子。用学术思考，力戒单纯用权力思考。坚持职权面向全体，与私情保持距离。忠诚于恪守尊严，享受和谐，师者成就，学者成才的部门核心价值。着力打造先进合理的团队精神、干部风貌、学生规格。践行以师生为本位，制度为保障，变革为动力，政风带系风的管理策略，积极构建谦逊大度、朝气蓬勃、生动有序、严谨高效的组织文化，在教师中倡导知行合一、理想主义、批判精神、敬畏包容的知识分子人生姿态。努力营造清明的管理环境，健全的人文环境，和谐的人际环境，宽松的学术环境，严谨的工作环境和积极的成才环境。积极为师生创造提供发展、成才的环境和机会，在班子中带头倡导大度、敬畏、补台、沟通、干净行政的工作态度，秉持对部门的情感亲近和审视、监督、分利时的距离感以及进退并存的公权姿态。队伍建设立足创造人人有希望的机制，重视民间舆论和业务权威的培养和积极作用。师生激励强调价值多元。注重构建和运用有效积极的程序、机制平台和文化生态。以校园而不是行政话语和行为彰显部门精神气质，杜绝单纯行政化倾向。

个体为人，反省自明为人与为事、职业人与生活人的本分和差异。奉行草根物欲，贵族灵魂，深邃思考，诗意生活的人生态度。坚持人格独立，思想独立的立世准则。奉行博文而勤勉善思，约礼则止于和善的处世标准。对人与物，肫挚恻怛，民胞物与，尚友天下，从善嫉恶，不卑不亢。对利有欲亦刚，在意而不钻营，取之合乎善道与正道。追求耿介纯粹、刚健有为、警惕并力戒自我异化的做人风格。在做人的格局与气象上：自觉求道无论西东的眼界，知行合一的实践，兼具道、理、法、术的内在素养以及谦逊、包容、自省、敬畏的情怀。

于公权角色，则注重身份自觉，敏于学道政道、求真与求价值并重，做到遵纪守法，敬畏道义责任，执着学术追问，努力说真言、做净友。作为公共角色和人格健全的人，努力做到体用相成，"六艺"兼修，在公权行使特别是人事协调活动中领悟并践行器以载物，无以载人之"君子不器"古训。眼界、格局、御人、行事中努力铸就真诚、恻怛、包容、自省、谦逊、敬畏的胸襟。服务与问道取向自修目光向下，礼失求野的情怀。作为管理者，于道常驻不移，做到上有信仰，下有底线；于理谨守不悖，善意中行；于法敬畏不逾，坚贞执守；于术高效不居，变换有度。让个人修养的全面自省、各要素的辩证制约，成就知行合一的为人与为事的实践。针对学术性团队的创造性特质，以克制的行政之风，循序渐进有序建设自我主体的秩序，而非一切兜底管控的强制性秩序。

为政则尽力处理好多重关系："有用之用"与"无用之用"的关系：均衡成就事功与探究事理，杜绝庸俗实用主义，实践中兼具形上形下、体与用、道与器的思维方式，追求和实现无用则无所不用的实践价值。工具理性与价值理性的关系：深切认识人的存在和行为必受制于两种法则亦即自然的因果律与社会的价值律的制约，因此实践中应并重效率与善意的平衡，坚持以仁统智，达到工具理性与价值理性共同进步。形式合理与实质合理的关系：行事追求事理的价值根由和终极目标，超越"谁的""什么样的""新的""旧的"等狭隘阈限，执着于正确价值标准下"好的""善的""合理的""合乎实际的"和"有用的"。目的与手段的关系：清晰了解自身的真实需要，防止将手段、技术和工具目的化、价值化和终极化，造成建设、发展手段、行为与目标的异化。创新与集大成：防止"创新"舆论和行为的标签化、庸俗化，重在实施理性"变革"思维，并重创新与集大成，理性判断真实正面的效益和价值，让创新和变革真正成为发展的正面动力，方法上做到纳新而不弃旧，真正实现发展效益最大化。政绩焦虑与百年老店：为克服行为短视和过度功利的政绩焦虑，立足开"百年老店"的长远目标，公权行使者在"利"的权衡上明晰公与私、当下与将来的关系，树立长久、终极、正面、积极的利益目标，并确保每一阶段性行为的细节都正面有效地指向这一目标。建设发展的共性和个性：共性建设要素结构标准周全，以预防发展风险确保稳定安全；个性建设以突出优势特色，促进发展。

为事则积极进取，刚健有为，谦逊大度，坚持原则，谋略兼顾。强调问题意识和观念的理性觉悟，凡事必有清晰的理论、方法和价值取向。兼顾创新与集大成的成事理念。宏观工作敏于前瞻性，自觉强化守土意识、行权的人文关怀、决策行事的价值取向、职业操守的契约精神和同舟共济的团队精神。专业上多说截断众流之语，行政上多发涵盖乾坤之言。坚信道并行不悖，坚持极高明而道中庸，尊重规律，敬畏科学与学术，少为学术民工，戒为权威奴才，不为权力工具，拒为权利乞丐。力戒学术的意识形态化，深省自我局限，努力接

7

近本质，追求实质合理，力戒形式合理。自省领与袖之脏、自身权利必藏污纳垢。对事权、财权等资源权利，坚持会商公开、接受监督、规范共享。坚信一切人文社科及人的管理最终都是人学，所有的失败和丑陋最终都是为人的失败和丑陋。警醒众口一致赞颂背后的专制污垢，尊重善待反对和异议背后的民主精神，防止知识分子工具化和下属家丁化。警惕寡头与民粹，不迷信好人政治，注重制度文明，善待基于工作利益出发的众议力量，包容大度，少做诸葛亮，多做臭皮匠。相信惩戒为恶，乃必有之恶。深切体悟掌权的原罪感，而充满对于行使权力的敬畏。

三

略述于局部成效。于外，"新文科与应用人文实践的公共管理实务研究"主题的实务性成果，亦即《基于新文科与应用人文实践的公共管理实务研究丛书》，包括《基层公共服务与治理实务案例研究》《基层公共经济与治理实务案例研究》《基层公共事务与治理实务案例研究》和《基层公共文化与治理实务案例研究》。丛书的实务内容以实践履行大学人才培养、科学研究、服务社会和文化传承四大功能的常态使命；文本的专业性和学术性成果，则源自省部级"四川省高等教育综合改革"项目《基于"应用转型"和"新文科"建设的"应用人文"教育综合改革试点》和校级"新文科研究与改革实践"项目《以系统化"应用人文教育"介入升级应用型人才培养体系研究》的课题研究内容与任务支撑，其主题核心，是课题任务设计中，以应用人文教育支撑"新文科"的理念与实践，通过师生团队服务地方亦即基层治理工作，将"新文科"和"应用人文"体系化互动效应，渗透到地方公共服务、公共经济、公共事务和公共文化及其治理实务的专业认知、规划制定、方案设计和实践落地之中，从而提升师资团队和学生应用型新文科实践素质的专项工程。

于内，基于新文科与应用人文教育理念与实践，结合学校创新学科综合建设和提升服务地方能力的大学部制改革，凝炼出部门团队具备中观实践效益的法学与公共管理学部（律政里）组织文化理念，以期实现"君自山海来，同栖律政里；学子相与契，朗朗问灵犀；惟愿近者悦，远者来，居者安，行者达"的团队工具性与目的性职业人生愿景：

——问时篇 资讯自取自媒的时代，大学能做什么？传授唯有走进大学才能获得的知识；知识生灭不已的时代，教师该教什么？教授恒定不变和不断创新的知识；追逐人工智能的时代，学生应学什么？学习智慧机器无以自为自足的知识。

——问事篇 谋事：道用一体，志功为辩。执业：道理法术，从则允公。转型：变革创新，应用导向，学术认知；新型文科，软科学化；人文渗透，仿真训练，职业实践。愿景：文化有本，专业有道；育才有方，学术有效；律人有节，资政有成；文质有型，行业有位①。

——问里篇 里型：人文情怀，契约精神，阳光个性，谦逊雍容；多元协同，创造有为。里风：行政清明，事业严谨；道义安全，学术宽松；人际清欢，师生同成。里禁：书生工具化，行政附庸化，学术平庸化；无意义的学习，无人文的技术，无温度的行政。

——问师篇 书生：理想主义，批判精神，尊严独立，经世致用。先生：理性担当，崇实超越，修己立人，经师人师②。经师：水满育人，道术明晰，精细设计，素质导向。人师：人生建议者，学业参与者，精神引导者，大学见证者。服务：事业心，书生气，包容度，敬畏感。

——问学篇 方向：奉道奉公，修仁修智，笃行笃业，成人成才。规格：学习力，应用力，就业力，发展力；有本事，有情怀，有正气，有理想。本事：理念主导，变革思维，洞察人性，明辨事理，通透律则，建制善管，和谐协调，高效执行。

——问教篇 办学：组织文化传道，应用人文育人，专业自觉明本，学术研究铸体，培养方案树标，教育实践建效。施教：工具人与目的人，工具理性与价值理性，有用之用与无用之用，成才与成人和谐共进。知识：核心知识强基础，经典知识强素质，形上知识强创造，前沿知识强专业，选修知识强个性，复合知识强就业。课堂：条理化知识，系统化观念，结构化能力，差异化审美，创新化体验。

——问成篇 亦即"五成"人才观：即学术追问、社会视野、仿真训练、

---

① 此处属于工作"愿景"内容，即指通过自身的努力，在行业或同行中获得实有的、有分量的、有特色的亦即重要地位或位置。

② 出自《后汉记·灵帝纪上》，"经师"本义为研究传授儒家经典的人，"人师"即教人如何做人的老师。"经师人师"则指兼具教授经典学术和培养人才品德才能的老师。

实践砥砺的"成学"观；自我约束、自我超越、学养深厚、笃行高效的"成才"观；科学精神、人文素质、艺术修养、宗教情怀的"成人"观；契约精神、天下情怀，人而仁道、志于智行的"成事"观；草根物欲、贵族灵魂、深邃思考、诗意生活的"成就"观。

关于思考、研究的动机与价值以及生命智慧应对世界实然，爱因斯坦在《探索的动机》中指出："人们总想以最适当的方式来画出一幅简化的和易领悟的世界图像，于是他就试图用他的这种世界体系来代替经验的世界，并来征服它。这就是画家、诗人、思辨哲学家和自然科学家所做的。他们都按自己的方式去做，个人都把世界体系及其构成作为他的感情生活的支点，以便由此找到他在个人经验的狭小范围里所不能找到的宁静和安定。"这是有限个体的主观认知局限。《庄子》言"吾生也有涯，而知也无涯。以有涯随无涯，殆已！"这是人识无以匹配世事的宿命。但是，人类作为主观、知识、自由以及极欲之物，注定新知永呈，卓识永现。

何 一

2022 年 10 月 25 日

前 言

在推进国家治理体系和治理能力现代化背景下，深化公共文化领域供给侧结构性改革成为"十四五"时期公共文化服务高质量发展的主线，提升基层公共文化服务水平成为关键环节。近年来，宜宾学院法学与公共管理学部公共管理学院充分发挥特色学科优势，根植于宜宾社会经济发展实际，关注本土基层公共管理发展现状，深入开展理论、策略与战略研究，结合省部级教育综合改革项目"应用人文教育"和市厅级"新文科"建设的理论研究应用于基层公共管理的科研项目，组织编写了"基于新文科与应用人文实践的公共管理实务研究丛书"。

面临着新时代文化领域出现的新任务、新挑战，党和国家从具体实际出发，进一步推进和提升国家文化治理的现代化水平。党的二十大报告提出"推进文化自信自强，铸就社会主义文化新辉煌"。文化治理是国家治理体系的重要组成部分，能够为坚持和发展中国特色社会主义、开创党和国家事业新局面提供强大正能量，为国家和民族的长远发展提供最基本、最深沉、最持久的力量，在实现国家治理体系和治理能力现代化过程中具有举足轻重的作用。

《基层公共文化与治理实务案例研究》一书以推进基层文化与文化治理为主旨，以加快基层文化建设为中心，关注优秀传统文化与现代社会的融合，促进基层公共文化服务体系高质量发展，推进基层文化与基层治理现代化建设，结合基层公共文化与治理的重要理念和实务案例，分析基层公共文化与文化治理的新情况、新发展、新经验，构建"以点带面""以点串线"的现代公共文化服务体系，推进现代公共文化服务高质量发展，提升现代化公共文化治理效能。

本书共分为八章，每章探讨一个基层公共文化与治理的典型案例。

第一章为新建国有文化企业发展战略研究。本章通过对国内外先进的典型案例进行汇编，结合集团发展实际情况，发现国有文化传媒集团公司在改制过程中存在的宏观、中观和微观的制约因素，在总体性结论认知基础上，以"问题"与"出路"的思维方式，提出健全常态化（基础性）要素、对症现实性问题、凸显个性化特色和对标共同性高端四个方面的研究结论。

第二章为国有文广传媒集团发展战略方案。本章针对具体案例，探讨了国有文化传媒集团公司的发展现状、发展环境等战略基础，明确了指导思想、战略原则、发展目标，制定了集团总公司和产业发展的战略，提出了切实可行的战略实施路径，以创新文化生产经营机制，激发国有文化传媒企业活力，鼓励国有文化企业做大做强。

第三章为县域公共文化服务体系发展实务研究。本章整理了案例区域内独特的文化资源，归纳总结了县域公共文化服务体系和机制建设的重点任务与重点工程项目，助力推进县域公共文化服务体系建设。

第四章为县域特色文化建设方案实务研究。本章围绕案例中县域特色文化的空间布局，深度开发其特色文化元素，实施特色文化资源保护、品牌创建、设施建设、内容包装、亮点营销、产业激活六大重点任务，推动县域文化事业大繁荣大发展。

第五章为城市新区建设文化植入概念性方案。本章是在挖掘新城区建设中原生文化资源基础上，结合新区域文化服务的差异化发展思路，融合传统文化的创造性转化与创新性发展，对标性提出的"新"文化植入方案，提升新区域公共文化供给水平。

第六章为西部县域文化产业化发展战略研究。本章根据波特"钻石模型"理论，创新性提出县域文化产业竞争力评估体系，提出"木桶倾斜""木桶补短""锥形突破""由'器'而'道'"等西部县域文化产业竞争力的实现路径。

第七章为城市主题文化理念的内涵与功能。本章探讨城市主题文化理念的价值理性与常态实践，涵盖问题与目标、理论与知识和方法与实践三个系统，指明主题转换与文化凸显、价值理性与常态回归、人本认知与修养资源等文化指向、文化品质和文化实践的实施路径。

第八章为基于大学功能全要素认知的地方"大学城"建设。本章基于中国典型"自觉发动"和"主动构建"模式，论述了大学及"大学城"建设的一般功能与效能，特别是大学城在城市中的文化环境和文明品味的功能，立足于超越"一般性"和聚焦"个别性"的立场，聚焦基于功能全要素认知的地方大学城建设的探讨。

本书是公共管理学院老师们在基层公共文化发展与治理领域长期研究积累的部分成果，希望集"新文科""应用人文实践"和公共管理应用为一体的实务案例研究能够为关注基层公共文化发展与基层文化治理的各界人士所阅读、借鉴。

编写组在素材采集、实地调研和案例撰写过程中，得到了地方党委政府和企事业单位的积极支持和配合，吉林大学出版社编辑团队为本书的成稿、修改、出版提供了大力帮助。借此，衷心感谢所有为本书出版付出努力的各界人士。

当然，由于实践领域的无限性及视野和能力的有限性，本书中难免存在不足之处，还请广大专家、学者批评指正。希望通过本书的出版，学院的教学工作质量和科研成果水平能够有所提升，为国家及地方的基层文化与治理工作贡献绵薄之力。

编写组
2022年11月

目 录

新建国有文化企业发展战略研究 ·· 1

    一、企业战略管理基本理论 ·· 1

    二、企业战略管理分析方法 ·· 4

    三、发展环境分析 ·· 5

    四、战略定位分析 ·· 34

    五、研究结论 ·· 43

国有文广传媒集团发展战略方案 ·· 49

    一、发展战略基础 ·· 49

    二、战略总则 ·· 60

    三、发展战略 ·· 63

    四、集团战略实施路径 ·· 74

    五、产业战略实施路径 ·· 87

    六、风控与保障 ··· 105

县域公共文化服务体系发展实务研究 ··· 109

    一、基础与形势 ··· 110

    二、总体要求 ··· 113

    三、主要目标与任务 ··· 114

    四、重点任务与重大工程项目 ·· 117

    五、保障措施 ··· 147

县域特色文化建设方案实务研究 149
- 一、基础与背景 149
- 二、总体要求 154
- 三、叙州区特色文化分类 158
- 四、空间布局 164
- 五、重点任务 174
- 六、保障措施 184

城市新区建设文化植入概念性方案 186
- 一、总体思路 186
- 二、醉楼("醉塔") 187
- 三、僰道城市音乐厅 191
- 四、融创文旅城 195
- 五、西阁("西楼"或"宜宾阁") 199
- 六、未来城市雕塑及景观设计 204
- 七、金沙潮运动公园 208

西部县域文化产业化发展战略研究 212
- 一、研究背景 212
- 二、研究方法：对波特"钻石模型"的修正 213
- 三、县域文化产业竞争力评估 215
- 四、提升西部县域文化产业竞争力的现实路径 222

城市主题文化理念的内涵与功能 227
- 一、背景与理则：主题转换与文化凸显 227
- 二、问题与目标系统：价值理性与常态回归 229
- 三、理论与知识系统：人本认知与修养资源 231
- 四、方法与实践系统：由己及物智慧和文化实践方法 233

基于大学功能全要素认知的地方"大学城"建设 ·· 235

　　一、关于大学及"大学城"功能的一般性论述 ································ 235

　　二、基于功能全要素认知的地方大学城建设 ································ 237

后　记 ·· 240

新建国有文化企业发展战略研究
——以宜宾文广传媒集团有限公司为例

文化由人的思想和行为习惯模式组成，所以，文化是人的本质属性。文化产业是一个社会的精神生产系统，在产业本质上，是一种市场化的文化资源配置机制，亦即意识形态的全域化竞争性生产和交易主体。所以，文化产业是思想产业，文化市场是思想市场。而传媒则是现代文化产业形态、机制和效益的主导性核心要素。我国从1988年提出"文化市场"、1991年提出"文化经济"，到1998年文化部（现为文化和旅游部）成立文化产业公司、2000年正式提出"文化产业"概念至今，中国文化产业发展历经了多种经营、集团化、资本运营到跨媒体发展等多个历史阶段。宜宾市文广传媒集团有限公司（以下简称"宜宾文传集团"）作为集文化和传媒于一体的企业集团，从成立、存续、运行到发展，无不受制于内外客观机理和主观意旨因素的影响。这些制约要素在宏观上，作为市场化文化产业其共性"世界大同"，中观上涵盖"中国特色"的意识形态和市场经济所有方面，而微观上的对症性个性要素，则包括宜宾文传集团自身主体特质和宜宾地域的个性化环境。对三个层面制约要素通过理论、实证和对标方式进行系统性研判，是寻求宜宾文传集团运行机理和实现发展愿景的基础性前提。

一、企业战略管理基本理论

（一）企业战略管理内涵

战略最早应用于军事活动，英译为"strategy"，即战争计划，指为达到战争最终目的，为整个军事行动制定一个统一的目标，并激励每个成员为实现目标而努力奋斗。现代企业面临着激烈的市场竞争，企业在经营过程中必须制定合理企业管理战略，形成独特的竞争优势，才能实现长远发展的目标。

关于战略的定义及其内涵，笔者立足对管理和企业的认知侧重差异，总结一些学者的研究，得出如下结论：战略是企业管理者通过分析企业所拥有的资源决定企业应该如何做、做什么，强调根据企业的整体资源特点确定企业经营的方向；企业管理战略是制定企业的长远发展目标，选择有效的方法和手段对企业资源进行合理分配；企业战略是企业为达成目标制订出核心的、全方位的、以外部环境为导向的整体经营计划。企业战略管理包含一个企业为达到最终经营目标而构建的行动模式以及采取的行动。

可见，企业管理战略主要着眼于企业的长远发展，通过分析企业的资源与现状，为企业的发展确定一个长远、统一的目标，指导企业有目的、有意识地开展经营活动，帮助企业建立长久持续的竞争优势。

（二）企业战略管理的基本理论

企业战略管理经历了从最初注重外部环境研究到注重企业内部资源与能力发展，再到强调内外部整合的不同阶段，其主要战略管理理论思想如下。

1. 环境定位理论

以企业外部环境为主要研究对象的战略理论思想，主要以迈克尔·波特的竞争战略理论为主导，其理论认为企业战略发展主要取决于所处行业的环境因素，研究的重点聚焦于行业分析，行业的增长率和吸引力是企业战略选择的前提，波特为此提出了著名的行业分析模型：五力分析模型，用以分析行业竞争优势。该理论认为企业的战略选择与行业的环境高度相关，其缺陷在于对企业自身资源和能力在战略贡献中的忽视。

2. 资源基础理论

针对波特竞争战略理论对企业内部缺乏过多关注，巴莱、鲁梅尔特等资源理论学派学者提出了以研究企业资源为主的战略思想，以"资源—战略—效益"的逻辑关系制定企业的战略，对战略性资源进行了界定，提出有价值、稀缺、不完全模仿、不完全替代的资源才是有价值的战略资源的观点。该理论将企业资源的研究提升到战略的高度对战略理论研究是一次重大补充，但由于过分强调对资源的依赖，该理论降低了对市场环境的敏感性，忽视了随着技术的发展，企业战略性资源容易被模仿与替代的可能性。

3.能力基础理论

能力基础理论以汉默尔、普拉哈拉德、斯多克、伊万斯等人为代表，其核心竞争力与核心能力观受到理论界的青睐，战略管理理论由波特的结构观转向了能力观，即从企业外部转向企业内部。该理论认为竞争优势的根源在于组织内部，为了战略得以顺利实施需要不断强化组织内部的学习技能与工作技能。

（三）企业战略管理过程

企业战略管理不仅要涉及企业的使命和目标，还要涉及目标的落实和目标的实现等一系列动态管理过程。战略管理的过程包含战略分析、战略选择和战略实施三个关键环节。

1.战略分析

战略分析主要了解组织所处的环境和相对的竞争地位，一方面要分析企业所处环境（宏观环境和行业环境）的变化给自身能带来哪些机会和威胁，通过对环境趋势的把握，决定是否利用或规避环境的机会和威胁；另一方面要分析企业内部的资源和能力，通过比较得出相对的竞争优势和劣势，为下一步的战略选择做出客观依据。

2.战略选择

战略选择即对可行战略方案进行评价和选择，在系统分析企业外部环境、行业结构、自身资源状况和能力的基础上，为企业选择一个合适的发展战略。做战略选择的时候，需要尽可能多地列出可供选择的方案。方案的选择依据其能够帮助企业实现目标，帮助企业增强抵抗风险的能力，战略不仅要和企业自身的资源和能力相切合，也要和企业外部的环境相适应。

3.战略实施

战略实施即采取一定的步骤、措施，发挥战略指导作用，将战略方案转化为实际行动，实现预期战略目标，是战略管理能够产生效果的重要阶段。企业内部各部门合理分配现有资源，及时获取外部资源并加以利用，通过组织机构的调整，保证战略实施的高效性。

（四）企业战略管理层次

战略目标最终要得以实现，必须在企业的不同层次上进行分解，将整体的目标分解为不同业务和不同部门的目标，使目标实现更具可操作性。企业战略一般分为三个层次，即企业战略、经营战略和职能战略。企业总体战略是企业的战略总纲，是企业最高层次的战略，是企业的最高行动纲领，企业可以结合外界环境与自身条件状况采取不同的战略。企业高层管理者制定企业战略，各事业部或经营单位制定经营战略，各个职能部门制定职能战略，使对企业资源的调动能够最大限度地符合企业长期发展目标的要求，又能适应分权管理的要求，提高企业活动的灵活度，使决策更适应市场。

二、企业战略管理分析方法

（一）PEST 分析法

PEST 分析法是对影响企业的外部因素进行综合性分析的常用方法，P 指的是 Politics，即政治要素，主要是指对企业经营活动能够产生影响的政治因素以及相关的国家法律、法规等；E 指的是 Economy，即经济要素，经济要素包括一个国家的经济体制、发展阶段、产业情况、资源、劳动力、国民收入、市场调控机制的健全程度等；S 指的是 Society，即社会要素，该要素主要指的是企业所在国家的社会情况，包括该国的民族特征、宗教信仰、教育水平、民情风俗、价值观念等。T 指的是 Technology，即技术要素。新材料、新技术的应用不仅大大提高了企业的生产效率，而且是企业迅速占领市场的有力武器，拥有先进的技术意味着拥有更强的竞争力。

（二）SWOT 分析法

SWOT 分析法是在微观层面进行企业战略分析的常用方法。S 指的是 Strength，即优势，W 指的是 Weakness，即劣势，O 指的是 Opportunity，即机会，T 指的是 Threats，即威胁。该分析法通过对企业内部优势、内部劣势、外部机遇和外部挑战的梳理，进行全面系统的综合分析，找到 SO 战略、ST 战略、WO 战略、WT 战略，充分发挥企业优势，克服劣势，科学谋划发展战略规划。

（三）"五力"模型分析法

"五力"模型分析法由迈克尔·波特提出，也称为企业竞争战略分析法。"五力"模型中，明确了五大竞争的来源，分别是潜在的新进入者、消费者、供应商、替代品威胁以及同行企业竞争。通过"五力"模型分析，企业能够对自身在本行业中所处的地位进行更为明确的分析，并借此制定出更加符合企业实际的发展战略。通过"五力"模型分析，企业也可以确定自己是否进入一个新行业或是否退出某一个行业，可为认识自身面临的威胁与机遇提供重要依据。

三、发展环境分析

（一）外部环境分析

1. 宏观环境分析（PEST 分析）

PEST 分析又称宏观环境分析，是指政治、经济、自然环境、社会文化、科技、法律环境对文化传媒企业发展的影响。本报告通过使用 PEST 分析法分析宜宾文传集团发展所处的宏观环境。

（1）政策环境。政策环境是指对企业经营活动产生影响的政策因素，包括国家的政治制度、体制、方针政策等方面，对企业经营活动有着较强的引导作用。

第一，主体身份与文化定位。宜宾文传作为国有文化产业集团，以传播思想文化为主业，是党和政府主流思想宣传阵地的窗口行业，具有意识形态特殊属性。国家法律、法规及政策的严格监管，在为本行业的企业设立较高政策壁垒的同时，也保护了优质公司的现有行业地位。

第二，文化产业与国家新政策体系。国家、四川省及宜宾市"十四五"规划和 2035 年远景目标，特别是国家《"十四五"文化产业发展规划》的发布，为文传行业未来 5 年的发展、未来 15 年的目标提供了指引，为文传产业政策扶持、市场准入和提质增效呈现了利好前景。

第三，政策调整与新发展方向。在与宜宾文传集团具体业务相关的教育领域中，受"双减政策""艺考热"、三孩政策的影响，学科类教育培训业务受到冲击，但素质教育、艺体培训和职业教育需求增加，为宜宾文传集团转型发展和业务拓展提供了新的机遇。

（2）经济环境。经济环境包括企业所处的经济环境、经济形势、经济特征和经济联系等。

第一，国家经济提升人文发展指数。相比国际环境，国内的经济发展环境呈现不断向好的态势，市场潜力巨大。2021 年前三季度，全国居民人均可支第二，文化传媒投资日趋多元，文化消费持续升级。文化传媒消费需求的高端化、个性化、定制化特征日趋明显，消费品质由中低端向中高端转变，消费形态由物质型向服务型转变，消费方式由线下向线上线下融合转变，消费行为由从众模仿型向个性体验型转变，消费人群的分众化趋势愈发明显。

第三，文化传媒产业发展仍存在不足和短板。文化传媒产业集中度和集约化程度不高，文化传媒产业还比较缺乏资金及高端人才，文化传媒产业管理体制机制还有待完善，等等。

（2）文化传媒产业发展趋势。文化传媒产业监管及服务体系的健全，新技术、新模式、新业态的呈现和应用，将加速整个行业规范化、高质量、可持续发展，我国文化传媒产业发展面临着新机遇、新活力和新格局。

第一，竞争激烈加速产业细分，细分领域将不断出现增长热点。市场竞争更加激烈，企业的差异化产品和策略，持续的创新能力、盈利能力及变现能力，这些将成为竞争关键。

第二，流量红利逐步减退，优势内容IP成为变现核心。随着流量红利逐步减退，优质内容IP成为吸引用户，实现价值变现的核心环节，内容向品质化和差异化发展，不断满足用户多元需求。

第三，技术红利和数字经济到来，推动文化传媒产业实现变革升级。云计算、大数据、物联网、人工智能与"互联网+"等技术的广泛应用和推动，涌现出诸多适合新一代群体需求的动漫、游戏、网络影视剧、视频、直播、虚拟现实、增强现实和混合现实等新兴文化业态。

（3）驱动文化传媒行业竞争的五种力量。使用波特五力模型，对宜宾文传集团所处的文化传媒行业的竞争状况进行分析，包括行业竞争者现行竞争能力、潜在进入者的威胁、替代品的威胁、供应商议价能力以及购买者议价能力。

第一，行业竞争者现行竞争能力。本土优势与区域性弱势并存。就行业竞争而言，宜宾文传集团在宜宾本土优势明显，相较于成渝或川滇黔区域中心城市而言，则弱势凸显。宜宾文传集团作为市委宣传部直属文传企业，其政策、规模、资金、技术、人才等各方面在宜宾市占据龙头，优势明显。同时，宜宾市创建成渝地区双城经济圈副中心和打造南向开放枢纽门户，也使宜宾几乎所有行业，特别是文传产业，面临成渝及川滇黔中心城市同行业的激烈强势竞争。

第二,潜在进入者的威胁。集团性潜在进入者威胁较小,单业态潜在进入者威胁较大。宜宾文传集团作为宜宾市国有企业改革重组的唯一一家文化类市属国有企业,有明显的资源优势和良好的规模化发展基础。就单体企业而言,如文化信息方面,巴蜀通依托长江上游大数据中心强大的信息整合能力,可以收集、整理、应用全市资讯数据、文化数据、生活数据等,在宜宾具有绝对优势,但未来数据跨境贸易将成为传媒业新的经济增长点,会对集团的文化信息产业造成冲击。

第三,替代品的威胁。新技术下的新媒体威胁程度高。新媒体处于成长初期,依靠新技术快速成长,产业潜力巨大,能迅速抢占市场份额,而传统媒体行业市场饱和度较高,传播效益相对较弱,面临被取代的挑战。随着文传技术的日新月异和新兴媒介的迅速发展,传媒行业的技术壁垒逐渐减小,进入门槛变低,这导致新技术下的新媒体产品不断出现,特别是低成本、简单化、快节奏的自媒体,成为传统媒体业务的高效替代品。

第四,供应商议价能力。资产性议价能力较弱,高水平人才议价能力较强。宜宾文传集团涉及文传产业,因此其供应商主要分为设备及演出材料供应商和专业人才等方面。设备及演出材料的供应商数量相对较多,供应商的报价透明,且设备及演出材料可重复利用,价格涨幅较小,消费成本相对稳定。在专业人才方面,由于公司从事的文传行业,集技术和创意于一身的高水平人才是文传产品的核心要素,居"卖方市场"地位,故而议价能力相对较强。

第五,购买者议价能力。社会性购买者议价能力较强,"主体"性购买者议价能力相对较弱。随着社会经济飞速发展以及消费者结构不断升级,顾客选择性逐渐增强,要求传媒产品的质量更高、信息更丰富、价格更低廉、参与感更强,同时消费者的市场需求呈现出多样化与个性化的特点,这在很大程度上提高了社会性购买者的讨价还价能力。对于宜宾文广传媒集团来说,集团的国企属性和作为宜宾市文创产业联盟牵头单位,在政府主导的业务方面优势明显。但新的传媒业务开拓往往通过招投标方式,多为竞争性谈判、磋商或比价,激烈竞争不可避免。

(二)内部环境分析

1. 基本情况

宜宾文传集团是宜宾市第一家由市委宣传部(市文资委)出资的国有独资

文化企业。公司以文化产业投资、融资、建设、管理为运营主体，围绕"以文培元，以文化人，以文兴业"的企业核心理念，承担"媒体产业投资运营商""文化服务项目供应商""文化产业投资运营商"三项主体职能，着力文化资源整合平台、文化开放合作平台、文化全产业链供应商建设。集团经营范围涵盖媒体产业投资运营、广告设计与制作、文化大数据运营、文化演艺培训、博览与会展服务、教育培训管理、文创产品设计制作、影视投资制作、影视院线经营、出版印刷等文化传媒产业相关业务。集团紧紧抓住文化大发展大繁荣的历史机遇，围绕壮大主流媒体、拓展文化服务、引领文化产业的战略目标，发挥文化资本投资引领、文化产业重大项目实施、文化资源价值整合、文化产业创新推动、城市文化品牌品质塑造五大平台作用，打造成为四川一流、西部领先的综合性、多元化国有文化产业优秀龙头企业。

2. 组织分析

宜宾文传集团构建直线职能制的组织架构，成立了公司党委以确保意识形态安全和文化产品质量，建立了股东大会以及相应专门的党群、工会、纪委、董事会、监事会和经理负责的管理层。宜宾文传集团按照"机构精简、人员精干、运转高效"的原则，设置了党群人力部、综合行政部、计划财务部、投资融资部、战略研究部、运营管理部、监察审计部、法务风控部、纪委办公室9个部门，各职能部门分工专业，机构协调运转，有效制衡，运作规范。集团治理结构图如图1-2所示。

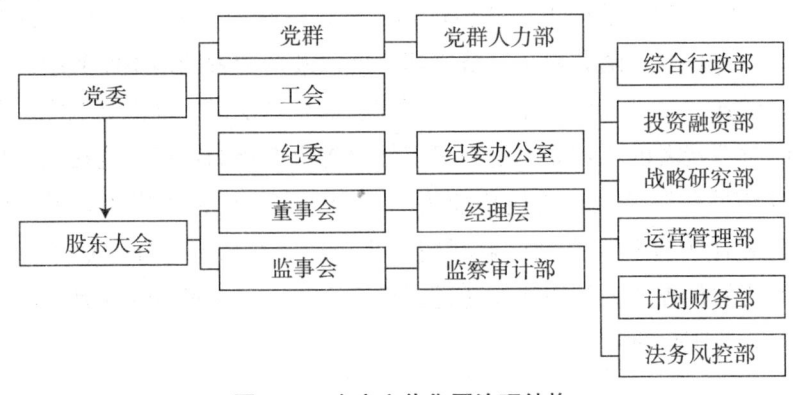

图1-2 宜宾文传集团治理结构

宜宾文传集团建立三级管控体系，按照"一级企业管资本、二级企业管投资、三级企业管经营"的运营模式，理顺母子公司"责、权、利"等事权划分，以实现"集团化、专业化、差异化"的管控结构，为企业健康、持续发展奠定基础。宜宾文传集团成立了宜宾文传合众联横全媒体运营有限公司、宜宾文传行知教育管理有限公司、宜宾文传哪吒影视文化有限公司、宜宾文传首城演艺文化有限公司、宜宾文传巴蜀通数据科技有限公司5家二级公司，拟筹建合众传媒有限公司、金江传媒公司、行知学校、映三江院线公司等15家三级公司。集团管理模式图如图1-3所示。

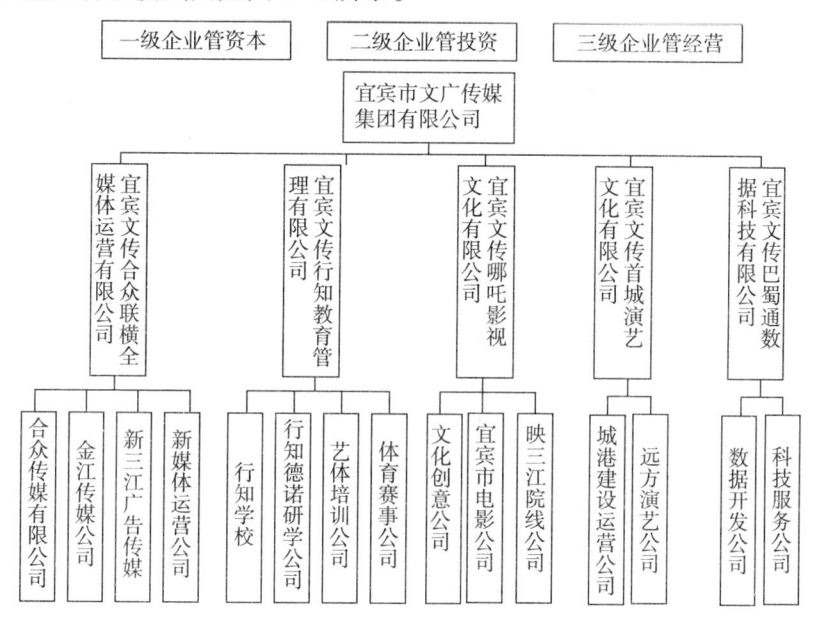

图 1-3　宜宾文传集团管理模式

3. 人力资源分析

（1）基于工作岗位的人员结构分析。宜宾文传集团现有员工50名，高层领导班子成员7名，占全员14%；中层管理人员11名，占全员22%；员工层人数32名，占全员64%，整体人员分布合理，中高层管理人员基本配备到位。但由于企业属初创阶段，随着业务的拓展，员工的人数有待增加，重点应增加专业技术与经营性人员。

（2）基于学历水平的人员结构分析。宜宾文传集团除两名工勤人员外，其余员工均为本科以上学历，占全员的96%，整体素质较高，符合文化类企业对人员的要求，但硕士研究生以上学历人员欠缺，与文化创意、教育培训、会议会展及数字技术等产业对人才的需求尚有差距。宜宾文传集团需通过制定切实有效的人才引进政策才能有效促进相关业务的顺利拓展。

（3）基于员工来源的人员结构分析。宜宾文传集团初创期人员主要来自政府机关、事业单位、国企以及媒体单位，均有两年以上的工作经历，中层干部多为原机关企事业单位的业务骨干，经验丰富，具备"管理+经营"的复合能力。集团下属的媒体单位人员、演艺单位人员与文化场馆人员，按照"管人、管事、管资产相统一"的原则，由政府行政管理部门将事业单位委托给集团代管，实行事业人员、企业人员一体化管理模式。人力资源相关制度涉及员工招聘、工作调整、福利管理、离职、请假管理等方面，日常管理规范有序。

4. 财务情况分析

（1）资本情况。2021年5月28日宜宾文传集团完成工商注册登记，公司注册资本金3亿元，由市财政新出资3亿元，分期到位。截至2021年12月31日，资金已到位0.5亿元，尚有2.5亿元未到，且剩余资金如何落实、何时落实等关键问题都没有相应计划和安排。

（2）股权情况。宜宾文传集团正在进行宜宾市合众传媒有限公司、宜宾市新三江广告传媒有限公司、宜宾市金江传媒发展有限公司、宜宾市映三江农村数字电影院线有限公司、宜宾市电影公司、宜宾市远方文化演艺有限责任公司、宜宾日报社印刷中心七家单位的股权划转工作，共计股权划转总额6183.45万元。

（3）经营状况。宜宾文传集团尚处于成立初期，具体相关业务开展较少，主要以筹办为主，支出以管理费用为主，利润为负值。

（4）财务状况。宜宾文传集团现主要以负债资金维持，资产负债率为140%左右，回笼资金的速度还比较慢。

5. 各业务情况分析

（1）全媒体。宜宾文传集团拥有宜宾广播电视台（宜宾新闻网）所属的全资公司（宜宾合众传媒有限公司）的控股权，宜宾日报社持有的金江传媒公司和宜宾日报社印刷中心股权，市广电安全监管中心持有的新三江广告传媒公司国有股权。

宜宾合众传媒有限公司主要从事广播电视广告、户外广告、电梯广告、电商等业务。近年来，宜宾合众传媒有限公司为政府和国有企事业单位策划和运营大型庆典活动，如宜宾政法委晚会等党政机关单位的文艺汇演、中国智能终端产业发展大会等会展会务。宜宾合众传媒有限公司有6处分支机构，分别是创意动漫分公司、成都分公司、文化传播分公司、房产资讯分公司、电视节目分公司、广告分公司等机构，对外投资10家公司，涵盖商贸、文化传播、广告传媒、文化艺术、创意动漫等业务。

金江传媒公司主要从事纸质媒体广告、金江网的网站管理与运营、小型活动的组织和策划等业务。金江传媒公司有3处分支机构，分别是报纸发行公司、网络分公司、广告分公司，1家对外投资公司广祥报业商贸公司。

宜宾市新三江广告传媒有限公司的主要业务包括《宜宾广播电视报》(《新三江周刊》)、宜宾传媒网、微博、微信、App等运营与管理，具备较为完善的全媒体集群。《新三江周刊》全媒体集群打造富含数字化传播特色的、服务宜宾经济社会发展的强势综合性门户传媒网站。宜宾市新三江广告传媒有限公司对外投资4家公司，分别是宜宾嘟嘟汽车文化传播有限公司、宜宾新三江房地产经纪、宜宾传媒网有限公司、宜宾市九合文化传播有限公司。

宜宾日报社经营范围涵盖广告设计、制作、代理、发布，新闻网站管理与运营，微博、微信公众号运营，活动策划与运营，等等业务活动。

（2）教育管理。行知教育管理有限公司作为二级投资企业，下辖4个三级企业，分别是宜宾市翠屏区行知学校、行知德诺研学公司、艺体培训公司和体育赛事公司。创建于2012年的宜宾市翠屏区行知中学是一所拥有专业管理团队、师资力量强大、教学成绩突出的民办公助中学。行知德诺研学公司处于初创阶段，公司结构将进一步完善，相关业务正在有序展开。艺体培训公司和体育赛事公司正在筹划当中，相关业务尚未开展。

（3）影视文创。哪吒影视文化有限公司作为宜宾文传集团影视文创产业的二级投资企业，下辖文化创意公司、宜宾文传丝路影业有限公司、宜宾市映三江农村数字电影院线有限公司3家子公司。哪吒影视文化和宜宾文传丝路影业由宜宾文传集团持股100%，宜宾市映三江农村数字电影院线有限公司由宜宾文传集团持股51.67%，文化创意公司暂未成立。

哪吒影视文化现阶段已有多项主控项目，包括开发电影《步行导航》、电视剧《赵一曼》《深深恋浅浅爱》，参投项目有电视剧《满目星辰的我们》；建成了一家文创商店，有一定的现金流；2021年组织开展了"印象三江"文化创意设计大赛；有来自银行、集团和社会资本三方的资金；形成了以"职能定位+专人专项"为主的组织结构。但哪吒影视文化现阶段人员数量不足，组织制度不完善。

宜宾文传丝路影业有限公司，即原宜宾市电影公司，主要业务定位为电影片、录像带、激光影碟（带）发行、放映等，现人员规模21人，人员数量尤显不足，相关业务也暂未开展。

宜宾市映三江农村数字电影院线有限公司主要业务有电影发行、电影放映、广告经营、与影视文化产业相关的商品批发、零售及服务，现阶段主要以提供宜宾市农村公共文化服务为主。宜宾市映三江农村数字电影院线有限公司承担了宜宾市所辖区县2800多个行政村农村电影放映任务，在各区县为当地社区居民、特殊学校、福利院等特殊群体放映电影上千场，建立了全市农村流动电影、乡镇固定放映点电影、三江映画广场电影等公共文化服务网络，拥有区县管理站10个、电影放映队150余支、数字放映设备160余套、建成数字电影节目地面卫星接收站，具备全省联网的电影放映监管平台等。宜宾市映三江农村数字电影院线有限公司与中影集团合作摄制电影《最后一公里》，并于2018年全国上映；与宜宾职业技术学院等高校携手，助力产教融合发展。近年来，宜宾市映三江农村数字电影院线有限公司获得了"第七届全国服务农民服务基层文化建设先进集体"、四川省"青年志愿·守护生命"地质灾害防治志愿服务先进集体等称号，荣获了多个影视文化行业奖项。

（4）演艺会展。首城演艺文化有限公司是集团下属二级投资企业，下设远方演艺公司和城港建设运营公司，其中，城港建设运营公司尚未成立。公司演艺部分现有九个运营项目有相应现金流支撑。公司组织架构不完善，员工数量不足。宜宾杂技团的人员调入导致公司人员属性复杂，工作安排难以推动。总体而言，现在公司演艺产业尚处于"组合商"的角色，还没有形成人员、设备、产品的闭合环。

会展部分相关股权和资产尚未划转，暂无专业人员和组织结构。已参与2021年中国国际名酒博览会业务，除此之外暂无其他业务活动。

（5）文化信息。巴蜀通数据科技有限公司目前以"巴蜀通"微信小程序为服务平台，向公众提供新闻推送、疫情防控、本地资讯、信息收集、集团人事招聘等服务。巴蜀通数据科技有限公司目前技术人员严重不足，尚不具备技术开发能力，对于大数据平台的搭建尚未完成，所提供的服务与一般市场主体差异化程度较低。

（6）印刷出版。印刷出版产业依托宜宾日报社印刷中心开展生产经营活动。宜宾日报社印刷中心成立于1997年，注册资本为740万元，目前拥有罗龙、南广两个生产基地，生产车间23000平方米，综合实施建设面积3000平方米，是集设计、制作、印刷、包装于一体的现代化综合性印刷基地。印刷中心目前有员工31人，2020年资产总额为4787.97万元，销售总额为1082.6万元，负债总额为2438.89万元，净利润为负61万元，处于经营亏损状态。

印刷出版产业的主要经营范围：一是报刊书籍印刷，包括各类报纸、书籍、杂志、机关画报、精美相册、个性相册、标书、纪念册、家谱、笔记本等。二是办公用品印刷，包括台历、挂历、信封信纸、便签、档案袋、单据表格、通讯手册、贺卡、请柬、名片等。三是包装印刷，包括各企业产品的外装包、手提袋、纸箱、纸盒等。

6.核心竞争力分析

（1）常用核心竞争力评价模型。企业核心竞争力分析模型类型众多。在引入核心竞争力评价的过程中，许多学者开始从定性的角度分析企业竞争力，其主要代表有波特理论模型以及由此演变而来的钻石理论、三维评价模型。然而，随着核心竞争力的内涵不断充实，定性评价已经不能全面、准确地衡量企业核心竞争力。此外，定性指标的运用也仅存在于企业表象中，很难将企业的人力资源水平、品牌建设、管理能力、文化力等核心竞争力要素进行量化评价。企业核心竞争力的量化指标运用比较少，难以分析判别哪个指标、层次出现问题，对企业运作的指导意义也随之下降。企业核心竞争力常用评价模型如表1-1所示。

表1-1 企业核心竞争力常用评价模型

类别	评价模型	评价理论基本思想
定性空间评价	波特理论模型	五种竞争力能够决定企业的获利能力，影响企业价格、成本和投资。分析企业核心竞争力的现状，就必须了解不同企业的产业结构和竞争对手的状况
	三维评价模型	将企业看作一个处于某个环境（市场）中的系统，它与周围环境（客户、竞争对手、政府管理部门）之间有密切的物质、信息和能量交流。客户的反应、竞争对手的策略变化或市场产业政策的变化等环境要素可作用于企业的发展，并对企业运营产生一定影响

续　表

类别	评价模型	评价理论基本思想
定量数学分析	因子分析模型	根据变量间相关大小把变量分组。组内的变量之间相关性高，但不同组的变量之间相关性低。每组变量代表一个基本结构，这个基本结构称为公共因子。其出发点是用较少的相互独立的因子变量来代表原来变量的大部分信息。从数学角度来说，因子分析模型是降维的思想
综合评价	灰色系统评价模型	以行业内最具竞争力（理想企业）的各指标值作为参考数列 x_0 的各实体 $x_0(k)$，被评价的企业的各指标作为比较数列 x_i 的各实体 $x_i(k)$，则两者间的关联度为 R_{0i}。关联度越大，说明被评价企业与竞争力最强的企业越相似，被评价企业的竞争力越强；反之则竞争力越弱
综合评价	模糊综合评判模型	该模型是一种多层多级模糊模式识别模型。该模型是三层四级机构，三层指的是目标层、子目标层和指标层，四级分别以优、良、中、差表示。三层四级模糊模式识别模型由3部分组成：指标层对子目标层的模糊综合判断，子目标层对总目标的模糊综合判断，最后对总目标进行多级模糊模式识别

（2）宜宾文传集团核心竞争力评价方法。核心竞争力在企业发展中有着重要地位，要求企业有科学的核心竞争力评价体系。核心竞争力评价体系在评价指标设定上应该遵循科学性、完备性和无冗余性，以客观准确地反映企业的核心竞争力。应对上述原则和要求，课题组在评价宜宾文传集团核心竞争力时遵循以下步骤。

首先确定评定总体目标，根据集团的经营现状以及发展战略设定核心竞争力总体目标。其次根据总目标的构成因素确定评价要素，沿着评价要素所涉及的客观条件进一步确定评价指标集。最后运用结构模型的分析方法，依据评价体系中各级指标的因果、隶属、顺序等关系，对指标集进行关系划分、等级划分和类划分。

第一，企业核心竞争力评价指标筛选。

核心竞争力在企业发展中处于重要地位。针对宜宾文传集团的具体情况和经营现状，课题组认为核心竞争力评价指标体系应该包括"规模实力""品牌建设情况""制度能力""管理能力""企业文化力"五个评价要素。课题组以这五个评价要素作为准则层，根据各要素所涉及的范围确定指标，评价要素和具体指标设置如下。

——规模实力。企业规模是指劳动力、生产资料和产品在企业集中的程度。生产要素组合的不同层次和不同方式，形成不同类型的企业规模。日本末松玄六教授在其《中小企业管理战略》一书中指出，初创企业只要发挥自身优势，就能够实现规模化发展，与大企业在市场中开展竞争。诺贝尔经济学奖得主罗纳德·哈里·科斯认为，企业是市场的替代，企业的建立和发展要考虑交易费用，企业应该根据行业、市场、地域等不同而选择其最佳规模。因而，企业规模应当与业务范围相适配，不应过度超出或小于业务范围。企业规模实力可用"财务能力"以及"人力资本"等两个方面指标予以评定。

——品牌建设状况。企业品牌是顾客对企业感性和理性的认知的总和，其传达的是企业经营理念、企业文化、企业价值观等方面的内容。企业品牌能够有效突破不同地域之间的壁垒，使企业进行跨区域的经营。品牌是企业的无形资产和财富，是企业能够在复杂市场环境下长远发展的坚强后盾。企业品牌形象对于提升企业竞争力、巩固市场地位、引领行业发展具有重要作用。评价集团公司品牌建设状况可以从"品牌美誉度""知名度"以及"忠诚度"三方面加以衡量。

——制度能力。企业制度是企业作为独立组织存在的各种社会关系的总和。制度是企业形成核心竞争力的有效保障，体现为如下几点：首先，合理的企业产权制度能够清晰地界定各个产权主体及其全能，从而建立有效的约束和激励机制，保障企业资产的合理流动；其次，完备的企业组织制度规定了企业内部的分工协调和全责分配关系，对企业生存发展起到至关重要的作用；最后，健全的企业管理制度能够大幅度提升组织运作效能。反映企业制度能力的评定指标可以从体制、机制、制度三个方面展开，进一步细分为"产权制度""管理体制"和"组织制度"三方面。

——管理能力。管理能力是企业形成核心竞争力的灵魂。企业的本质是资源、能力和制度的有机结合，以创造顾客价值的组织形式。管理能力是使企业内外部各种资源相协调、各种能力相匹配、各种制度相兼容的纽带，对于提升其核心竞争力起到协调性作用。企业管理能力可用"激励机制""用人机制"以及"执行力"等指标予以评定。

——企业文化力。企业文化是企业形成核心竞争力的动力。企业文化是指在企业里形成某种特定的文化观念和历史传统，它以共同的价值标准、道德标准和文化信念为核心，能够最大限度地调动企业职工的积极性和潜在能力，将企业各种力量聚集在共同的指导和经营哲学之下。企业的文化力可以细化为"企业文化""企业战略""组织学习能力"评定指标。

本研究按照以上分析确定宜宾文传集团核心竞争力评价体系，评价体系以可观测因子作为基本支撑。如表1-2所示。

表1-2 宜宾文传集团核心竞争力评价体系

目标	序号	一级指标	二级指标
宜宾文传集团核心竞争力评价指标体系	1	规模实力（X_1）	财务实力（x_{11}）
			人力资本（x_{12}）
	2	品牌建设（X_2）	知名度（x_{21}）
			美誉度（x_{22}）
			忠诚度（x_{23}）
宜宾文传集团核心竞争力评价指标体系	3	制度能力（X_3）	产权制度（x_{31}）
			管理体制（x_{32}）
			组织制度（x_{33}）
	4	管理能力（X_4）	经营管理能力（x_{41}）
	5	文化力（X_5）	企业文化（x_{51}）
			企业战略（x_{52}）
			组织学习能力（x_{53}）

第二，宜宾文传集团的综合评分设定。

其评分过程，将集团公司的评价体系切分为5个区域，分别是"规模实力""品牌建设""制度能力""管理能力""文化力"，各核心区域的竞争力分值评定如下。

Ⅰ 规模实力：$X_1=\{x_{11}, x_{12}, x_{13}\}\cdots$

Ⅱ 品牌建设：$X_2=\{x_{21}, x_{22}, x_{23}\}\cdots$

Ⅲ 制度能力：$X_3=\{x_{31}, x_{32}, x_{33}\}\cdots$

Ⅳ 管理能力：$X_4=\{x_{41}, x_{42}\}\cdots$

Ⅴ 文化力：$X_4=\{x_{41}, x_{42}\}\cdots$

（3）文传集团核心竞争力分析

第一，数据收集。

课题组通过走访相关部门、主要客户、企业管理专家以及通过网络联系关键人士，听取意见，获得相关指标信息。由于研究选取了较大的样本量，因此得出的结论应能接近真实情况。评价集团公司核心竞争力需要选取相似企业作为参评。本课题选取保利文化以及中视传媒两家具有相同属性的公司作为参照标准。

第二，核心竞争力评价与分析。

课题组通过对宜宾文传集团内部资料分析、设计提纲并对集团内部关键人士进行访谈，获得相关研究数据资料，并对上述数据资料进行比对和处理，得出以下结论，如图1-4所示。

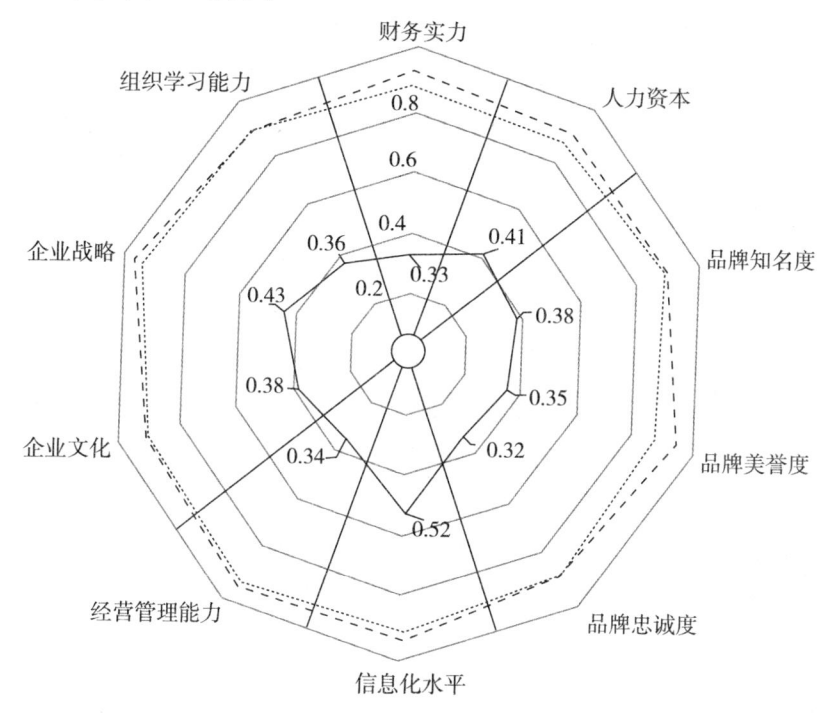

—— 文传集团　- - - 保利文化　…… 中视传媒

图1-4　文传集团核心竞争力雷达图

由图1-4可知，文传集团在"规模实力""品牌建设""管理体制""企业文化"等方面与保利文化中视传媒等一线文化传媒集团公司差距较大，具体表现为"企业财务能力""企业人力资源""品牌知名度"（包括知名度、美誉度、忠诚度等）"经营管理能力""企业文化"等方面总体表现不佳。

（4）公司需要解决的关键问题。通过对宜宾文传集团核心竞争力分析评估，结合宜宾文传集团所处内外部环境，课题组认为宜宾文传集团需要解决的关键问题主要体现在以下几个方面：

第一，加大人力资源开发力度。

——树立人力资源开发理念。对于企业而言，人力资源是组织的"附加价值"，是组织创造物质财富与精神财富的第一要素。宜宾文传集团正处于初创阶段，对人力资源开发的重要性认识还有待进一步提升，其人力资源观念更多停留在"使用员工"这一层面，忽视了文化企业对员工在文化、艺术、创新等方面潜能的开发与培训，且对人力资源开发的投入不足。

——建立合理的绩效管理体系。企业人力资源配置关键在于员工的向心力和高绩效状态，而这两个核心要素取决于绩效管理体系的科学化程度。宜宾文传集团在绩效管理体系上的问题主要表现在两个方面：一是缺乏科学考核指标。目前宜宾文传集团绩效考核标准尚未完善，无法对员工的工作情况进行客观、公正的评价。二是缺乏行之有效的激励机制。集团混合管理下的企业人员缺乏事业编制和绩效激励，工作积极性严重不足。这些问题导致大量事业人员游离在岗位之外，出现了有岗无人、有编无人、人岗分离的现象。

——实施科学的人才管理方式。人才管理已成为现代企业管理中的重要环节，科学的人才管理方式对于企业吸引人才、激励员工、提升员工技能等有着重要意义。作为处于初创阶段的企业，宜宾文传集团员工数量较少，且来源渠道狭窄，缺乏高层次、专业强的管理业务复合型人才。宜宾文传集团人才管理理念有待优化，缺乏对人才的专业细分、能力细分。这些不科学的人才管理方式，导致现行人才队伍无法满足宜宾文传集团现阶段业务拓展的需求。

第二，构建企业文化体系。

——完善企业精神文化。企业精神文化是企业的核心，是用以指导企业开展生产经营活动的行为规范、群体意识和价值观念，具有导向和约束功能、凝聚和激励功能、辐射和品牌功能。宜宾文传集团刚刚起步，企业精神文化尚未形成，还处于探索与构建阶段，无法发挥其精神引领作用；且制度文化虽已形成了常规性的管理章程，但精神文化的缺失会导致集团内部凝聚力不强，无法形成统一的价值观，进而限制集团影响力的扩大与发挥，降低其市场竞争力。

——提供适当的物质文化。企业物质文化是企业文化内涵的直接反映，良好的物质文化能够使员工具有安全感和舒适感，激发员工的向心力，强化员工对企业的忠诚度。宜宾文传集团的物质文化主要包括产品、服务、生产环境、企业容貌、企业建筑、企业广告、产品包装与设计等。目前宜宾文传集团已创建了集团形象Logo，但下属二级公司尚未构建自己的形象，无法与集团相照应。此外，宜宾文传集团现有工作环境简单，文化氛围淡薄，不符合文化企业的环境需求。物质文化的不足容易降低宜宾文传集团的社会地位和社会声誉，会导致员工缺乏工作积极性、成就感、自豪感，进而影响员工工作绩效。

第三，实施企业品牌战略。

——明确企业品牌定位。对企业而言，品牌定位是一种媒介，它是市场定位的核心和集中表现，对企业进一步创造品牌核心价值、与消费者建立长期稳固的关系、为企业的产品开发和营销计划指引方向具有重要意义。目前，宜宾文传集团虽有明确的发展定位，但在内容生产、产品制作、产业发展方面的品牌定位尚不明确。这种模糊的品牌定位导致宜宾文传集团无法形成合力，影响集团整体品牌塑造，甚至在未来进一步影响集团的核心价值。

——完善企业品牌体系。集团品牌是集团的品牌价值和品牌影响力的综合体现，也是各子品牌的集合体和统一体，对于集团企业具有非常重要的意义。集团下设5个二级子公司，六大产业主营业务现处于各自发展扩大阶段，彼此间发展状况不同。因此各产业间发展目标、思路、效果也各不相同，互不协调，没有考虑集团品牌长远的效果。这些主营业务品牌与集团品牌关联性不强，各产业仅仅是在建设自我品牌，没有品牌体系化思考。分散的集团品牌会导致集团整体资源的浪费，集团品牌附加值不高，难以占据市场，影响企业品牌的长远发展。

——打通品牌传播渠道。品牌传播旨在促进目标受众对品牌的理解、认可、信任和体验，从而最优地增加品牌资产。文传集团虽然是宜宾唯一的国有独资文化企业，却没有利用好企业先天禀赋带来的优势，也尚未建立起集团官方网站、官方微信等外宣平台，下属产业也没有建立相应的产业自媒体平台，尤其是在集团本身具有诸多融媒体资源的情况下，没有发挥好自身融媒体资源的优势。现有的品牌传播渠道过于狭窄，影响了集团品牌、信息、产品的宣传、推广与传播，造成集团自有资源的浪费，导致了集团品牌目前知名度小、传播度低。

第四，优化产业布局。

——落实空间布局。企业的良好产业空间布局不仅可以直接促进产业结构升级调整及区域经济增长，而且在城市空间上的合理布局能够促使城市土地利用结构乃至区域空间结构不断优化，进而有力地推动区域经济协调发展。目前宜宾文传集团三个文化中心的空间布局规划已形成基本思路，但是具体规划设计尚未提上日程，产权流转还在推进。东区文化中心尚未开始改造，叙州区基础教体中心所需土地还未划拨，三江新区文博中心展馆资产划转尚未完成。空间布局得不到落实，导致三个文化中心相关功能无法发挥作用，各部分的片区功能特色不突出，影响集团整体产业的发展。

——形成产业链布局。合理的产业链布局对于降低企业成本、打造"区位品牌"、促进区域经济的发展都有重要的意义。宜宾文传集团的六大产业已开始分散开展工作，但还没有形成产业布局的上中下游链条，六大产业之间的协同不足，导致产业链附加值不高、资源浪费，尤其在新产品开发过程中需要不断地磨合，降低新产品成本。

第五，推动专业技术发展。

——提高技术能力。企业的技术能力是企业独特竞争优势的来源，即企业因其所拥有的技术能力不同而产生企业间的异质性，那些与竞争对手相比具有更优异特征的技术能力，如果与环境中的机会相契合，就能形成企业独特的竞争优势。宜宾市拥有诸多文化资源，宜宾文传集团肩负着文化创新与城市宣传的职责，但目前集团技术能力不突出，专业技术人员数量有限。这就导致宜宾文传集团未来深入实施文化产业数字化战略受阻，无法打通本土数据壁垒和数据孤岛，无法打造相应的文化大数据平台，难以推动文化和科技的深度融合。

——发散思维创意。创意是反叛的思想与传统的思维的碰撞，是文化产业的核心，它能够包装信息和产品，获得更高的关注度、购买率。宜宾文传集团作为文化企业，要实现文化与旅游、科技、影视、演艺等产业的融合发展，创意能力尤为重要。但是目前宜宾文传集团对文化资源的应用停留在传统领域，创意应用能力低，没有足够的专业创意人才，缺乏创意能力培训规划，进而难以推动宜宾本土民俗风情、传统技艺、民间艺术等软性的传统文化资源与各大产业融合发展。

第六，完善财务管理方案。

——落实企业注册资金。资金是企业以货币形式存在的资产，是企业资产的重要组成部分，充足的资金是企业竞争的最大的优势。宜宾文传集团作为新登记注册的公司，目前资金不足、资金落实得不到保障，在机会面前缩手缩脚，这不但会束缚管理者的管理思维，还会极大地破坏管理者的投资心态。

——建立财务管理制度。财务管理制度是企业实现目标的财务保证和基础保障，建立有效的财务管理制度，对于促进企业财务工作规范性、有效性具有重要意义,能够极大地促进企业财务管理目标的实现。宜宾文传集团作为初成立的企业,其财务制度尚未确立,相关业务的投融资规划、引资计划等都还未制定。这些制度的缺乏会直接影响集团的生存与发展,严重阻碍企业管理水平和效率的提升,还会进一步影响企业的经济效益水平和未来发展前景。

(三)对标(样板)分析

基于文化产业涉及国家政策、市场主体以及具体行业,因此课题组对标分析选择标的立足中外,涵盖优质高标的文化产业、文传集团和文传业态三个方面。

1. 文化产业

(1)美国。

第一,发展概况。

美国作为当今世界文化产业最发达的国家,在世界文化产业发展中占据着主导地位。数据显示,美国文化产业增加值占 GDP 比重为 20% 左右。广播电视、电影业独占鳌头,控制了全球 3/4 以上的电视节目的生产和制作,在许多第三世界国家的电视中美国节目占比 60%～80%,三大传媒公司发布的信息是世界其他各国发布的总信息量的 100 倍;全世界 3/4 的电影出自好莱坞,占据全球总放映时间的一半以上。出版业实力雄厚,遍及主要英语市场,美国图书出版发行范围包括 100 多个国家和地区,发行量最大的报纸《洛杉矶时报》平均日发行量约 100 万份。艺术表演市场广阔,以纽约百老汇为例,每年百老汇有 30 多个新剧目问世,票房收入年均 4 亿～7 亿美元。娱乐业发展迅速,成为新亮点,娱乐业包括旅游、游览、博彩等多种项目,如迪士尼娱乐公司仅海外收入占比超过 20%,而其业务更是扩展到了网络媒体、电视电影和产品销售,成为美国娱乐业的代表。

第二,关注点。

——立法引导文化产业发展。作为高度市场化国家,美国政府直接管理经济的部门并不多,文化产业方面也是如此。美国没有建立专门的文化管理部门,而是依靠法律规范、行业自律方式引导文化产业的发展。例如,美国最先倡导的新闻自由原则就是明确体现在宪法当中,极大地促进了美国新闻业的发展,基于宪法赋予的权力及法律的保障,美国新闻业独占世界市场 75% 以上。

——以市场为基础分配文化资源。其文化产业在资源配置方面以市场为基础，而不是依据行政方式进行分配，如对文化资源中用于营利的部分需要交付资源占用费，而不是无偿占用。这既提高了文化资源的使用效率，又促进了文化资源的再生产和文化资源的积累。

——民间资本推动文化产业发展。美国文化产业发展以市场为基础，政府对文化产业投入很少，主要靠民间资本。迪士尼、好莱坞、百老汇等都是由民间创意、吸纳民间资本投资形成的。民间资本进入文化产业不仅解决了美国文化产业发展的资金问题，而且形成了文化产业的竞争局面，促进了文化资本的再循环和文化产业发展。为吸引更多资金进入文化产业，美国的文化市场向国际资本打开大门，积极鼓励外来资本投资，通过跨国资本运作加速本国文化产业的发展。

——运用高科技优势提升文化产业。美国科技优势明显，美国的文化企业为了使自己的产品能够吸引消费者，从而在文化市场竞争中胜出，不断运用最新的技术手段，提升文化产业附加值。

——企业家精神是文化产业发展的主要动力。美国文化产业的产生和发展过程既是经济发展的自然规律，也是美国企业家精神的充分体现。美国是企业家的摇篮，一代代优秀企业家在追求财富的过程中形成了创新的企业家精神，并且体现到了各个行业当中。鼓励创意、奖励创新，这不仅成为美国企业的一个重要特征，也是一种美国精神的象征。

（2）日本。

第一，发展概况。

从20世纪末至今，日本逐步实现了从"经济立国"向"文化立国"的过渡转化，文化产业正式成为日本经济发展仅次于制造业国家的支柱产业，并促使日本在激烈的文化产业竞争中脱颖而出，成功跻身世界文化产业强国之列。据罗兰贝格企业咨询管理公司发布全球文化产业50大企业名单，日本入选数仅次于美国，排名世界第二，居亚洲第一。特别是其动漫产业超越销往美国钢铁的四倍产值，占日本GDP约20%，成为日本第二大支柱性产业。

第二，关注点。

——以法制开启"文化立国"。在文化产业管理上，日本注重法制化管理，先后制定出台了《新文化立国：关于振兴文化的几个重要策略》《知识产权基本法》《知识产权推进计划》《内容产业促进法》等。自2005年起，日本在强化现有知识产权的同时，将重点转移到国际知识产权问题上，以增强日本文化产业的国际竞争力。

——以政府资源扶持文化产业。日本政府针对国内实际状况和国际市场需求调整发展规划，利用政府信息、资金投入等刺激性政策方式对企业给予扶植，同时维护企业独立的自主权，从而为企业的良性发展注入新的活力。

——以"产学官"体制做强文化产业。无论是依靠政府投资还是国民投资，日本文化产业，都享有大量发展研究经费。政府采用"产学官"的联合运行体制，依靠统一的发展规划与政策指导，将企业生产研究、大学及研究机构有限的人力物力集中起来，加之以官方的统一协调，从而为加速创新科研成果转换并实现规模化、产业化发展提供了有效途径。

——以产业环境打造服务文化产业。日本的文化产业发展离不开完善的配套设施与服务环境。创意是文化产业发展的核心，如果创意被随意仿冒，那么文化产业的发展也就成了无源之水、无本之木。因此，日本建立了较为完善的知识产权保护体系，通过政府行为与司法介入对盗版行为予以严厉打击，维护文化产业发展的良好环境。

——以"酷日本战略"做强文化产业。2002年美国政治分析家道格拉斯·麦克格雷提出，衡量一国实力时，除了使用国民生产总值等指标外，还有一个"国民酷总值"指标。认为"以机器猫哆啦A梦、凯蒂猫为代表的酷文化已经创造出国家酷值的巨大引擎"。这一提法迅速被日本社会和政界所采纳，"酷日本"内涵蕴含于动漫、食品、电视、电影、出版、时装等全方位的文化艺术形式中。2011年日本的《知识产权推进计划》首次明确提出"酷日本战略"，将"酷日本战略"系统地吸收进日本文化产业体系，并加强了针对年轻人、儿童和旅游产业的文化艺术振兴政策。目前，酷日本战略已成为"向世界传播日本文化艺术"的重要策略。

2.文传集团

（1）华纳媒体。

第一，发展概况。

华纳媒体［Warner Media，前称时代华纳（Time Warner Inc.）］为1990年成立的美国跨国媒体企业，总部位于纽约。其业态包括时代杂志、体育画报、财富杂志、生活杂志、特纳电视网、CNN、HBO、DC漫画公司、华纳兄弟等具有全球影响力的文传产业。2018世界品牌500强排行榜中，时代华纳排名第108位。时代华纳拥有世界最大的在线即时通信软件（ICQ）、在线地图服务提供商、互联网接入服务提供商、影视片库、CD和DVD制造商、音乐公司和出版业主、美国最大的互联网用户供应商、片源最丰富的有线电视、电影频道和电影公司。

第二，关注点。

——从产品传播起家发展产品生产。最初创始人华纳兄弟两人开始从事电影放映生意，之后拍摄首部百老汇音乐剧《淘金女郎》(The Gold Diggers)，然后逐渐介入文传产业全业态领域。

——从传统文化产品制造到新技术产品研发创造。1931年华纳兄弟公司研发出电动式电影放映设备，1935年随着真正的彩色电影问世，华纳公司开创彩色电影时代。

——单项业态垄断型经营，做大文传产业链。标志性事件为1981年在澳大利亚建造华纳兄弟电影世界主题公园。之后，华纳公司业务涉及出版、有线电视、网络等文传全业态。

——文传业态体系化发展做强产业。华纳公司通过并购拥有杂志、电影、电视及互联网等多种媒体，实现跨媒体经营；通过尽可能多的传播分销渠道来分摊内容成本，以取得更大的收益，同时使不同媒体之间的特性功能形成优势互补，发挥协同效应。

——多重市场化经营手段。华纳公司实现研发、投融资、生产、销售、企业发展的整体性高效经营。

（2）上海东方传媒集团有限公司。

第一，发展概况。

上海东方传媒集团有限公司（SMG，原上海文广新闻传媒集团）成立于2009年，由上海广播电视台出资组建成立，是国有台属、台控、台管的控股企业集团公司。其业务涉及广播电视节目制作、报刊发行、网络媒体以及娱乐相关业务。集团现有广播频率（模拟）11套，电视频道（模拟）15套，同播高清频道3套，付费数字电视31套，报社2个，杂志社2家，新闻网站1个，直属公司13个，体育俱乐部3个。属下东方卫视在国内已覆盖所有直辖市、省会城市和计划单列市，在日本、美国、澳大利亚等国家和中国澳门地区落地播出，覆盖人口超过7亿。集团传媒娱乐产业群包括节目版权销售、品牌衍生经营、新媒体业务开发、艺人经纪、购物电视等内容。同时，集团开办数字付费电视（SiTV）、宽频网络电视（东方宽频SMGBB）、手机电视（东方龙）

和IPTV（百视通BesTV）业务。集团主办和参股经营《每周广播电视报》《第一财经日报》《第一财经周刊》《竞报》《上海电视》《哈哈画报》《星尚OK！》东方网等报纸、杂志和新闻网站以及音像出版等。此外，集团还管理或控股上视女足、东方男女篮球、东方男女排球、男女沙滩排球等7支体育运动队。集团多次入选"文化企业30强"。

第二，关注点。

——组织文化。愿景：打造中国最具创新活力和国际影响力的广电媒体及综合文化产业集团。使命：传播向上力量，丰富大众生活。核心价值观：忠诚、责任、创造、共赢。经营理念：国际化、证券化、开放化。管理理念：协同高效，业绩向导，以人为本。

——自强发展路径。改革：集团起始于广播电视制播分离改革。作为深化文化体制改革的一项重大举措，2009年10月上海广播电视台、上海东方传媒（集团）有限公司正式揭牌，标志着上海在全国率先整体实施广播电视制播分离改革，这对提高文传效益意义重大。技术创新：自创研发文传技术获取专利证书20余项。品牌打造：集团注册文传商标13个。投融资：集团投资文传企业10家，控股5家，其中沪外3家，几乎涵盖文传全业态。

——高度集团化、完整产业链、多层级活力的现实与愿景。集团运营并构建包括东方卫视、艺术人文频道、ICS、广告经营中心、节目资料中心、版权中心及相关部门体系化职能单元。其下属子公司业务板块涵盖影视剧、少儿动漫、综艺娱乐、体育赛事、生活时尚、专业财经资讯、纪录片、电视购物、新媒体、大型活动等内容制作、投资、运营领域，并积极进行跨媒体、跨地域拓展，构建完整产业链，最终形成各具资源特色和产业发展潜力的"小巨人"。

——视野。集团积极遵循融入全国、服务全国的发展战略，在未来发展上，东方传媒集团有限公司将打造成在中国乃至国际具有广泛影响的大型骨干文化企业，打造成让国家民族引以为傲的传媒品牌，打造成源于上海、融入全国、努力彰显国家软实力和传播力的中国形象和声音。

3. 专门行业

（1）Meta Platform Inc。

第一，发展概况。

Meta Platform Inc（原名Facebook）为创建于2004年的软件和信息技术服务业企业，又名脸书、脸谱网，是当今世界第一社交网络平台。Facebook

起初只为在校大学生提供交流等社交服务，随着互联网的发展，Facebook 逐渐走出校园走进社会，在创始人马克·扎克伯格（Mark Zuckerberg）的带领下短短几年时间注册会员就突破 5 亿，成为全球第三大网站，是世界排名第一的照片分享站点。2010 年 Facebook 在行业中超微软居第一；2016 年上榜全球最具价值品牌百强榜第 5 名；2017 年上榜全球最赚钱企业排行榜第 20 名；2019 年进入《财富》世界 500 强，位列第 184 位。纽约时报曾把 Facebook 形容为"社会大突破的先锋"，前哈佛大学校长桑莫斯更将 Facebook 创办人扎克伯格和微软的盖茨并列，称他们是"过去二十五年来最具改造世界影响力的两个哈佛人"。

第二，关注点。

——业态创始的对象方式选择。Facebook 的服务消费对象经历了从大学本校学生到异地大学生再到中学生，最后遍及世界所有群体的扩张过程。网站的名字 Facebook 来自传统的纸质"花名册"。通常美国的大学和预科学校把这种印有学校社区所有成员的"花名册"发放给新来的学生和教职员工，帮助大家认识学校的其他成员。青年同龄同校的同群迅速聚集，是其规模和影响力激增的基础。之后，在全球范围内有一个大学后缀电子邮箱的人，如 .edu、ac、uk 等都可以注册 Facebook，直至公司建立起社会化网络。规模迅速扩大的效益，体现在一年后的 2005 年 5 月，即 Facebook 获得 AccelPartners 公司 1270 万美元风险投资。

——业务版图功能的针对性扩张。基于同龄及青年学子的网络社交行为特质，Facebook 设计相应服务平台序列，涉及墙程序、捅程序、礼物功能、应用程序、直播频道、音频直播、业务拓展、提问功能、热门话题、广告服务 Marketplace、记事本功能以及可以加标签、插入图片、评论的博客服务等。2005 年 9 月 Facebook 推出高中版，并迅速走出国门，使其在创建仅一年多的时间里，规模迅速遍及世界 2000 所大学和高中。三年后 Facebook 又推出了德语、西班牙语、法语及繁简中文等版本，为各地受众提供便捷服务。

——特殊产业的特殊效益。作为社交网络领域的"霸主"，加之主体消费者的类别与消费特点以及消费者空间分布的广泛性，特别是作为社交媒体个体参与人数的巨大，其点击率浏览数远大于一般网络平台，以广告为例，随着用户以及使用频率的激增，其广告收入也水涨船高，依据每次点击费用的广告报价涨势迅猛。

——产业风险。Facebook 是世界排名第一的照片分享站点，自创立十年后每天上传照片达3.5亿张。然而2018年3月17日曝光，剑桥分析公司"窃取"5000万Facebook用户的信息。2018年9月28日，Facebook表示，该网站遭到黑客攻击，涉及近5000万用户的隐私。Facebook因泄露5000万用户的隐私可能面临欧盟16.3亿美元罚款的威胁。2019年7月2日，德国向Facebook开出200万欧元罚单。

（2）完美世界。

第一，发展概况。

完美世界控股集团系全球领先、拥有A股上市公司的民营文化娱乐产业集团。2004年，完美世界游戏正式创立，其推出的《完美世界》以自主研发的3D引擎和来自《山海经》的中国传统经典内容大获成功。作为中国最早进行海外运营的网络游戏公司，完美世界游戏在中国网络游戏海外出口中连续多年排名第一，旗下产品遍布美、欧、亚等全球100多个国家和地区。完美世界影视热播电视剧占黄金时段逾10%，公司影视作品曾荣获飞天奖、白玉兰奖、"五个一工程"奖、华鼎奖、电影华表奖、大众电影百花奖、金马奖、奥斯卡金像奖等奖项。完美世界控股集团在北京、香港、上海、重庆、成都、海南、武汉、杭州等地及欧美、日韩、东南亚等国家设有多个分支机构。完美世界控股集团涵盖影视、游戏、电竞、院线、动画、教育、全历史、成家相亲、完美万词王、88邮箱等业务板块。完美世界控股集团10次被认定为中国文化企业30强，5次获评年度国家文化出口重点企业；2021年入选第四批"国家文化和科技融合示范基地"；2019年排名中国互联网企业100强第44名，2019胡润中国500强民营企业第152位，2019年上市公司市值500强排名第239位，2020中国品牌500强排行榜第466位，2020赛迪数字经济领域最具价值企业榜单第61位。

第二，关注点。

——初心理念。完美世界控股集团致力于创造幸福、传播快乐，以多业态文化产业，通过数字产品为大众传递幸福感。完美世界控股集团在产业上以内容为核心，坚持技术开发，整合全球优质资源，链接文化细分领域，为用户提供精品，不断将中国文化精髓推向全球，促进中外文化交流和文明进步。

——人才。在艺人经纪业务方面，完美世界影视的签约艺人数量、质量随着公司影响力的提高而稳步上升，公司通过优秀作品不断提升艺人的品牌和商业价值，进而推动公司在该业务领域的快速发展。

——研发。凭借对文化产业发展的深刻认知以及对优秀人才的重视，完美世界影视已成为中国影视导演孵化及发展的重要平台之一，目前拥有鑫宝源、完美蓬瑞、完美建信、华美时空、江何工作室、青春你好等核心制作团队以及一众孵化工作室和创作团队。

——投融资。2014年完美世界影视成功登陆A股市场。2016年完美环球通过发行股份购买资产的方式成功将完美世界游戏注入上市公司。同年，完美环球娱乐股份有限公司正式更名为完美世界股份有限公司，简称完美世界。

——社会效益。目光向下：完美世界影视扎根于中国普通百姓的生活，制作了众多脍炙人口的影视作品，反映了中国普通市民努力拼搏、迎难而上，最终收获幸福美满生活的社会面貌，为全社会提供了高质量的文化产品。潜心文化："文化企业的最大贡献归结为踏踏实实做好自己的文化产品。文化是无形的，但文化产业是有形的。最根本要回归本质，按照文化产品的属性不断创新，潜力研发，慢工细活，以寂寞造繁华。"（创始人池宇峰）立足国内及中国文化，高质、产业化输出中国文化，"完美世界产品已出口到全世界100百多个国家和地区，深受世界喜爱，同时将中国的文化带到了世界各地"。（创始人池宇峰）

——合作。完美世界影视合作业务主要包括研发合作、销售合作、异业合作和海外合作。完美世界影视与好莱坞环球影业合作拍摄电影入围第90届奥斯卡提名名单，其参与投资和出品的电影《黑色党徒》《登月第一人》分别斩获第91届奥斯卡"最佳改编剧本"和"最佳视觉效果"两项大奖。

——整合。完美世界网游通过整合全球的产品设计、生产、运营、IP等各方面资源，形成全球化的生产能力，将中国文化真正传播到海外，在欧美以及日韩等重要的海外市场形成强大的影响力，这不仅是中国网游走向海外的必由之路，也是整个文化产业践行文化强国发展之路的一种良好借鉴方式。

——业态发展。从单一游戏起家，产品做大做强，依托产品超级IP效应走向综合性文化产业，到控股国内外相关文传企业，完美世界在中国文化走出去的过程中，在授权海外合作伙伴的基础上，已经在美国、欧洲、日本等建立自己的子公司。整合全球优秀版权，自主开发文化精品，面向全球市场，已经将文化产品走出去升级到了3.0时代，开始通过在全球收购知名IP的方式，对游戏进行中国文化的融合。（创始人池宇峰）

——特色业务。职业教育：打造"岗、课、赛、证、产"一体化生态育人体系，与全国569所院校达成产教融合校企合作；开发游戏美术、游戏策划、电子竞技三大专业共计98门课程；299所院校被遴选为游戏美术设计、电子竞技赛事运营1+X证书试点院校，核准考核人数5万人；为游戏行业近百家企业累计输送近千名创新型人才，影响逾十万名游戏行业潜在从业者。全历史：时空柱，通过地图+时间维度，从政治、经济、科技等不同方面探索东西方历史发展规律；历史年表上线，以全新视角展示各个国家、政权的历史变迁和疆域变化，追溯人类文明发展历程；上线自制视频内容，通过生动有趣的讲解，更直观系统地为用户梳理历史脉络，增强学习趣味性，并打造多款历史、人文、战争、心理学等相关题材的系列内容合集。美源之本：线上线下课程培训覆盖逾十万人次，签约IP+原创作品2000部以上；孵化短剧项目10部，对接腾讯、优酷、B站、芒果、抖音、快手六大平台，已上线第一部话题近1亿。厚积薄发彰显创作源头优势，助力提升新创作人才的行业价值。

4. 经验和启示

（1）新兴产业空间巨大。对比文化产业发达国家，发达国家文化产业占国内GDP的份额平均在10%左右，美国文化产业增加值在GDP中占到20%左右。尽管中国文化产业经过10余年的高速发展，近几年发展增速平均超过20%，但2020年文化产业增加值占GDP总额和世界文化产业市场份额均不到3%。要将文化产业打造成一个支柱产业，其增加值占GDP总额需要达到5%，亦即增加值必须超过5.5万亿元（截至2019年年底，我国文化产业的增加值超过1.6万亿元），这也意味着当前文化产业还需要翻一番，同时说明文化产业未来成长空间不可限量。

（2）文化产业类型的特殊分布。第一，传统型文化产业，亦即一般性文化生产与服务，主要包括出版发行、广播影视、文化艺术等行业。其特征是知识密集型，主要活跃在文化及经济基础雄厚的中心城市。

第二，新兴文化产业，亦即在现代高科技推动下出现的新型文化产业。其特征是技术密集型，如数字艺术、动漫游戏、网络影视等，一般产生于文化创新前沿、科技力量雄厚、经济发达的地区。

（3）文化创意的融合性效益。创意文化产业在运作的内容、形式、产品、传播上具有要素融合性，在文化的古今、地域差异上具有化古为今、化彼为此的形式方法上的融合性，在文化流动和传播上具有价值融合性。以此可以提升文化产业的传播力和文化的辐射力。创意精品的传播影响远大于说教式的宣传。形式上或内容上的优秀创意产品不仅可以实现文传产品的经济价值覆盖延伸，还可以传播和普及文化知识，潜移默化地影响人们的思想观念、价值判断和道德情操。

（4）集群化发展是传媒业的必然趋势。由于文化产业的属性决定了一个题材可以用多种不同的方式表达，反映出协同效应，因此同一资源多元使用是文传产业发展的必然取向。在媒体融合背景下，传媒产业从传播技术、传媒机构、产业结构全方位融合发展，是集群内各组织之间实现协同共生以及集群外部协同发展的必然趋势。目前，我国传媒产业集群内存在传媒规制不健全、产业链结构不稳定等问题，充分发挥媒体融合的积极推动影响，构建传媒产业集群规制，培育传媒集群模式，发挥集群品牌效应，形成传媒产业集群化新态势，是提升传媒产业集群核心竞争力的主要途径。要实现这一目标，我国就要为企业创造投资的环境，为文化资源创造可以用多种体裁来表现的平台。

（5）创意产业的国家战略效能。文化创意产业以高附加价值、可持续发展的经济特征，成为世界经济增长和产业结构调整的关键力量。随着世界经济增速放缓，特别是发展中国家增长动能的下降，各国将文化创意产业列为最具发展前景和价值的重要战略性选择。对此，我国也将文化创意产业作为国民经济支柱产业以及转型的重要载体。从目前来看，我国文化创意企业的整体规模较小，企业融资环境较差，资金渠道较少。同时，文化创意企业更多的是初创企业，其自有原始积累不足。以上种种原因阻碍了我国文化创意企业的发展与壮大。

（6）投融资效益是文传产业提质发展的基础。我国市场经济的市场化要素不健全，特别是文化产业受意识形态的相关金融政策限制。同时，从投资角度看，由于信息不对称以及基本面信息较少，目前的风险资本（VC）、股权投资基金（PE）对文化类企业认识不清楚，对这类企业投资存在较多障碍。从经济发展与国家战略来看，文化产业担负起提升经济的振兴重任，但是融资问题已经成为我国文化产业发展的掣肘。因此，突破文化产业融资约束意义重大。

（7）科学技术是文化产业演进的直接力量。文化产业业态演化取决于作为科学技术表现方法的工具，能够在多大程度上被应用于人类社会精神表达的需求。科学技术在文化产业发展中起前导性的作用。一部文化产业演化史就是科学技术与文化生产相结合的历史。文化产品形态突变是文化产业演化的重要规律性特征，即一种新的文化产品形态的出现，不是已有的文化产品形态自身发展的产物，它们与科学技术的现代演化相关，而与产品形态的自身构造不相关。科学技术的演变是文化产业形态演变的直接动力。没有现代生产工具的使用，便没有现代文化生产和现代文化产业的生成。

（8）国家对于文化产业的扶持立场。对标总结，文化产业的发展，普遍上必须尊重其特有的规律，以文化+旅游+城市模式发挥特色文化资源与区域优势，以产业化促进文化产业发展，初级阶段需要政府加大投入，凸显"政府经济"的扶持作用，主导成立艺术、博物、图书等行业委员会和基金会，综合利用金融杠杆、资源匹配与减免税收政策，等等。

对标典型与先进，中国及地方存在的主要问题：技术运用与发明滞后，创意思维与政策观念局限巨大；资源配置市场化程度不高；缺乏文化产业航母集团；政府规制改革滞后；解决规制者、文化企业、消费者之间的关系的精细化、程序化、法制化与人治、不健全、操作性不强；有规制不执行；多头管理、政策打架、政出多门；文化产业的法制化体系不健全；产业发展结构不平衡，综合性、规模性体系化、资源整合差；产业技术层次低；投资单一，未能实现文化产业资本扩张发展趋势；传统与新型文化产业发展不平衡。

（9）人是文化产业的决定性要素。文化产业是智力产业，从经营、创意到表达，最终起决定性作用的还是人。在世界文化市场可以发挥强大影响力的国家中，美国有迪士尼和好莱坞，日本是动漫强国，英国是创造性产业的创始国，还有没有能源但教育力旺盛的韩国，无不是人发挥了关键性作用。例如哈利·波特，把一个故事拍成电影、画成漫画、制作成玩具，销售额达到了天文数字，就是出于会讲故事的人才。

（10）数字化是文化产业发展的核心技术。文化产业数字化在两条道路上齐头并进：一是新产业的兴起，二是传统产业的数字化转型。前者指的是以数字技术和互联网为依托形成的新型文化，包括网络文学、网络游戏、网络直播、网络音乐、短视频等；后者则是文博业、图书出版、广播电视电影、演艺等传统业态，借助数字化技术实现转型升级，包括其中涌现的数字博物馆、数字出版、数字影视、数字音乐等。另外，凭借开放性、低门槛和互动性优势，数字化技术缩小了数字表达的鸿沟，激发了亿万普通民众的创新创造潜力，为优质文化产品内容生产聚合了广泛的创作主体。从产业发展角度来说，数字化有助于延长文化产业链，促进结构优化，形成线上线下一体化发展，并为文化产业转型提供新动能。从文化发展角度来说，数字化大大激发文化创新创造的活力。其中既有产品和服务转型，如报业、出版业正走向数字化；也有业态转型，如网络电影、网络自制剧、网络综艺日益丰富文化消费生活；还有发展方式转型，集聚发展是文化产业发展的重要特点，随着数字化进程的展开，文化产业集聚方式渐渐从企业集聚、项目集聚发展到要素和业态集聚，互联化程度越来越深。

四、战略定位分析

（一）SWOT 分析

1. 优势

（1）唯一国有文传企业优势。宜宾文传集团有限公司是宜宾市第一家由市委宣传部（市文资委）出资的国有独资文化企业。集团承载着宣传主流意识文化、传播宜宾城市形象和扩大宜宾企业品牌影响力的主体责任。

（2）政府政策扶持优势。作为主导性文化产业企业，宜宾文传集团应积极参与市场竞争，促进文化产业发展和文化市场繁荣，实现社会效益和经济效益同步提升。宜宾文传集团在政策资源方面具有优势，在财税扶持、项目扶持、平台建设等方面都享受到极大的政策红利。

（3）产业业态丰富优势。宜宾文传集团整合媒体资源类和演艺团体类公司以及文化场馆类资产，已成立5个二级子公司和拟成立15个三级子公司。集团经营业务涵盖了传媒、文创、影视出版、教育和体育、文化信息等产业领域，加速向规模化集团化扩张，具备业态体系化、产业链条化、功能整齐化的优势。

2. 劣势

（1）未完全实现规范化管理。处于种子期发展阶段的宜宾文传集团，重组人员、股权暂未完全完成划转，公司运行与管理还处于制度和信息化管理系统建设过程，未实质性实施对各子公司运营的全面管理、综合协调和跟踪反馈。

（2）资金缺口较大。集团成立时间较短，注册资本金只到位0.5亿元，集团运转靠贷款维系。投资项目启动资金缺口较大，各项工作推动都受到一定程度的限制。

（3）人力资源管理机制不完善。自集团成立后，人力资源管理实行事业人员、企业人员一体化管理模式。集团现主要从员工招聘、员工请休假、员工福利、员工离职等基础人力资源管理进行制度建设，还未建立以牵引约束机制、激励机制、竞争淘汰机制来整合和激发组织活力的制度建设。

（4）品牌知名度及影响力不足。在文化市场竞争中，知名品牌能够吸引更多社会民众的目光，能够提升项目的成功率以及社会和市场效益，从而切实推动企业的可持续、高质量发展。文传集团在宜宾文化市场中还未建立起体系化品牌知名度高标及标志性特色影响力。因此，新创文传急需加强品牌建设。

（5）未形成体系化的企业文化。初创的文传集团积极重视观念凝练，初具主体理念，但尚未形成体系化的企业文化，需快速建立要素完备、序列完善、层级有序、功能完备的企业文化体系，以此引领各下属企业发展壮大。同时，文传集团应通过凝练核心主体理念，构建团队体系文化，形成维系企业活力的产业团队的共同性价值取向和发展观念。

3.机会

（1）跨区域发展机会。第一，新功能定位。成渝地区双城经济圈的国家战略定位，对于宜宾市的整体发展是重大利好与战略机遇。以中心城市辐射经济圈、外溢生产要素，形成合理分工、错位发展的"雁阵布局"，可以推进一体化部署、建设一体化交通、发展一体化产业、推动一体化开放、推进一体化保护。

第二，新特色打造。文传集团在区域化发展中，可以依据自身特色优势吸纳骨干文化企业和文化领域的战略投资者，形成统一的、开放的、竞争的市场体制，将文化产业面向川南，面向全国，面向世界。

（2）新型文化业态发展新机遇。第一，文传产业升级。随着文化产业升级换代而涌现的大批新形态，与数字科技、大数据、人工智能、云计算、物联网以及大视频相关，可以创造科文融合的新形态和新景观。

第二，文化旅游结合。在文化产业高质量发展的过程中，文化与旅游相融合，以文塑旅、以旅彰文，文化为旅游赋能，可以形成一批大众化、普及化的实体产业形态。

（3）发挥宜宾文化资源禀赋机会。第一，历史文化禀赋。作为历史文化名城，宜宾地理环境优越、历史悠久、文物古迹丰富、文化序列繁盛。

第二，自然禀赋。可深度挖掘宜宾文化资源，如"酒、竹、茶、哪吒文化、长江文化、红色文化、油樟文化、僰苗文化"等宜宾核心文化要素，进行文化资源的配置、组合、交融、整合，实现文化资源的功能化和产业化，高效实现"以文化人，以人兴业"的企业理念。

（4）地方产业文化化的发展机会。第一，传统产业转型升级。宜宾市提出大力实施改造提升、做优做强传统产业和培育引进、做大做强新兴产业"双轮驱动"战略，全面构建形成现代工业"5+1"、现代农业"5+2"、现代服务业"5+1"产业体系，全市经济驶入了高质量发展的快车道，现代工业强市实现新突破。

第二，新兴产业加快成势。宜宾市组建新兴产业发展基金，动力电池、汽气、智能终端、轨道交通等新兴产业从无到有、快速发展，其快速发展离不开产业的文化化。新兴产业应抓住地方产业文化化的发展机遇，大力开发文化的魅力，可以借助文化的力量提升产品的附加值。

4. 威胁

（1）产业化和市场化竞争带来的威胁。第一，产业化挑战。随着文化体制改革的深入，越来越多的文化事业单位脱离了政府的保护和扶持，面对真正的市场规则和挑战。文化企业要不断创新，与时俱进，生产出符合市场需求的文化产业或服务，只有这样才能生存下去。

第二，市场化威胁。文传集团想要发展壮大，必须正视自己的处境，进行良好的市场化与产业化运作，从产品或服务的内容、传播渠道、衍生产品开发等诸多方面入手，建立完善的产业链，以应对残酷的市场化竞争。

（2）文化类产品评价对集团的威胁。第一，标准多元化。文化类产品的质量包括政治标准、艺术标准和商业标准，与一般物质产品的质量标准有着显著的区别。文化产品内容要从思想性、科学性、艺术性、结构合理性、表达的规范性等方面表现出新的水平，以满足人民群众对特定文化的需求。因此，文化产品的质量显得尤为重要，文化产品需要更加关注用户需求和用户体验。

第二，评价自媒化。在新媒体时代，人人都成为信息的发布者，因为文化产品口碑效应变得尤为重要。如果一个文化产品的使用者不满意，他通过朋友圈、微博等渠道发布差评，可能直接对文化产品市场造成不良影响。

（3）新冠肺炎疫情对集团造成的威胁。以人流密集型为主的文化产业来说，在疫情之下，很多活动不能照常开展，如文化旅游业、会展业、大型文艺演出活动等。文化企业面临着众多的问题，虽然目前我国经济已经实现了疫情防控常态化下的逐步复苏，但是对于文传集团来说，这种影响在一段时间内还会存在。

综上所述，宜宾文传集团，SWOT 分析如表 1-3 所示。

表 1-3　宜宾文传集团 SWOT 分析

优势（S）	劣势（W）
（1）唯一国有文传集团优势 （2）政府政策扶持优势 （3）产业业态丰富优势	（1）未完全实现规范化管理 （2）资金缺口较大 （3）人力资源管理机制不完善 （4）品牌知名度及影响力不足 （5）未形成体系化的企业文化
机会（O）	威胁（T）
（1）跨区域发展机会 （2）新型文化业态发展新机遇 （3）发挥宜宾文化资源禀赋机会 （4）地方产业文化化的发展机会	（1）产业化和市场化竞争带来的威胁 （2）文化类产品评价对集团的威胁 （3）新冠肺炎疫情对集团造成的威胁

（二）SWOT 战略分析

在分析发展面临的外部机遇、外部挑战，内部优势、内部劣势的基础上，宜宾文传集团发挥优势因素，克服弱点因素，利用机会因素，化解威胁因素，制定 SO 战略、ST 战略、WO 战略、WT 战略，具体如表 1-4 所示。

表 1-4　宜宾文传集团 SWOT 战略分析

	内部	
	优势（S）	劣势（W）
外部	1. 唯一国有文传企业优势 2. 政府政策扶持优势 3. 产业业态丰富优势	1. 未完全实现规范化管理 2. 资金缺口较大 3. 人力资源管理机制不完善 4. 品牌知名度及影响力不足 5. 未形成体系化的企业文化

续 表

机会（O）	SO战略	WO战略
1. 跨区域发展机会 2. 新型文化业态发展新机遇 3. 发挥宜宾文化资源禀赋机会 4. 地方产业文化化的发展机会	（1）中心化建设，聚集文化资源 （2）多元化布局，完善文化全产业链 （3）平台化运作，抢抓新业态机遇	（1）完善公司治理结构 （2）强化人力资源开发 （3）构建企业文化体系
威胁（T）	ST战略	WT战略
1. 产业化和市场化竞争带来的威胁 2. 文化类产品评价对集团的威胁 3. 疫情对集团造成的威胁	（1）区域化经营，增强区域文化产业协同发展 （2）战略性发展，打造增长引擎 （3）市场化改革，创新公共文化服务模式	（1）转变资本运作模式 （2）促进文化产业升级发展 （3）推进品牌建设

1.SO 战略

（1）中心化建设，聚集文化资源。文传集团作为宜宾市唯一文化类国有企业，承载着宣传主流意识文化、传播宜宾城市形象和扩大宜宾企业品牌影响力的主体责任。文传集团要坚持以文化人、以文兴业理念，积极促进宜宾市各类文化资源的整合，通过文化中心的搭建，吸引人气，聚集流量，形成文化生产和消费的空间集合，助力文化产业园区建设；依托"宜宾高线"公园串联市图书馆、酒都剧场和市体育场打造区域级文化中心；构建宜宾新型城市级公共服务创新载体，布局打造南岸东区市民文化中心。依托大学城和科创城的特殊群体人口优势和丰富的文博资源积极发展博物馆经济，打造"青春宜宾"网红"打卡"点，打造三江新区文博中心；以著名教育品牌行知中学为核心，全面打造宜宾知名全龄段教育培训中心，打造叙州区基础教育中心。三大中心形成自东北向西南的宜宾城区文化主轴，建成公共文化事业与惠民文化产业相结合的内外三循环，实现城区文化产业大循环。

（2）多元化布局，完善文化全产业链。产业的合理布局，能够有效地整合区域文化资源，促进文化的产业化，提升产业的文化化。宜宾文传集团自身具备媒体资源、演艺团体和文化场馆类等较好的资源资产优势，在新型文化业态发展新机遇和地方产业文化化的发展有利契机下，应该充分发挥自身优势，深挖宜宾文化，开发"宜宾内容"，通过资本市场化运营，自主化、建设性地扩大产业资源，多元化布局产业，大力发展传媒产业、会展演艺产业、影视文创产业、出版印刷产业、教育和体育产业、文化信息产业，实现业态体系化、产业链条化、功能齐全化。

（3）平台化运作，抢抓新业态机遇。宜宾文传集团要成为四川一流、西部领先的综合性、多元化国有文化产业优秀龙头企业，需要借助相应的载体。集团应聚焦文化资本投资、项目实施、价值整合、产业创新、品牌塑造等方面，推进平台化运作，重点打造文化资本投资引领平台、文化产业重大项目实施平台、文化资源价值整合平台、文化产业创新推动平台、城市文化品牌品质塑造平台，推动宜宾文化产业快速发展，实现社会效应和经济效应双丰收，以文化产业助力实现把宜宾建成现代化国家区域中心城市的目标。

2.ST战略

（1）区域化经营，增强区域文化产业协同发展。宜宾正在打造"国家区域中心城市"，作为宜宾的国有独资文化企业，文化集团主动融入川渝协同发展大局，通过收购、重组等方式整合川渝区域的媒体、教育和体育、演艺、文创、影视出版、文化信息产业等资源，实现优势互补、资源共享、提升效率，促进川南区域、川渝区域的文化产业协同发展。

（2）战略性发展，打造增长引擎。优化产业布局，高效整合区域文化资源，推动多层次文化产业生态圈发展，打造"宜宾高线"南岸东区市民文化中心、"文博高地"三江新区文博中心和"教育高标"叙州区基础教育中心，孵化出更加强大的文化产业、文创产业和教育产业，打造宜宾文化产业增长的新引擎。

（3）市场化改革，创新公共文化服务模式。拓展服务主体、延伸服务范围、多元化服务职能。宜宾文传集团通过市场化改法以及机制和体制创新，把服务对象从党政机关单位扩展到有需要的社会组织，服务范围从单一业务延伸到全产业链业务，确保履行公共服务职能不变，创新公共文化服务模式，提升公共服务质量。宜宾文传集团充分运用市场化手段，积极参与市场竞争，为市场提供高质量多元化服务，实现公益性服务与市场化服务的有机融合。

3.WO战略

（1）完善公司治理结构。宜宾文传集团尽快落实注册资金，完成股权划转,推进"1+5+15"的集团公司经营战略架构建设,配置相应的机构、人员、场地、资本等,健全基础性常态性机制,建成结构健全、运行高效、活力开放、全员化活力匹配意识形态、文化、国企、市场、产业及高新技术等特殊关联要素的集团机构和运营机制。同时,宜宾文传集团在按照"一级企业管资本、二级企业管投资、三级企业管经营"的运营模式,理顺母子公司"责、权、利"等事权划分,以实现"集团化、专业化、差异化"的管控结构。

(2) 强化人力资源开发。文化产业发展的重要驱动力是高水平的人力资源开发,宜宾文传集团要树立人力资源是第一资源的观念,完善人力资源管理机制,落实人才聚集、人才培养、人才约束激励举措,补齐集团种子期发展阶段短板。宜宾文传集团通过校园招聘与社会招聘相结合,实施产教融合,利用高校智库,与其他机构定向协同培养专业人才,同时通过政策吸引等多种方式,将人才合理"引"进来,实现人才聚集;加强内部培训体系建设,细分人才类型,结合政策、市场变动和产业走势,分类施训,培养兼具文化素养、艺术天赋、创新创意,同时善于运用技术、管理等手段的复合型、高素质的文化产业人才;突出绩效导向,优化绩效管理,注重沟通反馈,兼顾激励和公平,建立科学合理的绩效管理和薪酬激励体系。

(3) 构建企业文化体系。企业文化是企业的灵魂,是推动企业发展的不竭动力,具有导向、规范、凝聚、激励功能。宜宾文传集团作为刚成立的企业,企业精神文化尚未形成,还处于探索与构建阶段,应注重自身核心价值观的凝练,深化"以文培元、以文化人、以文兴业"核心理念,加快推进集团内部精神文化建设,塑造企业精神文化体系;加强一般性管理规章制度、特色化规章制度和企业文化等制度文化建设,约束和规范物质层文化和精神层文化的建设;同时通过视觉识别设计、企业环境、文化设施、打造集团外宣矩阵等物质现象,统一内外形象文化传播,从精神层面、制度层面、物质层面构建"三位一体"特色企业文化,以实现可持续发展。

4.WT战略

(1) 转变资本运作模式。宜宾文传集团存在较大资金缺口,在"十四五"期间,利用资源优势,结合内生增长能力,采取扩张型战略,巩固和提升在同行业中的核心竞争力。综合集团经营发展战略和发展目标,在快速扩展期,宜宾文传集团扩宽投融资渠道,完成公司股份制改革;在稳定繁荣期,宜宾文传集团选择稳健性战略,优化资源配置,提高使用效率,保持平稳健康可持续发展。

（2）促进文化产业升级发展。面对文化产业化和市场化带来的威胁，中国数字经济快速发展，数字化、智能化、产业化赋能文化产业。宜宾文传集团融合人工智能、大数据、云计算等技术，提升传统产业，培育壮大新兴文化产业，提升文化产业高质量高水平发展，推动宜宾经济社会数字化、智能化升级。

（3）推进品牌建设。在宜宾文传集团初建期，部分子公司已有具备一定知名度的品牌，但集团整体品牌定位还不清晰，品牌整合力不足，品牌效益暂未凸显。公司品牌以"文"为核心，建立品牌层级体系，着力打造集团品牌，建立品牌整合传播体系。

（三）风险分析

在政策支持和技术驱动等多重因素的影响下，我国文传行业的媒介生态呈现出"融合""共生"的景象，全媒体产业也迎来快速发展的黄金时期，但各种类型的风险也会在融合过程中呈现新的特点。

1. 宏观经济波动风险及应对措施

文化传媒行业与宏观经济具有较强的相关性。作为可选消费行业之一，文化传媒产业受消费者实际可支配收入水平、消费者收入结构、消费者信心指数、消费倾向等多种因素影响。受中美经贸摩擦及疫情影响，宏观经济形势复杂多变，或将对宜宾文传集团中长期发展带来不确定性。

应对措施：坚守主业，持续做精做强，采取稳健发展的经营策略。

2. 政策监管风险及应对措施

文化传媒行业具有意识形态特殊属性，政策监管贯穿于行业的整个业务流程。行业监管政策存在变化的可能性，给宜宾文传集团业务经营带来不确定性。

应对措施：严格按照行业监管和政策要求开展内容生产工作，建立内部完善的质量管理和控制机制，避免政策监管带来的风险。

3. 技术革新风险及应对措施

随着5G、云计算、人工智能、AR/VR等技术不断成熟和应用，新的业务形态和商业模式可能出现，给用户带来全新的文娱体验，技术变革带来的商业重塑可能对宜宾文传集团经营产生不利影响。

应对措施：借助宜宾大学城人才优势，加强对新技术、新模式以及未来行业趋势的研究，提前研判、提早布局，从容应对技术革新风险。

4. 人才短缺风险及应对措施

宜宾文传集团所从事的新媒体业务、影视剧制作、科技信息业务等对从业者的专业性要求高，经验丰富的专业化人才对集团业务具有重要影响。核心人才不足和流失，将影响业务的正常发展。

应对措施：通过为人才创造适合其发挥才能的生态体系，持续完善具有市场竞争力的激励机制，来留住人才、吸引人才，激发核心人员的积极性、创造性，推动公司业务发展。

5. 市场风险及应对措施

中国的文传行业虽然特殊，但其属性中仍带有明显的产业属性。因此，市场在配置资源方面的决定性作用对于文传业而言也不能例外。宜宾文传集团的诸多细分领域有巨大增长空间，但并不直接等同于收益和回报，也并非所有项目都能达到发展预期，这个以创新为本的领域有着很高的试错成本。目前，传统媒体与新兴媒体原本清晰顺畅的产业链条不断被新技术、新模式冲击和解构，投资项目启动后能否按照预期发展，将对文传公司运营、风险防控与承受能力形成极大考验。

应对措施：借助巴蜀通大数据技术，强化风险信息监测、提高反应能力。基于新兴数字平台成长起来的宜宾文传集团能够掌握海量用户数据，同时大数据在金融领域得到广泛应用，这为文传集团更科学地掌握、分析信息变动创造了条件。宜宾文传集团要将大数据技术应用于风险信息监测，从而有效识别、监控文传市场与资本市场上的双重风险。

6. 资金风险及应对措施

长期以来，我国文传领域存在投融资方式比较单一的问题，随着文传产业的优化，这一问题得到很大缓解，但随之出现了成本控制难度加大的新问题。更多创新项目能够通过融资解决资金困境，投融资方式的多元化发展也带来了更大的不确定因素，导致资金成本控制难度加大、风险性增强。

应对措施：建立财务预警系统，从财务入手，提升风险预警能力。宜宾文传集团需要根据财务分析监控项目周期，严防业务扩展、规模扩张造成的现金流异常紧缩等问题，同时控制经营性资产与投资性资产的比例，避免资本结构失调导致盈利能力下降。前置风险防控，投资金额逾 200 万元，建议委托第三方专业机构进行可行性研究，增强风险防范意识，让自身更具有竞争力。

五、研究结论

综上所述，文化产业的建设和发展，经营人才是关键，建设内容是根本，创意、技术是核心，资本投融是前提，举国体制是优势。在此总体性结论认知基础上，以"问题"与"出路"的思维方式，从健全常态化（基础性）要素、对症现实性问题、塑造个性化特色和对标共同性高端四个方面阐述研究结论。

（一）健全常态化（基础性）要素

1. 健全问题要素

作为方兴未艾的新兴产业，系统明晰其建设中的问题，是谋求和实施健康发展策略的前提。例如：什么是文化产业？当前文化产业发展的基本矛盾和主要矛盾是什么？文化产业在当前地方经济社会发展中发挥怎样的作用？这种作用与文化建设、社会发展和城市竞争力量的培育究竟是一种什么样的关系？什么是文化产业发展的本位？提升城市文化软实力的最有效路径是什么？判断是否得到提升的标准是什么？如何正确处理这种提升的需求规律与市场配置资源的关系？怎样制定风险评估的尺度和标准？等等。

2. 健全集团化产业功能要素

文化产业的属性决定了传媒产业集群化发展的必要性，一个题材以多种不同的方式表达和传播，这种协同效应使同一资源多元使用成为文传产业发展的大趋势。同时，文传产业实施规模化（集团化）取胜战略，可使资金使用、技术开发与市场开拓和资源功能得以互补。特别是文传产业产品内容形式与传播方式的技术高度一体化，是企业功能集团化健全的根本性原因。同时，规模化自建产业链体系，可以降低经营风险，从而推动产业集中化程度的提高。鉴于此，宜宾文传集团既有原始资源与发展预期的六大产业，几乎涵盖文传产业全部业态，因而从发展基础到建设领域，具有健全产业集团化、构建文传产业全业态的发展优势。

3. 健全效益要素

（1）社会效益。"精神宜宾""文化宜宾"的使命性功能。文化产业是一个社会的精神生产系统，在产业本质上，是精神和文化的地域性竞争交易主体。

换言之，文化产业是思想产业，文化市场是思想市场。作为宜宾地域唯一国有综合性文传企业，宜宾文传集团是"精神宜宾""文化宜宾"的形式设计者、内容表达者和风采引领者。

（2）经济效益。自存、自强，创造宜宾新工商文明的实业功能。现代经济学理论认为，企业本质上是一种资源配置的机制，文化产业能够实现整个社会文化资源的优化配置，从而推动文化实体与效益的高效发展。经济发展推动文化消费市场的发展，其标志就是文化产业化——通过将文化资源资本化，并融入现代传媒新技术，文化产业成为宜宾经济新产品、新业态、新产业以及新效益的新增长点。

（二）对症现实性问题

1. 综合效益与综合对症

大力发展文化产业是中国社会的一场深刻的文化制度变革。它在改变文化发展形态和增长方式的同时，给当代社会政治文明架构带来了文化体制改革的创造性命题，它的重大经济价值也给经济结构调整和经济增长方式的创造性转型带来了新兴产业革命。文化产业的发展回应了人们精神文化消费需求的多样化，也使社会生活方式和社会精神秩序产生了深刻变动。地处宜宾的文传集团，以综合效益观，积极施策将文化产业的自身发展要素和发展效益全面对症地方独有问题，以促进社会和政治、经济和文化的正效变化，是实现产业效益最大化最现实最直接的工作思路。

2. 文化产业问题热点对症

2019—2020年我国文化产业关键词为立法、夜间经济、区块链、"一带一路"、乡村振兴与5G。此外，人工智能、大数据、学科化、金融杠杆等关键词也具有很高的黏合度。这一现象表明，文化产业市场化管理体制机制仍然是基础性问题，功能与效益作用领域成为普遍关注的发展热点，产业发展的系列技术支撑是进一步提质增效的条件。作为新建文传集团，参照普遍热点，对症自身不足，是开展建设实践的首选战略。

3. 对症文化产业关键机制与核心功能

（1）在关键机制上。作为中国特色的文化产业类国有企业，宜宾文传集团与国企主管机关在隶属关系上，由单一的行政关系转化为行政与市场化多重法律关系，依据企业"双效"本位和国家国企改革三年行动方案，实施建设性改革措施，是努力实现国有文化产业在政治上的"定制权"、经济上的"定价权"和文化上的"定义权"亦即"话语三权"效益最大化的关键步骤。

（2）在文化产业的核心功能上。由于文化是一种生活方式，它由思想和行为的习惯模式所组成，包括价值、信仰、行为规范、政治组织、经济活动等，决定着社会的精神和行为方向。同时，文化是城市不可代替的核心竞争要素。为此，立足产品质量与产品内容导向，对宜宾本土文化符号进行科学分析、可行性论证，做好符号选取、内涵培育、传播机制建设工作，是宜宾文传集团的首要核心工作。

4. 发展初始的焦点群对症

（1）有序加速资产、人员划归工作，做到资产产权明晰，人员责权明晰。

（2）依据国企规制初步建立常态化运行机构和效益化运行机制。

（3）梳理甄别落实管理业务和产业产品、业态构成、定位与分布。

（4）明确三年期"引爆"性产品专项计划，以建立企业存续、发展的物质基础。

（5）通过政策与市场多途径寻求政府投入、市场基金等投融资渠道，以解决草创之始的资金问题。

（6）逐步凝练企业理念和组织文化。

（三）凸显个性化特色

1. 产品特色定位

（1）普遍性产品特色定位。普遍性产品特色定位，即内容为大的产品特色定位。文化产业是一种力量，而力量的根源来自内容。换言之，这种力量是由文化产业构成的最基本的单元——文化产品内容实现的。这种内容是文化内容、精神内容，是能够感动人、启发人、满足人精神需求的内容，尤其是个性化特色化的内容要素。而文化产品最有可能实现不可取代的个性化特色化要素，就在于因高度地域化而呈现出差异化类别化的内容要素。

（2）"主导"性产品特色定位。"主导"性产品特色定位，亦即创造与政治契合的特色化意识形态产品。作为本土唯一国有、意识形态管理部门直属的意识形态文化类产业集团，在兼顾普通"双效益"的同时，充分考量中国特色体制与政治意识形态工作特点，经营上主动对应党政常态化和庆典性宣传、党建业务对于文传产品的市场化需求，充分利用自身专业特性，打造在内容上对标政治标准，在体裁、形式、传播上高度创新的标志性产品，持久占领稳定性主导性产业市场。

2. 运行机制的特色化

国企集团要放大国有资本功能，激活微观主体活力，就必须寻找更加市场化的机制，包括公司治理机制、生产运营机制、分配机制、监管机制，而当务之急的是监管机制。中央全面深化改革委员会审议通过的《国企改革三年行动方案(2020—2022年)》明确指出以"抓重点、补短板、强弱项"为工作重心精神。结合文传产业特点和集团三级管理层级规制，宜宾文传集团实施"星团化管理"模式，亦即授权与监管相结合、放活与管好相统一的混合所有制改革的差异化管控新模式，也就是让每一个企业像星球一样以自转为主，太阳系中心并不管他们的运营，但是他们必须在规定的轨道上运行，同时配套以"行业首位度战略"，即在一定区域内评价某品牌与市场首位品牌的差距变化，使管控更有牵引力，更富进取性。

3. 资本营运多元个性化

金融创新是中国国企实现产业升级面临的最大障碍。中国市场化改革策略的一个重要特征，就是"不对称的市场化"策略。相比产品市场放开，要素市场基本上还没有实现市场化，如资本、土地、能源等，特别是金融领域"金融抑制"，即政府金融体系的各种干预导致了经济结构的失衡。文化产业国企反映出的就是单一控股，而这种股权结构直接影响着内部控制质量与创新绩效。差异化管控，是国企改革的重中之重；"三因"（因地施策、因企施策、因业施策）"四分"（分类发展、分类改革、分类考核、分类监管）是国企改革主要原则。而增加资本来源渠道，实行多元化管控机制以增强资本营运活力，提升国有企业效益是国企改革的根本目标。基于具体三级营运及功能分层差异，依据国家国有控股限度规定，在适当层级企业实施有效的投融资改革，实行更加市场化的差异化管控，是适应相对控股企业股东利益主体多元、市场化快速反应要求高、组织人才机制更加灵活基本特点的有效途径。

4. 核心功能个性特色化

在充分实施好健全文传产业亦即实施规模化（集团化）取胜战略，壮大集团化体系化实力，切实规避风险的同时，分析研判与自己相关的文化类别、地域空间、行业区位以及产业链条中心、边界，特别是功能性节点，准确把握自身的产业功能和效益位序，厘清产业核心层、外围层和相关层，有特色化地打造自身集团核心层、联系扶持外围层、发展相关层，从而体系化地确立自身在相关文化产业链条中不可取代的特殊功能和价值地位。

5. 核心产品效益"超级IP"化

从商业性和资本观角度来说，IP的内涵得以无限外延，可被引申为"可供多维度开发的文化产业产品"。从消费者的角度，IP代表着某一类标签、符号、文化现象，可以引起兴趣、愿意追捧，可能转化为消费行为。例如，《星球大战》三部曲自20世纪70年代公映以来，除18亿美元的全球票房以外，其主题产品、玩具、游戏、图书和唱片等，销售总额高达45亿美元。具体而言，可挖掘宜宾地域独有的自然或人文文化元素，或攫取无中生有的文化元素，通过精心研制设计，打造出强内容体和强自流量体互通融合产生具有深度的商业价值，并使内容和流量（粉丝）形成相互支撑、相互融合的逻辑生态链条，最终将IP价值铸造成得以转换、变现、放大和生态化的超级符号亦即"超级IP"。

（四）对标共同性高端

1. 远景上的国家战略与常态恒久

基于意识形态主导、文化强国建设、经济全面发展和治理机制健全的需要，国家提出了"积极发展文化事业和文化产业"的国家战略，第一次使文化产业发展具有了国家文化制度建设的意义，它具有国家战略的必要性与必然性。为此，宜宾文传集团必须立足长远和可持续发展，其行为和策略对标国家目标和国际高标。

2. 思维上的超越阈限与发凡起例

文化创新是一切创新行为的核心。而文化产品、文化产业则是文化创新的集中表现形态。文化产业创新有两种，一种是文化产业载体形式创新，一种是文化产品思想内容创新。前者形成和生成文化产业新业态，后者形成和生成文化发展的新内容、新资源。文化产业是一个社会的精神生产系统。精神再生产分为简单再生产与复杂再生产和创造性再生产。文化产业是这三种再生产的集合，核心是创造性再生产。文化生产力的核心是精神创造力，没有精神创造力就没有创新。文化及文化产业发展，将继续呈现文化生产方式科技化、文化资源继续整合转化为文化项目、接受与传播模式的创新革命、引发版权革命、事改企下职能转移的培育主体市场等重大趋势。同时，作为以创意化和技术化为主观性核心驱动要素的产业，在理念、机制、方法、模式上突破阈限和综合效益上发凡起例是最基本的发展策略。

3. 趋势上的前景变换高标

互联网与新技术颠覆了信息传播渠道与方式，构建了新的信息内容框架，在此基础上对已有的传媒产业规模与结构进行了更新。在数据挖掘与追踪、智能传感器、智能交互体验设备等数字技术智能设备的推动下，传媒产业已不单单是信息内容的提供者，而是逐渐转变为集内容生产、渠道更新、终端服务于一身的综合服务体。换言之，技术创新、融合前进将成为传媒产业的新方向。媒介智能化、传播大众化、内容精品化、服务个性化、广告程序化、产业泛娱化、行业跨界化、市场集中化、运营国际化、监管自律化是文传产业可预见的发展趋势。追寻与引领，是文传产业生存发展的必选之路。

4. 创意上的创新高标

以精神产品为根本特征的文传产业、创意产业是文化产业发展的高端形态，其根本理念就是通过创新和创意创造出新的产业形态和内容产品，具体而言就是将文化资本重新组合引入经济系统的新兴产业，其特点就在于文化、技术、产品（服务）和市场通过创意元素有机地结合起来。相对于传统的文化产业而言，创意产业注重创意和技术的开拓和利用，不仅有助于文化产业的创新，而且在发展理念上注重将文化融入各个产业的设计、生产和营销服务各个环节，以实现产业的创新和升级。宜宾文传集团可通过培育成立创意研发机构和专业创意企业，打造创意品牌，逐步实现创意自主和品牌输出。

5. 技术上的无限高标

支撑现代新经济长期增长的根本力量是通过技术进步，实现产业的升级换代。现代文化产业的时代特点就是凭借科学技术创造出表现人类生活的文化产品，大规模复制和传播这些文化产品。科技推动力、文化创造力、商业运作力是现代文化产业的三大动力。为此，现代文化产业应通过综合理念与技术创新，打造"三高"文传产品：第一，实施本土独特文化资源禀赋与新创意、高技术相结合策略，创造高质独特产品、业态和产业；第二，引进高层次人才，原创高竞争性文传产品和产业；第三，作为高技术消费者，实施战略性选择购买高技术，以创造优质文传产品、业态和产业。

国有文广传媒集团发展战略方案
——以宜宾文广传媒集团有限公司为例

基于社会效益：文化功能化，亦即人化与化人，是人自身及社会文明进步的源头性动力；基于经济效益：文化资本化，是现代经济新型业态、新兴产业的增量性机制；立足城市建设：文化资源化，是特定城市的根源性、独特性、恒久性核心竞争要素；立足文化发展：文化产业化，是文化自身发展的新动能，是新文化、新文明建设的新路径。宜宾市文广传媒集团的成立和运行发展，造就了通过文化的功能化、资本化、资源化和产业化，打造新业态、新产业、新经济、新工商文明，以及地域性新文化、新传统、新文明、新发展的新平台。作为集新建与重组、文化与产业、国有与混制、建文与逐利多重要素辩证于一体的企业集团，为了运行发展的规范性、科学性、前瞻性、高效性，落实宜宾市第六次党代会精神，助力实现把宜宾建成现代化国家区域中心城市的目标，特依据国家、省、市相关政策、法律和规划，开展其发展战略实务方案研究。

一、发展战略基础

（一）公司概况

宜宾市文广传媒集团有限公司（以下简称"文传集团"）是宜宾市第一家由市委宣传部（市文资委）出资的国有独资文化企业，于2021年5月完成工商注册登记，注册资本金3亿元。文传集团定位为文化产业投资、融资、建设、管理、运营主体，围绕"以文培元，以文化人，以文兴业"的企业核心理念，承担"媒体产业投资运营商""文化服务项目供应商""文化产业投资运营商"三项主体职能，着力文化资源整合平台、文化开放合作平台、文化全产业链供应商建设。文传集团经营范围涵盖媒体产业投资运营、广告设计与制作、文化大数据运营、文化演艺、教育培训管理、文创产品设计制作、影视投资制作、影视院线经营、出版印刷等文化传媒产业相关业务。文传集团紧紧抓住文化大发展大繁荣的历史机遇，围绕壮大主流媒体、拓展文化服务、引领文化产业的战略目标，发挥文化资本投资引领、文化产业重大项目实施、文化资源价值整合、文化产业创新推动、城市文化品牌品质塑造五大平台作用，打造成为四川一流、西部领先的综合性、多元化国有文化产业优秀龙头企业。

（二）集团发展现状

1. 组织结构

集团构建直线职能制的组织架构，集团党委下设党群、纪委以确保意识形态安全和文化产品质量，成立了股东大会以及相应专门的董事会、监事会，董事会下设经理负责的管理层。按照"机构精简、人员精干、运转高效"的原则，文传集团设置了党群工作部、纪委办公室、集团办公室、投资融资部、战略发展部、人力资源部、计划财务部、监审风控部 8 个部门，各职能部门分工专业，机构协调运转，有效制衡，运作规范。如图 2-1 所示。

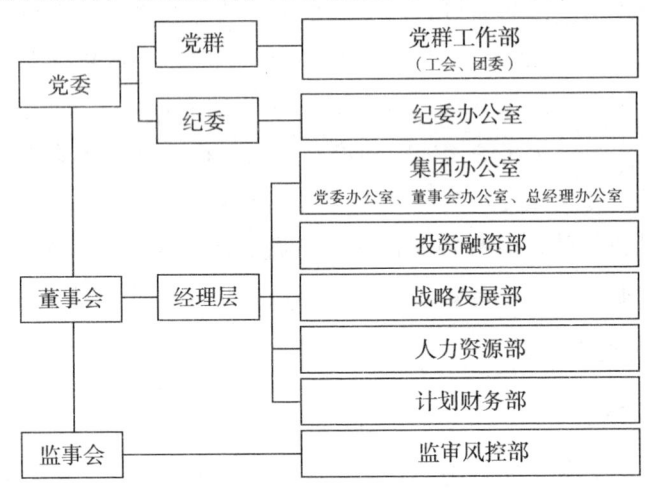

图 2-1 文传集团组织结构

2. 资源状况

（1）政策资源。随着《中华人民共和国文化产业促进法》与《"十四五"文化发展规划》的发布，时代赋予了国有文化企业抓住机遇实现高质量发展的使命。文传集团经宜宾市委、市政府依法批准设立，是由市政府依法授权市委宣传部（市文资委）履行出资人职责的国有独资文化企业。文传集团以社会效益优先，兼具社会与市场双重属性，理论上具备获得地方政府政策扶持的优势，但由于对文化产业的特殊性认识不足，加上宜宾文化产业改革尚处起步期，政府在政策与资源配置上未将文化产业与高新技术产业一视同仁，文传集团需开拓创新，主动有为才能在财税、金融、土地、人才以及基础设施配套方面有效争取到政府的相关扶持政策。

（2）硬件资源。按国企改制方案，政府应划拨给文传集团的固定资产为金江剧场资产、酒都艺术宫资产、文博中心资产（含新建的市博物院、市文化馆等资产及建设业主——宜宾城港公司的股权），良性资产比例较高，但相关资产尚未划拨到位，同时资产存在经营性资产与事业性资产难以完全剥离、场馆维护成本较高以及缺乏专项资金支持等现实问题。

（3）无形资源。第一，拥有部分知名文化品牌资源，公司整体品牌尚未形成。文传集团主营业务为文化教育与媒体运营，形成了行知教育、合众传媒、金江传媒、新三江广告传媒等宜宾文化产业的龙头品牌，但演艺、影视文创、文化信息等还需要进行品牌打造。文传集团尚处在初创期，在公众中的知名度不高，需通过企业文化的凝练、形象的塑造、有效的宣传以及突出与现有知名业务品牌的有效联结等方式打造公司品牌。

第二，平台建设具备优势，自主知识产权较为薄弱。在文化产业结构的两个要素——平台与内容创意方面，作为全市唯一的国有独资文化企业在文化资本投资、文化产业重大项目实施、文化资源价值整合、文化产业技术创新、城市文化品牌品质塑造等方面都具备平台建设的优势，但在内容创意方面较为薄弱，自主知识产权缺乏

第三，拥有广播电视、日报等传统媒体平台经营权，新媒体经营权有待开发。媒体平台管理权属宜宾日报社和宜宾广播电视台，经营权与管理权的分离易导致集团运行机制不畅。

（4）人力资源。第一，集团员工整体素质较高。集团初创期人员主要来自政府机关、事业单位、国企以及媒体单位，经理层多为原机关企事业单位的业务骨干，经验丰富，具备"管理＋经营"的复合能力。

第二，高层次人才相对缺乏。文化创意与文化经营人才相对不足，文化高端人才的引进缺乏有力的政策支持。

第三，下属单位员工类型复杂，历史遗留问题较多。文传集团下属的媒体

单位人员、演艺单位人员与文化场馆人员，按照"管人、管事、管资产相统一"的原则，由政府行政管理部门将事业单位委托给集团代管，实行事业人员、企业人员一体化管理模式。人员素质参差不齐，内部退养人员和提前离岗人员有待消化，工资性支出较大，集团既要考虑激发在职在岗人员的工作活力，又要顾及退养、离岗等人员的待遇，薪酬分配难度较大。

3. 经营模式

文传集团建立三级管控体系，按照"一级企业管资本、二级企业管投资、三级企业管经营"的运营模式，通过理顺母子公司"责、权、利"等事权划分，以实现"集团化、专业化、差异化"的管控结构，为企业健康、持续发展奠定基础。文传集团成立了宜宾文传首城传媒集团有限公司、宜宾文传行知教育集团有限公司、宜宾文传三江演艺集团有限公司、宜宾文传巴蜀通数据科技集团有限公司4家二级公司以及金江传媒公司、叙州区行知学校、远方演艺公司、科技服务公司等15家三级公司，参股四川广电网络公司。如图2-2所示。

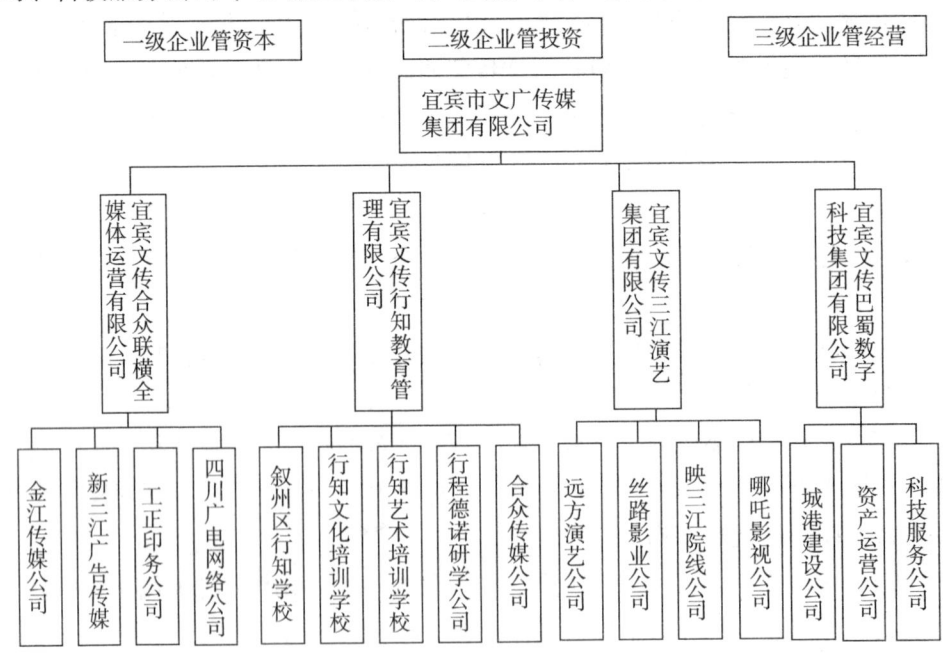

图 2-2 文传集团经营模式

4. 经营状况

文传集团于2021年5月28日完成工商注册登记，注册资本金由市财政出资3.074亿元分期到位。集团公司下设4个子集团公司,其基本情况如下。

(1)注册资本金。2021年12月到位5000万元,2022年6月到位5000万元,因集团参与举办世界电力动池大会,2022年8月政府以注册资本金的形式注入740万元,共计1.074亿元。

(2)股权划转情况。集团已完成宜宾合众传媒有限公司、宜宾市新三江广告传媒有限公司、宜宾金江传媒发展有限公司、宜宾市映三江农村数字电影院线有限公司、宜宾工正印务有限责任公司五家单位的股权划转工作,股权划转总额5004.52万元。

(3)资产情况。集团资产以股权投资为主,转企改制中约定的事业单位资产均未划拨到位,公司尚无固定资产。

(4)业务情况。集团采用三级管理,三级公司负责具体业务,目前主要发展广告传媒、文化演艺、教育与体育培训、出版印刷、影视文创、文化信息六大业务。

(5)技术能力。集团拥有媒体资源及传播技术,可提供互联网新闻信息服务、互联网直播技术服务、互联网信息服务等;拥有创意研发技术能力,可开展网络文化经营、歌舞娱乐活动策划、组织文化艺术交流活动、体育赛事策划、体育竞赛组织等业务;拥有教育咨询与培训服务能力,可进行教育咨询、家庭教育、招生辅助、幼儿园托管服务以及体验式拓展活动策划与实施等;拥有互联网文化信息服务技术能力,可提供大数据服务、数据处理和存储支持服务等。

(三)发展环境

1.宏观环境

(1)政策环境。

第一,主体身份与文化定位。作为国有文化产业集团,以传播思想文化为主业,是党和政府主流思想宣传阵地的窗口行业,具有意识形态特殊属性。国家法律、法规及政策的严格监管,在为本行业的企业设立较高政策壁垒的同时,也保障了优质公司的现有行业主导地位。

第二,文化产业与政策体系。国家、四川省及宜宾市"十四五"规划和2035年远景目标,为文传行业未来5年和长远发展目标提供了指引,为文传产业政策扶持、市场准入和提质增效呈现了利好前景。宜宾市第六次党代会明确提出要高质量建成区域文化旅游体育中心，开启了文化、旅游、体育事业高质量发展新局面。特别是习近平总书记来宜视察，为文传集团利用媒体平台优势，生动具体地宣传习近平总书记重要讲话精神，积极参与并助力长江国家文化公园建设等国家绿色资源保护工程创造了条件。

第三，政策调整与新发展方向。在与具体业务相关的教育领域，受"双减政策""艺考热"三孩政策的影响，学科类教育培训业务受到冲击，但素质教育、课后托管和职业教育需求增加，为企业转型发展和业务拓展提供了新的机遇。

（2）经济环境。

第一，国家经济向好提升人文发展指数。相比国际环境，国内的经济发展呈现不断向好的趋势，文化消费市场潜力巨大。2022年上半年，全国居民人均可支配收入18463元，中国人均国内生产总值已进入世界中等收入国家行列，人文发展指数地位进一步提高。

第二，地方经济助力文化产业发展。一是地方经济发展高速向前。2019年至2021年，宜宾GDP增速连续三年居全省第一。二是当前文化产业发展空间大。宜宾文化产业占全市GDP比重低，仅为2.49%，其中五粮液印刷企业独占50%，实际深入百姓生活的仅占1%，因此区域文化产业有极大的市场发展空间。

第三，新的区域经济规划提供了发展新机遇。涵盖宜宾地域的《成渝地区双城经济圈建设规划纲要》的出台，更为文传集团产业的跨越式升级、特色化发展提供了广阔、崭新的空间。

（3）社会环境。

第一，消费能力和需求领域是文传企业的前提性社会环境。宜宾市居民生活水平日益提高，对于精神文化层面的消费需求也普遍提升。网络的发展、电脑和手机的普及，使消费者获取文化传媒产品的途径实现多元化，文化娱乐的巨大的需求更是推动了文化传媒产业的长足发展。

第二，国有文化企业承担主流社会环境营造责任。国有文化企业具备天然的社会责任关联性，文传集团的国企身份和产业属性，决定了企业发展必须关注社会效益，坚持社会效益和经济效益"双效"并举。

第三，人口基数是文化产业消费的基础性社会环境。根据第七次人口普查，中国人口约为14.435亿人，四川省常住人口8367.5万人，位居全国第五，宜宾常住人口458.88万人，人口规模相对较大。但宜宾作为四线城市，城市人口（含流动）体量较小，消费市场受到一定限制。

第四，宜宾"大学城"是文化产业对位优质的社会环境。文传市场最大的增长力集中在三四五线城市和新型城镇化的青年人口。对宜宾而言，特别是宜宾"大学城"的建设，将吸纳10余万大学生，为宜宾文传产业的发展提供了对位优质的社会环境。

（4）技术环境。

第一，新技术与新产品。随着下一代互联网IPv6的普及、5G时代的到来，传媒竞争将更加激烈，内容付费、粉丝经济、数据跨境贸易或将成为传媒业新的经济增长点。大数据、云计算、AI、VR/AR、在线直播等各类互联网新技术类型层出不穷，占据了越来越多的市场份额。

第二，新技术与新消费。技术的变革使文化传媒行业新的盈利点不断出现，盈利模式发生变革。人们消费需求的高端化、个性化、定制化特征日趋明显，消费品质由中低端向中高端转变，消费方式由线下向线上线下融合转变，消费行为由从众模仿型向个性体验型转变，消费人群的分众化趋势愈发明显。

第三，新技术与新竞争。文传集团需积极跟进技术变革，才能从容应对互联网和移动终端的发展趋势，通过新技术创造新产品、打造新传媒、运营新模式，迅速占领广阔的文传市场。

2. 行业环境

（1）行业发展现状。

第一，总体规模持续上升，细分市场两极分化。受疫情影响，文化传媒产业增速有所下降，但总体规模仍保持上升趋势，2021年中国文化传媒产业总产值达29710.3亿元，增长率提升至13.54%。文化产业呈现生机勃勃的发展势头，文化产业增加值占GDP的比重持续增加。受疫情影响文化传媒细分领域呈现两极化发展态势，报刊、图书、电影等传统领域业务收入下降，而网络广告、网络游戏、网络视听短视频及电商等行业规模却大幅增长。

第二，产业发展态势呈现多元化。随着移动互联网用户碎片化娱乐需求的增加，近年短视频、小程序等发展迅速，未来伴随新技术升级或将有更多的细分领域加速增长和爆发；优质内容IP将成为吸引用户、实现价值变现的核心环节，内容向品质化和差异化发展，不断满足用户多元需求；文化产业与消费、旅游、科技、金融、地产等产业的加速融合将成为新的增长点。

（2）行业竞争力分析。

第一，行业竞争者现行竞争能力。本土优势与区域性弱势并存。就行业竞争而言，文传集团在宜宾本土优势明显，相较于成渝或川滇黔区域中心城市而言，则弱势凸显。文传集团作为市委宣传部直属文传企业，其政策、规模、资金、技术、人才等各方面在宜宾市占据龙头，优势明显。宜宾市创建成渝地区双城经济圈副中心和打造南向开放枢纽门户，也使宜宾几乎所有行业，特别是有人即有文传的文传产业，面临成渝及川滇黔中心城市同行业的激烈强势竞争。

第二，潜在进入者的威胁。集团性潜在进入者威胁较小，单业务潜在进入者威胁较大。文传集团作为宜宾市国有企业改革重组的唯一一家文化类市属国有企业，有明显的资源优势和良好的规模化发展基础。就单体企业而言，如文化信息方面，巴蜀数字科技集团依托长江上游大数据中心强大的信息整合能力，可以收集、整理、应用全市资讯数据、文化数据、生活数据等，在宜宾具有绝对优势，但未来数据跨境贸易将成为传媒业新的经济增长点，会对集团的文化信息产业造成影响。同时，央企、省属传媒集团业务向市州延伸，对集团业务冲击较大。

第三，替代品的威胁。新技术下的传统媒体话语权削弱，新媒体威胁程度高。随着互联网的发展与普及，全民媒体时代到来，层出不穷的媒体渠道改变了媒体市场格局，传统媒体话语权削弱。新媒体处于成长初期，依靠新技术快速成长，产业潜力巨大，能迅速抢占市场份额，而传统媒体行业市场饱和度较高，传播效益相对较弱，面临被取代的挑战。随着文传技术的日新月异和新兴媒介的迅速发展，传媒行业的技术壁垒逐渐减小，进入门槛变低，导致新技术下的新媒体产品不断出现，特别是低成本、简单化、快节奏的自媒体，成为传统媒体业务的高效替代品。

第四，供应商议价能力。资产性议价能力较弱，高水平人才议价能力较强。文传集团涉及文传产业，因此其供应商主要分为设备及演出材料供应商和专业人才等方面。设备及演出材料的供应商数量相对较多，供应商的报价透明，且设备及演出材料可重复利用，价格涨幅较小，消费成本相对稳定。在专业人才方面，由于公司从事的文传行业，集技术和创意于一身的高水平人才是文传产品的核心要素，居"卖方市场"地位，故而议价能力相对较强。

第五，购买者议价能力。社会性购买者议价能力较强，"主体"性购买者议价能力相对较弱。随着社会经济飞速发展以及消费者结构不断升级，顾客选择性逐渐增强，要求传媒产品的质量更高、信息更丰富、价格更低廉、参与感更强，同时消费者的市场需求呈现出多样化与个性化的特点，这在很大程度上提高了社会性购买者的讨价还价能力。对于文传集团来说，集团的国企属性和作为宜宾市文创产业牵头单位，在政府主导的业务方面优势明显。但新的传媒业务开拓往往通过招投标方式，多为竞争性谈判、磋商或比价，激烈竞争不可避免。

3. 集团环境

（1）优势。

第一，唯一国有文传企业优势。集团作为宜宾市第一家由市委宣传部（市文资委）出资的国有独资文化企业，有承担地方文化治理的社会责任和参与重要文化建设项目的机会。集团承载着宣传主流意识形态、传播宜宾城市形象和扩大宜宾企业品牌影响力的主体责任。

第二，文化产业业态丰富优势。集团现有传媒、演艺、影视文创、出版印刷、教育体育、文化信息六大产业，具备业态体系化、产业链条化、功能齐全化的优势。

第三，人员及业务优势。集团中高层领导在文化传媒、教育培训等业务领域经验丰富，具备"管理+经营"的复合能力。传媒经营业绩在全省各市州媒体经营中排名靠前，并培养了一批经营管理业务骨干。行知中学教育教学质量位于全省前列，作为集团发展的重要引擎，为集团教育发展和文化艺术培训产业打下坚实基础。

（2）劣势。

第一，制度建设尚未健全。集团为母子公司结构，呈现产业结构多元化、业务范围广泛、管理链条过长等特征，由于改制尚未完成，母子公司之间沟通存在机制障碍。在转企改制过程中，管理权与经营权相分离，如现有媒体平台最终管理权属宜宾日报社和宜宾广播电视台，媒体平台经营权最终属宜宾文广传媒集团，两种权分属同级别单位，因此媒体平台经营权有"卡脖子"的可能性。集团下属二三级企业存在业务界限不清晰、缺乏资源整合，导致同质竞争、企业内耗。

第二，资金缺口较大。注册资本金到位较少，投资项目启动资金缺口较大。政策支持力度较低，资产划拨不到位，遗留问题较多，财政保障不足。场地租用、各类人员工资性支出比例较高，企业运营管理成本高。固定资产尚不到位，企业融资方式单一，融资成本高。

第三，人力资源匮乏。人才引进、人才选拔和流通机制不畅。文化创意人才人力成本过高，高层次人才缺乏。转企改制后，集团实行事业人员和企业人员一体化管理模式，员工类型复杂，人员素质参差不齐，历史遗留问题较多。受相关政策、大环境影响，激励机制、竞争淘汰机制尺度受限。

第四，品牌知名度较低。集团在宜宾文化市场中还未建立起体系化品牌知名度高标及标志性特色影响力。集团尚无重大工程建设项目，精品文化项目欠缺。

第五，未形成体系化的企业文化。文传集团尚无统一的传播标志，企业社会形象尚未形成。

（3）机会。

第一，跨区域发展机会。成渝地区双城经济圈的国家战略定位，为城市的整体发展带来了战略机遇。其建成现代化国家区域中心城市的发展定位，可将其城市文化产业面向川南，面向全国，面向世界。

第二，新型文化业态发展新机遇。首先是文化数字化发展新机遇，通过贯彻落实中央关于推动公共文化数字化建设、实施文化产业数字化战略的决策部署得以实现。其次是文化与旅游相融合，以文塑旅、以旅彰文，文化为旅游赋能，可以形成一批大众化、普及化的实体产业形态。

第三，发挥宜宾文化资源禀赋的机会。作为历史文化名城，宜宾地理环境优越、历史悠久、文物古迹丰富、文化序列繁盛。可深度挖掘宜宾文化资源，如"酒、竹、茶、哪吒文化、长江文化、红色文化、油樟文化、僰苗文化"等宜宾核心文化要素，进行文化资源的配置、组合、交融、整合，实现文化资源的功能化和产业化，凝练文化项目，打造文化精品。

第四，地方产业文化化的发展机会。宜宾市提出大力实施改造提升、做优做强传统产业和培育引进、做大做强新兴产业"双轮驱动"战略，全面构建形成现代工业"5+1"、现代农业"5+2"、现代服务业"5+1"产业体系，全市经济驶入了高质量发展的快车道，现代工业强市实现新突破。文传集团可以以文化赋能产业发展，大力开发文化魅力，借助文化的力量提升产品的附加值，发挥文化引领风尚、服务社会、推动发展的作用。

（4）威胁。

第一，产业化和市场化竞争带来的威胁。文化体制改革促使经营性文化事业单位转制，转制后的企业面临如何转变经营理念，有效推动文化产业高质量发展的压力。同时，地级市文传集团面临央企、省属传媒集团业务向市州延伸对集团运营带来的市场化威胁。

第二，评价标准与自媒体化的市场威胁。由于评价标准具有多元化和主观性特点，文化产品需要更加关注用户需求和用户体验，在符合政治标准、艺术标准和商业标准的基础上，满足人民群众对特定文化的需求。同时在新媒体时代，用户通过朋友圈、微博等渠道对一个文化产品发布负面信息，可能直接对文化产品市场造成不良影响。面对市场要求高质量的文化产品与文化服务，文传集团面临较大的市场压力。

第三，新冠肺炎疫情对集团业务造成的威胁。新冠肺炎疫情对集团人员聚集性业务项目影响较大。疫情导致的经济下行、文化消费意愿减弱对集团运营业务发展形成威胁。

综上所述，文传集团发展环境之集团环境分析如表2-1所示。

表2-1 文传集团发展环境之集团环境分析

优势（S）	劣势（W）
（1）唯一国有文传集团优势 （2）文化产业业态丰富优势 （3）人员及业务优势	（1）制度建设尚未健全 （2）资金缺口较大 （3）人力资源匮乏 （4）品牌知名度较低 （5）未形成体系化的企业文化
机会（O）	威胁（T）
（1）跨区域发展机会 （2）新型文化业态发展新机遇 （3）挖掘宜宾文化资源禀赋的机会 （4）地方产业文化化的发展机会	（1）产业化和市场化竞争带来的威胁 （2）评价标准与自媒化的市场威胁 （3）新冠肺炎疫情对集团业务造成的威胁

二、战略总则

（一）指导思想

根据文传集团主体资产性质、产业特性和效益指向，宏观上的指导思维为：以事业之心铸就产业之魂；以产业之效，助力事业宗旨。具体为，坚定政治：坚持党的领导、国家政治信念和社会主义核心价值观；坚守规制：遵守国家政策、法律法规和上级相关规划、规定；遵循原理：遵循文化功能与发展规律、市场经济与企业发展原理；研判趋势：在科学研判发展态势的前提下开展文传产业与事业实践；创新理念：通过开放观念、变革思维和探索实践，实现企业综合创新的发凡起例功能；实践高效：兼顾社会效益与经济效益，达成文明进步与企业成长同步高效；实现高标：实现经济收益、文化发展、模式创新、品牌打造高质高标，高效助推文化强市、成渝"双城"文旅和宜宾高质量建设发展。

（二）战略原则

依据"以文培元、以文化人，以文兴业"的企业核心理念和兼顾社会与经济效益"双效"赋能理念，文传集团实施体系化的发展战略。

1. 组织文化：体系重塑与理念创新相结合

立足官方及文化类企业的定位与宗旨，基于文化铸造人格、最优质的管理是文化管理以及文化的内化、自觉化"化人"功能特质，从物质、制度和观念三种文化形态，以企业的社会效益和创建崭新的工商文明为取向，文传集团全方位构建组织文化体系。

2. 机构机制：结构重组与效能重构相结合

集团在重组建设取向方面，坚持健全、对症、特色、高标四者并重；在机构效能方面，要求现有单体企业或单元机构在集团组建过程中的进出、取舍和拆建取向上突出企业化和效益化；实施集团内部机构的全员化、全要素产业化功能改造工程；实现机构建制、运行机制的生产性、企业性效益转换。

3. 资源资本：优化资源与全域资本相结合

基于主流意识形态与文化类国企优势，文传集团充分认知和发挥服务党政主导性、恒久性、大体量市场化需求的主体功能以吸纳资源；全域化研判明晰本土既有文化禀赋和创造、引进"无中生有"的文化要素，并分类梳理赋予其功能化资源化；实施文化资源全领域的资本化战略。

4. 主责主业：主责定位与支撑主业相结合

基于政商结合的市级文传核心企业定位，文传集团的社会主责是服务党政，主导社会文化，塑造宜宾新环境；其经济主责是通过打造健全的市场主体和创造新产品、新业态、新经济建成宜宾文化产业新标杆。为此，结合现实资产配置、既有主体业务，特别是企业发展目标，集团以现代传媒和文化主业支撑主责。

5. 阶段时效：阶段目标与区段层级相结合

文传集团在经营时效上突出宏观发展和不同业态特点分阶段侧重战略；在宏观上三年近期寻求侧重性、集中点线突破，中期（"十四五"）持续性推进体系化常态化规制、业态和市场建构工程，长期性开展可持续实体、质量和品牌远景建设；在微观上依据业态特点采取或"先名后利"或"先利后名"，或"应景激利"或"渐进致远"的灵活战略原则。

6. 业态市场：产业聚集与业态链条相结合

集团综合研判、着力构建既有及新生业态的市场及上下游关系，依据市场效益取向和风险预判取舍，或"内聚"建设自成体系的内循环产业系统，以求自强和规避风险；或"外聚"针对外部同行业业态布局趋势，特色化打造关联性优势业态，占领外循环业态链的节点性制高点，以谋取发展特色、效益最大化和构建可持续发展机制。

7. 品质品牌：技术高标与创意高优相结合

集团应充分认识、精准对应、高效实践高新技术和高品质创意对于文化产业及文化类产品价值、价格的决定性效益功能；依托人才战略，对高新技术和高质创意实施或自主研发或精准引进，并通过高效运营改造传统文化产品，提质文传产业，创造新产品新业态新产业，打造高质特色的文化品牌。

（三）发展目标

基于战略规划明晰具体目的，围绕集团发展阶段（近期、中期和远景）和核心要素（建制、资源、产品、效能）两大序列规划发展目标。

1. 近期目标（到 2023 年）

（1）建制：对应重组，对症短板，补足健全基础性常态性建制；建制运行集中应对并实现近期"自救""自存"与局部效益重点"引爆"目标；立足并高效利用集团特殊身份，启动社会与市场双效益运行机制建设。

（2）资源：立足主责主业，主动协调，按约依规，如期划归、配置企业、机构、人员、场地、资产、业务等；厘清既有传统产业资源，拓展党政主体需求资源，发掘本土文化中可资产业发展的要素；开启常态化引进外来文传产业资源业务。

（3）产品：集团内同类产品优化整合，传统优势产品持续做强，党政主导性产品稳定增量，短板领域开辟新天地，成功打造 2~3 种或经济效益可满足集团"自给自足"的常态运行，或正面传播效应可资企业宣传和地域扬名的"劲爆"产品或业态。

（4）能效：党政的政策性文传需求供给主体身份确立，纯市场化运行自主常态化，六大业态侧重发展，主体打造"文化宜宾"初见成效，"首岸"文传品牌声誉初见，建成宜宾综合文传龙头企业，助力双城经济圈文化强市效益初显。

2. 中期目标（到 2025 年）

（1）建制：依据主责主业，消除集团内部实体同质化内耗，建成结构健全、机制多元、要素丰富、活力开放、运行高效、全员化匹配意识形态、文化、国企、市场、产业、科技和创意等特殊关联要素的管理机构、营运实体和运作机制。

（2）资源：制度化、持续性扩大党政系统的市场化需求资源；通过资本市场化运营，自主化、建设性扩大产业资源和渠道；系统梳理明晰和实现本土文化元素的功能化和资本化。

（3）产品：在顺应时尚和市场文传产品发展的基础上，用高新科技和高优创意打造党政主体需求的优质特色产品和品牌；将本土文化元素与高新科技和高优创意结合，创造具有宜宾特质和广泛市场效益的优质文传产品品牌。

（4）能效：在文传业态整体性发展的基础上，主体性助力公共文化服务成效显著；利用文传产业特点，打造"视觉宜宾"成效显著，"听觉宜宾"成功开启，"味觉宜宾"和"体悟宜宾"实现要素聚集；初步建成双城经济圈区域性文传产业中心，助力把宜宾建成巴蜀文化旅游走廊核心区，"首岸"文传品牌影响力初具规模。

3.远景目标（到 2035 年）

（1）建制：建制结构、功能、体制和市场适应性对标高端文传产业、融资平台和国际化市场，运行效能高度契合文化产业对应社会与经济效益的双标要求。

（2）资源：在高质量发展的同时，兼具市场性、区域性、国际性以及与集团发展相关的全域性资源融聚力，做到资源要素综合化、渠道多元化、品质优越化、体量最大化、效益凸显化。

（3）产品：成为市场化主流时尚文传产品的创造者；六大业态均具有自主创意研发的系列优质产品；各业态在相应领域均已打造出知名优质品牌。

（4）能效：在业务上，创意实现"设计宜宾"，传播实现"云上宜宾"，效果实现"感官宜宾"（如"视觉宜宾""听觉宜宾""体悟宜宾"等）；在理念、模式、运营、产品、人才上具备行业高质量示范效益；重塑宜宾主流文化大环境，构建主导性、产品化宜宾文化序列和新宜宾传统；建成国际化上市文传集团。

三、发展战略

（一）集团战略

1.总体发展战略

（1）"十四五"发展战略（"3365"战略）。为助力宜宾市 2023 年建成全省演艺副中心、2025 年建成全省文化副中心，集团在"十四五"期间执行"3365"发展战略。

第一，打造三大中心。"三个中心"以南岸东区文化中心、三江新区文博中心、叙州区基础教育中心为轴，建立公共文化事业与惠民文化产业相结合的内外三循环，实现城区文化产业大循环。

第二，助力三大产业园区建设。集团助力南岸西区文化产业园区建设，助力三江新区文化产业园区建设，助力南溪出版印刷产业园区建设。

第三，发展六大产业。一是大力发展传媒产业。集团借助宜宾日报社、宜宾广播电视台、新三江周刊等主流媒体资源，实现传统媒体产业集约式发展，同时拓展新媒体阵地建设，构建传统媒体、新媒体、户外媒体等全媒体产业体系。二是大力发展演艺产业。集团充分发挥演艺活动优势，在做好公益性演出服务的同时，以小剧场演出、大剧场商业演出等为平台，大力拓展商业演艺市场，创作生产一批话剧、杂技等文化艺术精品。由集团与相关单位实行一体化管理，利用酒都剧场、体育中心、文博中心、金江剧场等场馆资源，在全面完成公益性演出任务的同时引导文艺院团积极走进市场，为创建全省演艺副中心提供有力支撑。三是大力发展影视文创产业。集团加快推进文创研发机构和营销实体建设，促进文创与宜宾地域文化传承深度融合，切实提升宜宾文创品牌的知名度、美誉度。四是大力发展出版印刷产业。集团引进先进技术，优化宜宾日报印刷中心设施设备，提高印刷水平，积极开展"定向订制"出版发行印制业务，为下属相关产业提供业务支撑，同时广泛承接书籍杂志、音像制品、产品包装等生产发行业务。五是大力发展教育和体育产业。集团利用办学资质和行知中学办学品牌，开展学历教育和素质教育；利用专业场馆和艺术优势，开展艺术培训和研学课程。六是大力发展文化信息产业。集团依托长江上游大数据中心强大的信息整合能力，收集、整理、分析、应用全市资讯、数据、文化数据、生活数据等，建立宜宾市文化产业数据平台，建设宜宾文化领域大数据新经济产业，为建设宜宾智慧城市提供有力支撑。

第四，实现年利润 五千万。集团力争到2025年每年实现利润5000万元。

（2）远期发展战略（2026—2035年）。党的十九届五中全会提出了到2035年建成文化强国的战略目标。文化产业作为国家新时期重点发展产业，其良性发展对国民经济的发展具有导向作用，对区域社会经济全面发展具有重要战略意义，集团在"十四五"期间扎实推进"3365"发展战略的基础上，致力于在2026—2035年实现企业的四个战略延伸。

第一，优势产业向文化全产业链的延伸。集团在"十四五"期间通过集中化战略，大力发展六大优势产业，实现企业自主增值和自主发展，不断增强企业远期发展的内部造血功能。在此基础上，集团通过文化的塑造、业务品牌与企业品牌的经营、产品质量的提升、数字技术的创新不断提升核心竞争力，实现企业做大，并以大型文化产业集团为核心，构建文化全产业链，发挥文化产业综合平台作用，通过融资运营，促进传媒、娱乐、影视、教育、演出等产业门类联动发展，实现文化要素全产业、链条式发展。

第二，资产经营向资本经营的延伸。集团远期应通过资产经营向资本经营的延伸来实现经营上的灵活性、能动性和适应性。集团可利用资本市场，通过并购、重组等方式实现资本的对外扩张，获得优良且有潜在价值的文化资源与资本，突破文化资源、资本的区域约束，优化集团的资本结构，在确保国有控股的前提下，吸收多层次文化资本作为战略合作伙伴，实现产权主体的多元化与资本经营多元化，快速发展成为"小、精、特、新"企业，力争实现在北交所上市。

第三，"平台为王"向"内容+平台"的延伸。集团承担"媒体产业投资运营商""文化服务项目供应商""文化产业投资运营商"三项主体职能，着力文化资源整合平台、文化开放合作平台、文化全产业链供应商建设，具有平台建设的优势。但文化产业的本质是内容产业，文化产业的内容价值决定文化产业核心竞争力。集团应在实现资本与创意性人力资源积累，强化平台建设的基础上加大文化内容的开发，积累知识产权，凝练商业模式，围绕创意内容进行文化产品的开发、产业链的拓展，结合平台垄断优势的作用，树立"内容是核心，平台为形式，资本为助推"的战略理念，实现创新发展与跨越式发展。

第四，立足宜宾向跨区域及国际合作的延伸。基于文化产品不易受到区域限制的特性，集团应在具备知识产权优势、品牌优势，并拥有成熟商业模式的基础上突破本地市场的局限，大力开拓外地市场，设计、生产和销售适合的文化产品，拓展企业发展空间，增强企业的区域竞争力。集团通过实施"走出去"战略，开展跨省市合作与国际合作，不断提升企业的经营管理水平和市场拓展能力，拓展企业集团发展空间。

2. 市场竞争战略

（1）"十四五"期间。

第一，集中化战略：聚焦主责主业和优势产业，用政治家的"头脑"和企业家的"手脚"发展文化产业。要充分认识到文化产业的意识形态属性，坚持社会效益优先并通过市场方式、运用经济手段开展文化活动和经营活动，依据集团相关主营业务已占领较为稳定的市场份额，积攒了一定的口碑和信誉的现状优势，通过集中化战略，有助于集团在创建初期专注于主营业务市场的经营，便于成本控制，降低开拓新市场的难度，有利于企业在竞争中获得领先优势，保存集团公司的竞争实力。

第二，路径：

——社会效益优先，明确主责主业。积极参与城乡公共文化服务体系一体化建设，促进城乡文化资源双向流动和深度融合；推动公共文化设施网络数字化智能化升级；利用媒体与平台优势助力"长江首城·宜人宜宾"IP核心形象的塑造与传播；通过对市博物院、市图书馆、市文化馆、宜宾酒都剧场等经营性文化资产的运营，打造新型公共文化体验空间，提升城市文化体验品质。

——集中优势产业，强化产业布局。以传媒为基础，教育为突破，做大做强教育培训、传媒等既有优势产业；培育演艺、数字科技、精美印务等新兴强势产业；加强对文化与产业资源禀赋突出，具有独特优势，特别是可望实现近期"引爆"的项目的组织实施。

（2）远期：2026—2035年。

第一，差异化战略：围绕文化企业转型升级的重要目标即开发特色文化产品，六大业态着力于特色产品开发，自主创意研发系列优质产品并形成具有影响力的知名优质品牌，在产品内容、功能、形式及附加值等方面与同行企业实现差异化竞争，寻求从"红海"跨入"蓝海"的特色化发展路径。

第二，路径：

——深耕地方，开发特色文化产业。认真研究宜宾及周边文化产业整体布局，因地制宜、因时制宜地制定差异化策略，推动本土特色文化产业"点状崛起""带状发展"，系统性高质量建设文传产业。

——产业集群，打造高端文化产业价值链。深入研究文化产业竞争力，掌握文化产业发展规律，明晰行业创新特质，打造高端文化产业价值链，持续打造体现双效益、具备高质量的系列产品，具有成熟的商业模式，形成品牌效应，促进宜宾文化产业集群化发展。

3. 生产经营战略

（1）"十四五"期间。

第一，水平一体化战略：围绕六大产业水平布局，着力于促进公司健全机制，高效运行。

第二，路径：

——建章立制，全员经营。以提升公司经营管理能力为根本抓手，调整完善公司组织机构设置，健全企业规章制度。

——绩效管控，降低成本。建立企业绩效考评体系，实施精准管理，有效降低运行成本。

——注重质量，研发储备。擦亮国有文化企业的金字招牌，注重文化产品与服务的质量，赢得市场口碑；充实企业研发力量储备，为文化产品创新做好准备，建成体制健全、运行高效、富有活力、双效融合的集团机构和运营机制。

（2）远期：2026—2035年。

第一，垂直一体化战略：拓展产业链条，强化产品的前后端开发，对标高端，保质创新。

第二，路径：

——对标高端，细化指标。对标高端融资平台和国际化市场，完善企业绩效考评体系，把握企业盈利能力、资产状况、债务风险、经营增长等各类量化指标的动态。

——注重创新，做强品牌。提升企业产品创造创新能力，保证产品质量，提升产品档次，加大产品创新力度；完善创新企业经营管理体系，加强对经营管理运行的调整与监督，培养出生产经营的高效专业团队，不断提升产品创意与质量，形成品牌效应。

4.人力资源战略

（1）"十四五"期间。

第一，任务式人力资源战略：集团初创阶段尚未形成系统的企业文化，凝聚力不足，需投入超过市场水平的资金和资源来吸引高层次人才，选择任务式人力资源战略，以发挥薪酬的激励作用，以指令式管理为主，咨询式管理为辅。

第二，路径：

——突出薪酬激励。重视业绩和绩效管理，注重物质奖励。

——强化人力资源规划。做好人才类型的细分与引进、岗位的说明与调整，通过产教融合，在高校布局人才定向培养；规范员工的招聘与培训，指导员工做好职业生涯规划。

——加强企业文化建设。逐步建立内部人才库，建构企业文化框架，提升核心竞争力。

（2）远期：2026—2035年。

第一，开发式人力资源战略：随着人力资源管理的规范性不断提升，结合文化企业员工的特质，集团逐步过渡到以咨询式管理为主，指令式管理为辅的开发式人力资源战略，不断激发员工的创造性，增强企业活力，促进企业创新发展。

第二，路径：

——创新人才机制，细化人才效益。长期应以企业的持续发展，做强企业为目标，健全人力资源管理体系，完善企业人力资源规划，积极培养"专业＋经营"的复合型企业人才。

——重视个人与团队开发，形成人才梯队。加强专业人才队伍的培养建设，提高企业的创新能力，完善企业薪酬体系，打造配置合理结构优化的人才梯队。

——塑造企业文化，强化人才吸纳。形成优良的企业文化，增强企业凝聚力，构建创新型人才管理机制，培养新型的文化产业人才。

5. 资本运营战略

（1）"十四五"期间。

第一，扩张型战略：集团作为政府组建的投融资平台，应利用资源与平台优势，结合内生增长力的培养，应用扩张型战略。

第二，路径：凭借自身优势进行全媒体产业、演艺、出版印刷、影视文创、教育培训等业态的打造，进而巩固和提高在行业和同类型企业中的竞争地位，到2025年每年实现利润5000万元，信用等级达到2A。

（2）远期：2026—2035年。

第一，扩张型和稳健型相结合战略：综合集团总体经营发展战略和企业长久稳固发展目标，集团选择扩张型和稳健型相结合的资本运营战略。

第二，路径：在企业快速扩展期采取扩张型战略，拓宽公司投融资渠道和方式，完成集团股份制改革，实现上市，增强投融资能力。在企业繁荣稳定期选择稳健型战略，优化企业已有资源配置，提高现有资源使用效率。打造一个富有弹性的财务战略方式，更好地适应企业经营发展需求。

（二）产业发展战略

1. 全媒体产业战略

（1）使命。

主责：讲好"新宜宾"故事，打造"感官宜宾"城市文化，推动宜宾城市品牌塑造和城市文化建设。

主业：加强主流媒体的网络平台建设，聚力打造新型主流媒体旗舰，完善"传媒＋"和"＋传媒"的传媒产业，升级转型现代化"信息＋"产业发展。

定位:"新主流、全媒体、智平台"战略发展,成为西部领先的媒体产业投资运营公司。

(2)目标。

集团全媒体产业战略目标如表2-2所示。

表2-2 集团全媒体产业战略目标

短期目标	目标:打造"首城传媒"新型主流媒体平台 路径:力争通过一至三年的努力,整合公司媒体资源,完成全媒体业态搭建,创建新型主流媒体旗舰
中期目标	目标:助推宜宾城市文化品牌塑造 路径:通过五年左右的努力,建立宜宾"城市形象展示示范线",讲好宜宾故事,丰富"传媒+""+传媒"业务链条,为"信息+"内容产业升级奠定基础
远景目标	目标:西部领先的媒体产业投资运营商 路径:通过十到十五年的努力,升级转型"信息+"内容产业,建立数字版权交易平台和媒体智库,以及西部领先的媒体产业投资运营公司

2.演艺产业战略

(1)使命。

主责:挖掘宜宾及川南文化资源,打造优势地域文化,培养宜宾文化市场,引导市民文化消费,承担起宜宾传统文化的继承发扬及优秀文化弘扬传播责任。

主业:着力研发创造一大批思想进步、创意新颖、以小见大、艺术精湛、制作精良的优质文化产品,创新演艺及观赏的形式、平台、路径、氛围及场景,造就崭新的演艺产业。

定位:坚持需求引领、特色引领、科技引领、融合引领,在发展模式、价值创造、规模发展、产业孵化、资本运作等众多方面,发挥推动宜宾演艺文化产业转型升级、跨越发展的主力军和引领者作用。

(2)目标。

集团演艺产业战略目标如表2-3所示。

表2-3 集团演艺产业战略目标

短期目标	目标：塑造"宜宾演艺"品牌 路径：通过一至三年的努力，完成公司组织架构搭建和资源整合，实现盈利，为未来的发展奠定基础
中期目标	目标：实现区域演艺与文化产业的协同互动 路径：通过五年左右的努力，不断培育新型的演艺创意产品，搭建宜宾演艺培育平台，培育演艺经理和演艺人才，形成集文化演出、品牌传播、文化运营、人才培养于一体的产业发展格局
远景目标	目标：成为川内演艺行业领域个性突出、效益优异，有重要影响力的企业 路径：通过十到十五年的努力，建立打造宜宾市文化演艺资源的整合平台和演艺艺术的创新平台，高标发挥社会和经济"双效益"功能

3.影视文创产业战略

（1）使命。

主责：致力于提供人民群众喜闻乐见、具有良好市场效益和网络效应的高质量影视文创产品，助力打造"宜居""宜游"宜宾，推动宜宾及宜宾文化走出四川、亮相全国。

主业：加强与业内一线影视公司合作，开发宜宾影视文化资源，推广宜宾景点、宜宾文化。通过"文创+"模式，结合影视衍生品、文旅景点、乡村振兴等内容开发文创作品，形成"宜宾文创"名片反哺宜宾影视。提升农村电影放映的效率，打造人民群众满意的农村电影放映体系。

定位：争取打造一批宣传宜宾市文化软实力的电影IP、文创IP，实现影视、文创作品在省级主流媒体被推广，实现良好的社会效益。

（2）目标。

集团影视文创产业战略目标如表2-4所示。

表2-4 集团影视文创产业战略目标

短期目标	目标：完成公司基本配置，实现公司现金流健康有序发展 路径：招引人才，提升文创产品的设计及产出能力。挖掘宜宾地域文化，打造"爆点"文创作品。与一线影视公司合作，拍摄本土影视产品。重推电视剧作品参加相关影视奖项评选
中期目标	目标：谋划和推动川南文创影视名城建设，形成具有影响力和区域带动力的文创影视品牌 路径：推动影视数字化、智能化发展，创作数字文化精品内容。串联宜宾特色文化要素，形成特色文创影视IP。通过分类整理和数字化管理，开发一批实用性与艺术性相结合的文化创意产品
远景目标	目标：建成宜宾市影视文创领域龙头企业，打造成覆盖面广泛、内容齐全的影视文创综合企业 路径：打通影视文创产业链上下游，推动文创影视与旅游、现代服务业、制造业融合发展。围绕宜宾文化定位，推进"文创+"赋能城市焕新，实现产城融合。打造一批与城市建设精准匹配、与城市功能有机兼容的文创影视产品

4. 出版印刷产业战略

（1）使命。

主责：利用出版印刷产业园的硬件设备及资源禀赋优势，招引区域内知名出版印刷企业和配套企业，形成规模优势，整合宜宾市印刷出版产业市场，促成本土各项社会事务的发展，助力宜宾文化强市建设。

主业：确保现有印刷业务强势发展，开拓设计、出版等业务多元化发展战略。推进印刷流程的数字化、信息化、智能化建设，促进业态融合，延伸印刷产业链服务。

定位：作为印刷行业引领者，推动宜宾印刷出版产业的高质量发展，力争建成川南经济副中心城市最具竞争力、业务范围最多元、客户群体最广的出版印刷集团。

（2）目标。

集团出版印刷产业战略目标如表2-5所示。

表2-5 集团出版印刷产业战略目标

短期目标	目标：巩固印刷业务强势地位，筑牢印刷产业发展基础。 路径：依托新彩印刷产业园，招引印刷出版企业。优化印刷生产线布局，完善印刷硬件设备配套。积极承接各级党政部门、各类企事业单位的印刷业务。积极推进绿色印刷业的发展，助力筑牢长江上游生态屏障
中期目标	目标：延伸印刷产业链服务，增加附加值，促进业态融合发展。 路径：整合、延伸产业链，开拓包装设计、广告营销、包装印刷、仓储等上下游业务和产业链。升级改造印刷生产流水线，推进数字化与自动化。外引资源，强化与川报集团的联动合作
远景目标	目标：推进业态深度融合发展，深化印刷产业园建设，发展印刷文旅体验小镇。 路径：推动跨界经营，深化印刷产业园区建设，向公众提供出版印刷文化教育。以文化旅游串联起印刷出版产业和生活休闲体验，带动生产、研发、市场和生活居住，形成产业小镇发展

5. 教育体育产业战略

（1）使命。

主责：深入实施市第六次党代会"科教市兴市"战略和"加快建成体育强市"要求，聚焦教育体育产业，发挥文化资本投资引领和文化产业创新推动作用，助力叙州区教育中心和南岸西区文化产业园建设，为宜宾加快建成成渝地区双城经济圈科教副中心，高质量建成区域文化旅游体育中心贡献力量。

主业：以"五育融合、优教宜宾"理念为引领，加强"行知"品牌建设和推广，促进"基础教育、生涯规划、精品研学、体育产业、教育投资"五大产业融合发展，办好宜宾人民满意的基础教育，促进全民健身和体育消费提档升级，推动教育体育产业高质量发展。

定位：立足"十四五"，面向未来，坚持品牌引领、需求驱动、资源整合、多元发展，培育教育体育产业新增长点，满足宜宾人民对教育和体育的美好需求，不断增强人民群众获得感、幸福感和满意度。

（2）目标。

集团教育体育产业战略目标如表2-6所示。

表2-6 集团教育体育产业战略目标

短期目标	目标：健全"行知"品牌组织架构，理顺公司治理结构。 路径：通过三年的努力，落实股权划转、投融资资金、人员等基础要素，大力推进宜宾文传行知教育集团二级机构建设和行知中学、行知研学公司、行知生涯教育中心等三级机构建设，以"点位化布局、垂直化整合、集群化发展"为发展思路，理顺公司治理结构，实现规范化管理，构建二三级公司良好的营运和发展模式
中期目标	目标："行知"教育品牌产业体系初步建立。 路径：通过五年的努力，加大基础投资建设、整合教育体育资源、建强人才队伍、加强市场培育和宣传推广，布局"基础教育、生涯规划、精品研学、体育产业、教育投资"五大产业，构建"行知"教育品牌产业圈。招生规模持续扩大、办学质量持续提升、品牌效应显著提升、市场化运作良好。贯通学前、小学、初中、高中和全年龄段教育，全龄段教育综合体品牌初步建立，形成"家庭—学校—社区"协同共育的新格局
远景目标	目标："行知"教育产业体系全面发展，产业价值链深度拓展 路径：通过十到十五年的努力，进一步深化"行知"品牌创建，"基础教育、生涯规划、精品研学、体育产业、教育投资"五大产业实现长足发展，打造川南最具影响力的民办中学品牌亦即中国式"常青藤"名校，最具人气的研学旅行机构，最受信赖的全龄段行业教育培训标杆企业，最受关注的体育赛事组织明星企业，品牌效应明显形成，价值链深度拓展，教育和体育产业布局成为集团业务发展强点，社会效益和经济效益实现双提升

6. 文化信息产业战略

（1）使命。

主责：拓展多元化信息科技业务，推动宜宾市文化产业的数字化转型，形成以文化数字要素为基础的文化服务供给体系,提升宜宾市数字文化产业的供给质量与效能。

主业:加强软硬件开发能力;拓展3D打印、智慧社区、智慧教育、企业工业互联网改造等业务;打造宜宾市文化事业数据库,推动文化数字化转型,优化宜宾市公共文化服务体系;推动"演艺+科技"的业态融合,建设AR/VR体验馆。

定位:建设成宜宾最大的文化产业数据运营商,3年内建成国家高新技术企业,5年内建成四川省"专精特新"中小企业。

(2)目标。

集团文化信息产业战略目标如表2-7所示。

表2-7 集团文化信息产业战略目标

短期目标	目标:承接IT项目、稳住脚跟,探索新事业路径,建成国家级高新技术企业。 路径:创建成都研发中心,推动承接智慧社区改造,建设智慧教育平台,助力政企事业单位的软件开发、三江新区工业互联网改造项目
中期目标	目标:推动文化数字化转型,成为宜宾市文化产业运营商,完成四川省"专精特新"企业创建。 路径:推动宜宾市文化数字化转型,运用区块链技术实现文化产品的定制开发,统一宜宾市文化数字化开发标准,建设社区数据仓库
远景目标	目标:推动产业融合发展,建设成为川南地区最具影响力的信息科技公司。 路径:建设3D打印体验馆,连同演艺产业打造AR/VR体验馆。建设宜宾市"长江文化""巴蜀走廊"文化信息平台,推进多元化布局

四、集团战略实施路径

(一)强化人力资源开发

人力资源是文化产业发展中最重要、最核心的要素。高水平的创意与创新要求高水平的人力资源开发,以人力资源开发的创新促进文化产业创新。

1. 树立人力资源是第一资源的观念

（1）把握产业核心要素，培养文化职业经理人。结合文化产业的创意特征、组织形式以及产出内容，立足全员经营的理念，基于文化产品社会与商业的双重价值属性，根据政策、市场变动和产业走势，培养兼具文化素养、艺术天赋、创新创意，同时善于运用技术、管理等手段的复合型、高素质的文化产业职业经理人才，形成一支精于文化产业管理、经营和开发的企业职业经理人队伍。

（2）规划人力资源战略，凸显人才资源效益。

第一，明确人力资源开发的战略意义。人力资源管理部门要充分认识到人力资源开发的战略意义，从行政性事务中解放出来，执行战略性人力资源工作。

第二，明确人力资本的价值。集团要认识到在创意与创新的收益中，人力资源应得的比例不低于资产性资本投入，才能避免陷入低水平竞争，在产业与资本市场通过有效手段来化解或避免资本急功近利的特性与人力资源增长积累之间的冲突。

第三，运用现代人力资源管理技能。培训开发组织内部的人力资源，加大对人力资源的投资力度，才能在文化产业发展中凸显人才资源的效益。

2. 建立科学合理的绩效管理体系

（1）完善社会效益评价，健全双效考核体系。

第一，明确双效益评价。集团要贯彻"社会效益优先，社会效益和经济效益相统一"的理念，绩效考核指标应着眼社会效益和经济效益两方面。集团要以社会责任和价值创造为导向，将社会效益优先体现在指标比重和内容上，充分体现绩效考核制度的约束和激励作用。

第二，突出社会效益导向。集团要注重文化企业市场与社会的双重属性，在树立全员经营理念的同时，更要突出其社会效益，鼓励员工创造出服务人民、具有公益价值的文化产品与创意，实现经济与社会双效益。

第三，落实社会效益评价指标。集团在选择社会效益考核指标时，可以按照精品打造和文化安全两个类别分别设置。前者的考核角度为激励作用，即督促企业将目光放在提高文化产品和文化服务质量方面，后者的考核角度则是内容导向，突出乘数效应，加强社会效益指标的影响性，从而体现企业薪酬制度中的社会效益。

（2）指标动态优化，重视沟通反馈。

第一，优化考核细则。绩效指标应与员工本职工作紧密相连，按照员工的层级分别制定相应的考核细则，采取自我考评、同事考评、客户考评、上司考评相结合的方式，避免考核流于形式。

第二，建立动态调节机制。通过关键绩效指标的动态调节，保证真正对公司有贡献的行为受到鼓励。集团应把考核结果与人事调整、员工激励、培训开发等管理工作结合起来，同时对绩效管理应用进行不断地实践与改进，不断完善绩效管理体系，切实提升企业核心竞争力。

第三，建立绩效沟通机制。在制订绩效计划时，各层级之间、考核者与被考核者之间就绩效指标、目标值、考评方式上要充分沟通，确保计划的科学性、合理性。在绩效执行过程中，各级主管应高度重视对下属的绩效沟通辅导，以确保员工能够有效达成目标，而不只是简单的事后考核；在考核结果出来后，应及时反馈给员工，并进行有效沟通。

3. 建立健全薪酬激励机制

（1）薪酬保障合理，激励模式多元。

第一，设置合理的薪酬水平。企业的薪酬水平在同类城市同类行业中应处于平均水平，或者根据企业效益适当高于平均水平，提升员工的自豪感和满意度。基本薪酬要满足员工的工作和生活需求，即当下环境继续创作和生活的平均成本，保障员工能够有充足的经济能力持续创作，避免文化企业创作出现断层。

第二，建立风险共担的激励机制。改变单一的薪酬模式，将薪酬和绩效挂钩，突出薪酬激励的作用。实施股权、期权激励，鼓励企业创新型人才以知识产权入股，使员工利益与企业利益紧密相连。

第三，体现知识资本的价值。在知识经济时代，知识能够转化为资本，参与经济收益分配活动。知识资本包括知识产品和知识能力两种形式。用薪酬分配方式来保障知识产权的收益，可以提高员工的创新力，进而提高企业竞争力。以学历差别和知识产品水平差别来区分员工知识能力的高低，扩大知识能力高低者之间的薪酬差别，以营造企业创优氛围，引导企业走向品牌化道路。

（2）落实薪酬分类，注重内部均衡。

第一，细化岗位职责，设置有差别的薪酬。充分考虑到公司各部门、各子公司在生产、经营、管理的实际效益和贡献程度，科学分析其专业技术含量、岗位成本，按照核心与非核心、重要与非重要的渐进过程实行薪酬分配，体现核心部门、核心岗位的重要作用。

第二，落实长期激励，注重内部均衡。实施岗位期权或股权的激励方式，有助于保证各岗位人才的稳定性与工作的创新性。集团定期对员工的薪酬进行调整，注重体现公平，达成对员工的有效激励；要注意薪酬差距合理性，确保薪酬体系的内部均衡，用适当的差距激发员工的竞争意识，起到激励作用。

（3）建立高管薪酬制度，注重长期效益。

第一，明确考核与分配原则。高管队伍主要由干部人员和市场招聘人员组成，集团运用"考核同等标准、薪酬分类管理"方法，对于具有干部属性的企业高管，将其绩效考核评价成绩与其职级以及部分薪酬挂钩。对于市场招聘高管，集团应将其薪酬与绩效考核完全挂钩，主要运用薪酬激励手段。

第二，区分长短期激励举措。短期薪酬以货币支付为主，在长期薪酬中，薪酬基数为年度基薪，并进行倍数奖励和落实虚拟股票、职务职级调整等激励方法，在不改变经济效益指标占比的同时，提升高管对经济效益指标的重视程度。

第三，创新工作方法。试点高管持股，落实股票分红薪酬，实现高管利益与企业利益的紧密结合。设定两类高管根据实际情况和主体意愿可以进行类型互换的机制，鼓励干部高管放弃身份转变为市场招聘高管从而获得高薪酬，在此过程中有效淘汰掉一些能力不足的高管，进而提升国有文化企业高管队伍的整体水平，推动企业更好发展。

4.做好人才的分类培养与选聘

（1）细分人才，分类培养。

第一，落实人才细分。人力资源部门应着眼公司战略发展，围绕文化产业的特质，对公司需要的人才类型进行细分，制订培养与选聘计划，对紧缺的人才要加快培养与重点引进。

第二，加强员工培训。对有潜力的后备人才要重点培养，对优秀的管理人才和科技骨干要优先培养，在企业内部形成员工主动、积极培训的热潮。形成企业内部系统的培训体系，针对不同类型员工的特点设定不同的培训方法，使员工积极主动地参与学习之中，实现投入战略化、培训制度化、效益目标化。

（2）多元渠道，人才聚集。

第一，广泛吸纳人才。企业建立初期，人才储备不足，针对业务开发的需要，可利用人才政策与薪酬激励加大对高层次人才吸引的力度。推行职业经理人制度，通过校园招聘与社会招聘相结合的形式拓宽人才流入渠道，择优录取。

第二，实施产教融合。以项目推动的方式，利用好高校的智库功能，弥补短期内专业人才不足的问题，同时加大与文化产业相关专业的合作，定向协同培养人才，主动在高校布局后续人才储备。

第三，推动文化智库建设。通过与宣传与文化管理部门、高校、知名社会组织以及文化、艺术团体合作，实现人才的共享与资源的互补，通过多元渠道，将人才合理"引"进，"用"到实处，实现人才聚集。

（二）构建集团文化体系

以高质量、内涵式发展为目标，构建以党建为引领，精神、制度、行为和物质四位一体的企业文化体系，持续增强文传集团的凝聚力、向心力和竞争力。

1. 坚持党建引领以强源

党建工作是做好一切工作的基础和前提，在以推动高质量发展为主题的"十四五"时期，国有文传企业规模效益不断提升、企业改革逐步深化，更需要加速推动党建工作与各项工作深度融合，把党建工作成效转化为发展优势，促进文传集团提升经营业绩、推动高质量发展。

（1）以高质量党建引领集团高质量发展。集团在工作实践中具体做到"12345"：

"1"是确立一个宗旨，即确立党的领导在集团健康发展中发挥政治核心作用这一宗旨。

"2"是处理两个关系，即处理好党建工作和企业发展的关系，处理好党委和董事会、经营层之间的关系。

"3"是确保三个到位，即党员关系归集到位、定岗定责到位、队伍建设到位。

"4"是做到四个结合，即党建工作要与集团起步期现状、文化建设、群团工作、企业内部改革四个方面相结合。

"5"是明确五大任务，即明确思想建设、组织建设、制度建设、作风建设和党风廉政建设五大任务。

（2）以廉洁文化为抓手助力集团健康发展。

第一，定期安排廉洁文化专题学习。切实加强党风廉政建设，以党员干部为重点，以持续奋斗、廉洁从业为主题，分层分类学习，加强示范教育，深化警示教育。

第二，积极开展丰富的廉洁文化活动。围绕相关主题，每年开展征文比赛、演讲比赛等活动，促使廉洁观念入脑入心。

第三，打造"1+N"廉洁文化品牌。形成集团和子公司的特色廉洁文化品牌体系。

第四，拓展廉洁文化阵地。创新廉洁文化传播手段，有效利用数字化产品、智能化应用等手段，丰富廉洁文化教育形式，如集团公众号短视频作品，开设廉洁专栏、廉洁微课堂等栏目。

第五，深化廉洁文化理论研究。在建设实践中发现问题、把握特点、总结经验和规律，形成廉洁文化的实践体系。

2. 凝练精神文化以铸魂

围绕"以文培元，以文化人，以文兴业"的企业核心理念，挖掘和凝练集团文化特色，打造与时俱进的精神文化，充分体现党的先进性，完善提升国企竞争力的先进理念，弘扬企业家精神、劳模精神、工匠精神，展示职工群众的精神面貌，实现聚心、聚力、聚气，助推集团内涵式发展。

3. 打造制度文化以筑基

（1）完善集团领导体制。健全领导方式、领导结构、领导制度等制度，建立后备干部储备库。

（2）健全集团组织结构。完善企业目标、内外部环境、员工素质等机构形式，增强集团执行力。

（3）强化集团管理制度。完善人事制度、管理制度、民主管理制度等规章制度，增强集团员工角色意识。

4. 塑造行为文化以聚力

（1）以干部队伍建设为抓手。树立"领导就是服务"的工作理念，通过建立"领头雁"制度、开展教育培训等方式，充分发挥领导干部的带头示范作用，勇挑重担，破解难题。

（2）营造良好的公共关系。维护与机关单位、文化传播机构、主管部门、消费者、同行竞争者等对外关系，强化集团领导、职工等内部关系。

（3）树立典型榜样人物。以各项团队活动为契机，发挥庆典仪式、新员工欢迎仪式、公司年会等仪式的教育作用和"集团年度人物""突出贡献奖""每月之星"等荣誉的示范作用，营造赶学比超的良好氛围，以此增强集团员工的信念感、使命感。

5.构建物质文化以明志

（1）完善集团视觉识别系统。集团以红色和蓝色为主色调，体现智慧与创新的集团个性定位，二级公司则以集团标准色的红色为主色调，根据公司业务特点，搭配适宜的标准色，与集团形象相得益彰。

（2）优化集团工作环境布置。打造"党建+"休闲会客厅。

（3）标准化设计和使用办公用品。集团办公和接待用品采用标准化印刷。

（三）实施品牌战略引领

文传集团初创期部分子品牌已经具备了一定的知名度。但由于集团组建还未完全到位，整体品牌定位还不明确；资源整合力度不够，品牌融合度不足；规模效应、影响力、辐射面还不够明显，品牌引领和带动力还需进一步增强。因此，集团未来要发挥"城市文化品牌塑造"平台作用，积极实施品牌引领战略，以"品牌定位→品牌构建→品牌传播"流程，整合文化资源、塑造文化品牌、开拓延伸市场。文传集团品牌建设流程如图2-3所示。

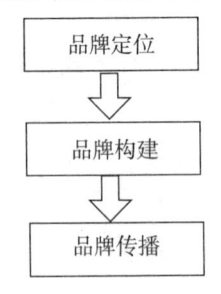

图2-3　文传集团品牌建设流程

1.聚焦品牌核心定位

文传集团所有的内容生产、产品制作、产业发展均与"文"有关，其"以文培元、以文化人、以文兴业"之核心理念将在宜宾建设"国家区域中心城市"的过程中发挥重要的文力助推作用。因此，文传集团在品牌定位上要紧扣"文化宜宾""首岸"文传之核心。

（1）发展新文化。六大文化产业的受众存在年龄、性别、职业、文化及消费层次上的区别，但就文传集团总体而言，其受众范围广、层次多样。集团通过业态融合发展，搭建多条社会化途径，着力提高普通民众，尤其是本地市民的文化水平和文明素养，实现"以文化人"的价值理念，深刻诠释"文化宜宾""首岸文传"的责任与担当。

（2）推动新文业。文传集团作为宜宾唯一的文化类市属国有企业，由宜宾原有公益性文化企业和公益类文化资产组建而成，掌握优质的文化资源禀赋和先期条件，拥有传媒、会展演艺、影视文创、出版印刷、教育体育及文化信息六大文化产业。无论是集团的创设，还是"以文兴业"的实践理念，都强化了集团"文化宜宾""首岸"文传的品牌定位核心。

（3）建设新文明。文传集团品牌的特色发展既要立足于宜宾城市建设的根源性、恒久性及不可取代的核心竞争要素，又要通过自身的品牌建设过程，捍卫宜宾"全国文明城市"等荣誉称号，助推"文化强市"，聚力打造宜宾"国家区域中心城市"名片，实现"以文培元"，彰显集团"文化宜宾""首岸"文传定位的深刻内涵。

2．完善品牌体系建设

（1）建立品牌层级体系。多元产业布局决定了文传集团适合走"1+N"的品牌聚合发展之路，构建从集团到公司，从产业到产品的多维品牌层级体系。巩固提升主流媒体、演艺会展、出版印刷、基础教育等已有品牌价值，延伸品牌产业链条，提升品牌价值影响。培育壮大全媒体产业、影视文创、信息服务、智慧科技、文化新经济等方面品牌，引领文化产业事业高质量发展。

（2）突出打造实体品牌。集团设计出一整套完整的CI品牌识别体系，聚焦MI（理念识别系统）、突出VI（视觉识别系统）、强化BI（行为识别系统），应用于各级公司实体，提升辨识度和企业形象。通过加大投资建设力度以及重大项目实施带动，提升首城演艺、行知教育、哪吒影视文化、巴蜀通等公司及下级企业实体在各自细分领域的影响力和竞争力。

（3）创新聚合业态品牌。实施六大产业品牌建设专项行动，以集团品牌建设为引领，各产业、各产品设计出与集团品牌能够保持一致性、对集团品牌具有支撑性，相互之间保持协调性，拥有创新聚合之力的子品牌体系。集团重点打造"新宜宾"城市宣传矩阵，建设智能全媒体营销品牌和新型媒体智库；拓展行知教育产业圈，打造全年龄段教育培训矩阵平台；建设"宜宾演艺"和"三江会展"品牌；深入实施文化产业数字化战略，开发"宜e通"和公共服务"一张网"等。

3. 做好品牌整合传播

（1）品牌的自媒体传播。集团从上到下均应建立起自媒体平台，利用低成本、高成效的自媒体渠道展现自身品牌形象，扩大企业的目标消费群体及品牌信息传播范围，实现企业与消费者的双向良性沟通。

（2）传播的新媒体运用。充分利用新媒体传播平台进行品牌推广，通过QQ、微信、微博及各大短视频平台等多种新媒体载体，借助热点新闻、事件营销、软性宣传等途径保持与受众的日常互动，强化受众的黏度，实现品牌传播的及时性、趣味性。

（3）信息的融媒体整合。文传集团拥有市属国企身份，其主要品牌信息发布不应当离开权威媒体，且集团旗下本身就拥有诸多融媒体资源。因此，文传集团在发布主要品牌信息时应当主要采用融媒体平台，借助其权威身份为品牌信息传播加强可信度。

（四）优化多元产业布局

产业的合理布局，能够有效地整合区域文化资源，促进文化的产业化，提升产业的文化化；构建产业生态圈能够从产业本身、协同关联性服务和公共服务等多个层次推动文化产业的发展，进而推动区域经济增长和城市文化的建设。

1. "三大中心"布局聚集文化资源

文传集团布局打造南岸东区文化中心、三江新区文博中心和叙州区基础教育中心，形成自东北向西南的宜宾城区文化主轴，能有效吸引人气，聚集流量，形成文化生产和消费的空间集合，助力文化产业园区建设。城区文化轴线图如图2-4所示。

图 2-4 城区文化轴线图

（1）南岸东区文化中心。依托"宜宾高线"公园串联市图书馆、酒都剧场和市体育场打造区域级文化中心，构建宜宾新型城市级公共文化服务创新载体。

第一，打造"书香宜宾"图书馆主题日、"大悦读"和研学，改造构建阅读型"沉思发呆"的咖啡或茶座等形式促进图书馆经济业态发展。

第二，通过大型剧目演艺、讲座和大众小剧场剧目丰富剧场经济业态，充分发挥体育馆的城市文体公共服务。

第三，打造"我们的节日"系列主题活动，打造"宜宾·家"文化都市文旅经济业态品牌，使中心成为城市文化中心＋社区文体中心＋都市文旅体验地。

（2）三江新区文博中心。依托大学城的特殊人口群体优势和丰富的文博资源积极发展博物馆经济，打造"青春宜宾"网红"打卡"点，迅速形成文化产业聚集区。

第一，构建博物馆经济业态。通过文物艺术品展览、旅游研学、手作体验、异国文化集市等文博产品，打造爆点项目，获取综合性经营收益。充分开发宜宾历史、宜宾民俗、宜宾美食和非遗等地域文化结合三江智造、数字文化等高新技术"让文物说话",进而促进博物馆网红化以及网红生活化。

第二,打造宜宾"文脉水街"。集合竹文化公园和水街的休闲经济业态,利用现代光影科技和演艺形式,编创沉浸式文化+主题活动,进一步打造宜宾特色文化生活主题街区"文脉水街",助力三江新区文化产业园区建设。

(3)叙州区基础教育中心。全方面加强"行知中学"建设,进一步提升品牌知名度和美誉度,并依托行知中学的教育品牌聚集效益,全面打造宜宾知名全龄段多元化教育培训中心。

第一,打造中小学艺术教育培训业态。利用集团演艺传媒的背景和体育馆、博物馆等场馆资源,开展艺术体育、研学培训,实现艺体联动。

第二,打造职业培训业态。围绕宜宾"5+1"产业布局和国家职业资格证考试需求,开发职业培训。

第三,打造老年培训业态。主要业务定位于信息技术与互联网产品培训,帮助老年人跟上时代步伐,同时开展康养培训及开发相关衍生产品,实现价值链拓展。

2."六大业务"发展助力产业园区

(1)深挖宜宾文化,开发"宜宾内容"。

内容创意开发位于文化产业链上游。通过深挖宜宾独有的三江文化、红色文化、古道文化、名人文化、三线文化、哪吒文化、僰人文化、大学生文化、改革发展文化和现代都市文化创造内涵多元化的"宜宾内容"IP,形成全版权运营,以文化内容为核心,知识产权交易为基本形式的文化上游产业。

(2)传统+现代,实现全覆盖生产。

设计制作是文化产业的创意产品生成环节,位于产业链中游。通过出版印刷、影视文创(实体)、演艺等传统的文化业态孵化"宜宾内容"IP,文化信息、文化传媒和教体等现代生产业务进一步创新IP的生产过程和产出,形成相辅相成的实物产品和虚拟产品,实现IP生态的完整性,拓宽IP的产出形态,覆盖各类消费对象。

(3)六业协同,推进创意推广。

渠道是产业链发展过程中的关键,位于产业链下游。通过六大业态不同的推广禀赋,有效整合各类营销渠道并整合相关资源,进一步构建营销推广管理产业,扩展IP衍生品。三个环节环环相扣,共同构建文化产业链,促进文化产业链生态圈的形成,助力西区文化产业园区、三江新区文化产业园区和南溪出版印刷产业园区建设。

文传集团文化全产业生态链如图 2-5 所示。

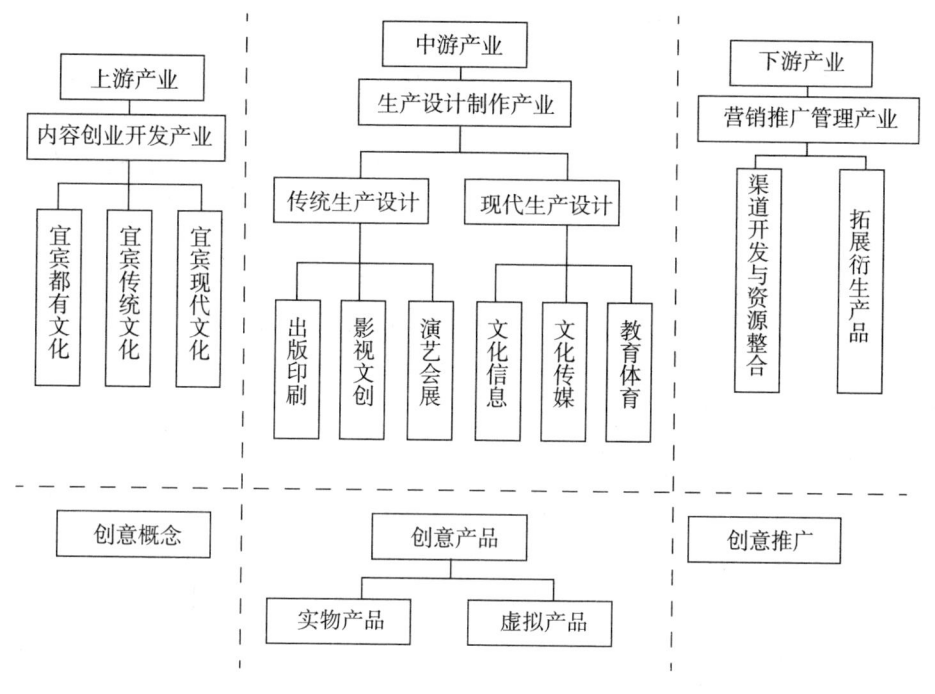

图 2-5 文传集团文化全产业生态链

（五）推动综合平台建设

文传集团的目的是成为四川一流、西部领先的综合性、多元化国有文化产业优秀龙头企业，让宜宾文化走出四川，让西部文化走向全国，让中华文化走向世界。集团应紧紧围绕壮大主流媒体、拓展文化服务、引领文化产业的战略目标，重点打造推动宜宾文化产业快速发展的文化资本投资引领平台、文化产业重大项目实施平台、文化资源价值整合平台、文化产业创新推动平台、城市文化品牌品质塑造的"五大平台"。

1. 打造文化资本投资引领平台

（1）集聚文化资本资源。以投资为引导，吸引创意设计、高端人才、产业集群等生产要素集聚，带动外部产业资源进驻企业，结合宜宾市文传资源，形成良性互动局面，全方位赋能区域文化产业转型升级。

（2）争取财政资金扶持。争取国家财政对于文化领域的各种扶持资金，积极申报国家文化创新工程项目、中央财政文化产业发展专项资金等,这些资金可专项用于提高宜宾文化产业整体实力,促进经济发展方式转变和结构战略性调整,推动文化产业跨越式发展。

(3)尝试股权融资。积极对外联系,通过股权融资获得资金,引进的战略投资者以资金认购股份,企业无须还本付息,但新股东与老股东同样分享企业的赢利与增长,这既可充实企业的营运资金,也可以用于企业的投资活动。

2. 打造文化产业重大项目实施平台

(1)发挥所有权优势,争取各级政策、资金、政府采购订单。文传集团应充分利用国有背景,积极争取政策空间,匹配企业发展诉求,既可成为参与市场竞争的主体,也可成为文化导向引领的主体,连接政府、市场、客群重点打造"三大中心",助力"三大产业园区"建设,做好政府实现社会管理、发展的有力搭档。

(2)聚焦主业,发挥集团相对优势。文传集团的优势业务集中在文化要素、政策的整合与把控,核心资源管控,风险防范,等等方面,在公司广告传媒、文化演艺、教育培训、数字经济等业务发展中提升服务能力与水平,积极搭建项目对接平台,争取承揽更多教育、科技、健康、体育等重大服务项目。

(3)建立文化产业项目数据库。开展传媒产业、文创产业、教育体育产业、演艺产业、印刷产业、影视产业、场馆服务等项目的策划与实施,加强对项目的跟踪对接、服务保障和业务指导。

3. 打造文化资源价值整合平台

(1)进行宜宾文化资源分类化梳理。划分并整合宜宾有形文化资源和无形文化资源、精神文化资源和物质文化资源、历史文化资源和民族文化资源。

(2)开展宜宾文化资源功能化辨析。对宜宾的各项文化资源的功能化、资本化及效益进行评估。

(3)制订宜宾文化资源资本转化方案。针对宜宾不同文化资源,选择和制订不同的开发规模、速度、路径等科学高效的转化方案,激发文化创意,实现有序的产业化创新开发,从而实现文化资源价值的整合。

4. 打造文化产业创新推动平台

(1)主动为党政规划文化产业。文传集团要秉持守正创新,精准把握现代文化产业价值要素,通过提高质量、创新技术、创造产品,提升主流文化产品在供给方面的"守正"实力。

（2）融入并促进区域工业、消费等产业发展。文传集团要扎根宜宾、服务宜宾，深植宜宾区域发展，有利于强根筑基，深入了解宜宾产业发展的重要交集点，与宜宾工业产业、消费产业协同发展，提供更多既能满足人民文化需求，又能增强人民精神力量的文化产品，充分发挥文化产业的"蓄水池"作用。

（3）推动"科技+"产业融合。文传集团应主动寻求与科技产业间的战略合作，在推进宜宾文化数字化建设的过程中助力建设宜宾文化大数据库、推进文化数字化基础设施建设、搭建文化数字化服务平台、加快推进文化机构数字化建设、发展数字化文化消费新场景、提升公共文化服务数字化水平等。

5. 打造城市文化品牌品质塑造平台

（1）开展设计宜宾打造。文传集团要立足文化强市建设目标，凝练宜宾文化核心理念，以作品产品化呈现视觉宜宾、听觉宜宾、体悟宜宾、味觉宜宾、数字宜宾，构建文化宜宾要素、新宜宾传统要素。

（2）提升品牌与影响力。文传集团要积极引领或参与宜宾市重点项目、重大作品的创作，推出更多精品力作，实施文艺作品质量提升工程，提升国有文化主体的自身品牌影响力，同时提升与银团授信、政府端、产业链等各方面的议价能力。

（3）参与城市文化建设。文传集团应坚持把社会效益放在首位，将社会效益和经济效益相统一，创新拓展群众性精神文明创建活动，弘扬中华优秀传统文化，推进城乡公共文化服务体系一体化建设，策划开展各种群众性文化活动，等等，以建设传统文化和现代文化交相辉映、城市气质与人文精神相得益彰的现代宜宾城市文化。

五、产业战略实施路径

（一）传媒产业战略实施路径

1. 推动宜宾城市文化塑造

（1）打造"城市形象展示示范线"。

第一，整合市内户外媒体资源。打通高速公路出入口、高铁站、五粮液机场、出租车顶灯、智轨等重要交通媒体资源，争取"首岸明珠"、白塔山等宜宾城市标志性建筑媒介资源，联动商圈、楼宇等城区户外资源。

第二，打造特色文化主题城市区域。因地制宜地利用宜宾城市主次干道的空间载体，在城市街区建设中植入酒竹茶等特色文化，打造一批主题街区、社区、公园等，如"醉街"酒文化综合展示街区、"早茶"主题街区，打造"一路一景一特色"的宜宾城市文化形象。

（2）讲好"中国故事·新宜宾篇章"。

宜宾市"十四五"规划提出：讲好宜宾故事、传播宜宾声音、提升宜宾形象，推动宜宾在文化、教育、科技、经贸等领域的对外交流与合作。

第一，赋能"新宜宾"城市品牌定位。深挖宜宾城市形象元素，形成"新宜宾"文化发展战略和城市品牌定位，如"醉宜宾战略""燃宜宾战略"等，发展"新文化产业"，从"产品输出"拓展为"文化输出"，推动宜宾文化经济发展。

第二，讲述"新宜宾"故事。利用长江文化、红色文化、酒竹茶文化、僰苗彝文化、哪吒文化等特色文化资源，开展微电影、微视频、微纪录片创作，打造一批讲述"巴蜀文化旅游走廊""茶马古道""宜宾·非遗技艺"等宜宾特色的文艺精品，讲述新时代宜宾的新发展、新声音、新形象。

（3）打造"视觉宜宾"。

深入社会主义核心价值观宣传教育，围绕"七一""八一""十一"等重要时间节点，依托长征国家文化公园（宜宾段）、赵一曼纪念馆、朱德旧居等红色基地载体和城市标志性建筑，通过丰富媒介形式，加强爱国主义、集体主义、社会主义教育宣传，打造城市的视觉文化。

（4）策划"体悟宜宾"文化活动。

第一，定期举办宜宾文化体验活动，如宜宾夜间美食节、宜宾风俗节、"我们的节日"、宜宾非遗节等活动，打造特色文化活动品牌，拉动宜宾文化体验消费。

第二，构建"媒体+文化+旅游+消费"文旅消费模式。联合文旅集团，深挖沿长江休闲度假旅游带文化特色，培育南方丝路文化旅游带文化内涵，助力宜宾申建国家文旅消费试点示范城市。

第三，创新夜间消费文化体验。围绕"夜景、夜购、夜演、夜娱、夜宿、夜宴、夜学"七大业态，进一步丰富夜间文化产品，打造夜间消费示范街区。

（5）助力"美丽宜宾·宜居乡村"建设。

第一，积极投身于村容村貌提升工程，绘制乡村壁画。

第二，推进农村公共服务体系建设，打造宜宾乡村文化，助力农村公益文化活动，提供文化、传媒、体育等服务。

第三，策划"乡村振兴·乡村新体验"农忙等体验活动，传播宜宾乡愁文化。

第四，着力乡村文化振兴，重视本地乡村文化挖掘，建立特色乡村文化库，提升农村文化产业内涵。

2.打造新型主流媒体旗舰

（1）构建自主自有的媒体平台。

第一，做强传统媒体网络平台。通过建立信息互通、资源互享的联席工作机制，搭建互通平台，开展定期协商和不定期互助，充分调动《宜宾日报》、宜宾广播电视台等本地传统主流媒体的新闻信息资源，建立、重组媒体账号，入驻网络媒体平台。

第二，搭建自主自有的媒体平台。整理业务板块，明晰业务范围，防止公司内部资源内耗。创建新的传媒品牌，创建社交媒体、短视频媒体等账号，打造移动传播矩阵、创新移动传播内容、抢占移动传播前沿，形成公司自主的传媒品牌，搭建自有的传播平台和传播矩阵。

第三，聚力打造新型主流媒体旗舰。《新三江周刊》、"酒都播报""宜人宜宾"客户端、宜宾新闻网和自有传媒平台等报网端微紧密协作，形成全天候、多层次、多形态、多声部的主流舆论矩阵，构建以移动传播为主体的新型主流传媒传播体系。

（2）打造"大户外+"整合传播宣传矩阵。数字化、智能化是集团未来的核心竞争力，数字户外广告是未来广告的发展趋势与机会风口。整合宜宾市内户外全媒体资源，建立数字化、立体化、智能化的户外媒体传播矩阵。数字化、智能化赋能户外广告，提供"大屏+小屏""固态+液态"的全媒体数字化、智能化整合营销宣传方案。

（3）提高"首城传媒"品牌知名度和美誉度。

第一，通过组织、策划、承办等形式参与宜宾市重要活动，参与行业峰会和论坛活动，提升品牌知名度。

第二，组织或参与行业协会，参与行业评优评奖活动，如宜宾互联网行业协会联盟。

第三，策划和承办企事业单位活动，如四川省"工匠杯"技能大赛、全市应急知识比赛、"学习强国"知识比赛。

第四，承接区县宣传工作，如"文旅局长讲宜宾"等。

第五，承接公益活动和编制公益广告，提升品牌美誉度，如关爱留守儿童、孤寡老人、退伍军人等群体。

3. 成为"+传媒"服务供应商

（1）"活动+传媒"服务。

第一，"单位活动+传媒"，为宜宾市政府、企事业单位提供策划和执行活动方案，如春节晚会、知识竞赛、技能比赛等。

第二，"公益活动+传媒"，推动传统村落、民间文化艺术之乡、美丽休闲乡村、历史文化名城名镇名村等示范村镇的非遗资源数字化、媒体化，如"非遗+传媒""乡村振兴+传媒"。

第三，"企业+传媒"，增强与地方企业的联系，如"丽雅+传媒""五粮液+传媒"。

第四，"品牌+传媒"，强化宜宾农产品品牌的整合宣传推广，打响宜宾早茶、宜宾芽菜等一批"宜字头"农产品品牌，助力打造"名优产品品牌+优势企业品牌+宜宾地理标志+区域公共品牌"的宜宾特色农产品品牌体系。

第五，"演艺+传媒"，大力宣传集团的演艺活动，打通"演艺—广告"产业链条，实现品牌方、广告业和公司的常态化联动。

（2）"政务+传媒"服务。

第一，"公共服务+传媒"。定期梳理宜宾市、区县等政府文件，主动提供定制化媒体、文化等项目方案。

第二，代理政务号。例如，党委和政府部门的网站，以及在微信、微博、抖音、快手等互联网平台上的政务号等。

第三，完善"宜人宜宾"App建设。开设政务信息专栏，如"党史学习教育""党代会""聚焦两会"等，发布政务信息；开设政务号板块，引进市、县级政府部门入驻，"一地一号，一单位一号"，提供"一站式"政务咨询服务；参与当地党委和政府的智慧政务，提供掌上在线问政。

4. 升级转型"信息+"产业发展

（1）打造数字版权交易平台。"信息+内容"产业，即数字内容产业，作为知识产权体系和现代文化产业体系的集合点,版权交易行业还处于竞争蓝海,尤其是数字版权,更是一个不可估量的市场。

第一,着力发展宜宾版权交易平台。提供作品登记、展示、交易、投融资、法律维权等服务。

第二,打造区域数字版权交易平台。运用大数据、云计算等技术,建立具有智慧出版发行能力的数字发布投送平台,实现版权产业化转型升级,助力宜宾创建全国版权示范城市。

(2)推动区域特色新型智库建设

第一,建设传媒智库。联动传媒专家学者、研究机构,打造"首城传媒智库""首城宜声"舆情分析等智库,定期举办"首城舆情"研修班,推出西部区域"智库专家媒体行业"活动,在宜宾区域经济发展、社会治理和公共服务等领域发挥媒体作用。

第二,打造宜宾专项智库。切合宜宾区域发展重点,如省域副中心智库、"酒茶竹"行业智库、动力电池产业智库,涵盖调研报告、第三方评估、指数榜单、测评鉴定、咨询认证等多种形态,提供有质量、有影响的智库产品和服务。

(二)演艺产业战略实施路径

1. 创新演艺发展方向

(1)开拓演艺咨询合作。

第一,构建川南演艺智库。依托文字头国企独有禀赋,依托大学城和科创城的天然智库优势,创建川南独有的演艺智库。

第二,提供政企学演艺咨询服务。为各级党政机构、全市各类企业单位、县区文艺院团、相关艺术院所、乡村文艺团组提供演艺策划服务和设备支持。

第三,创新校企合作模式。通过与高校进行创新型实习实践合作,针对性打造演艺、管理等人才队伍,逐步开发具有本土文化特色的演艺精品。

(2)强化演艺艺术创作。

第一,创建"文化创作专项基金"。依托政府文化基金、社会资本和集团资金三个渠道资金的投入,创建宜宾"文化创作专项基金"。通过专项基金努力推出一批具有宜宾风格、中国风骨、世界风尚的精品力作。

第二,积极引进国内知名剧目。与国内头部演艺机构合作,积极引进戏剧、音乐、舞蹈、曲艺以及杂技等多种形式的现实题材、重大革命和历史题材、新时代发展题材、国家重大战略题材、爱国主义题材、青少年题材、军事题材的精品剧目。

第三，创办多元主题活动。承接区域内政企重大活动，举办传统文化主题演出季、大学生艺术节、戏剧节和"我们的节日"主题活动，加强与社会公众的互动，提升宜宾演艺品牌知名度与社会影响力。

（3）创新高科技演艺形式。通过引进、研发等多种形式，将动态LED、激光表演、VR虚拟体验、3D裸眼、全息投影等高新技术与剧目创作相结合，以沉浸式戏剧艺术为手法，打造宜宾2200余年时空并存的沉浸式表演项目"宜宾记忆"，重现宜宾历史文化、改革精神和人文环境，使其成为宜宾的地标性旅游文化打卡景点。

2. 创新演艺产业融合

（1）打造宜宾"戏·食"。

通过将传统艺术如地方戏剧、杂技、历史文化回溯等与餐饮业相结合，打造新型的演艺体验消费模块，包括开办堂会、婚庆寿宴、戏曲沙龙、票友聚会、戏服租赁和餐饮产品的戏剧化设计等，形成历史人文＋怀旧回忆＋宜宾酒餐的集聚效应。

（2）协同艺术教育。

第一，通过与行知教育合作成立"艺术培训"子公司，开设播音主持、广播电视编导、音乐、舞蹈、美术、戏剧等中小学艺术培训以及相关师资培训，与中小学校开展美育发展项目。

第二，开设"非遗私塾"即宜宾非物质文化遗产传承班，邀请全市甚至四川省的非遗大师进行授课，主要授课对象为青少年，将日渐稀缺的非遗手艺传承下去，在取得经济效益的同时兼顾了社会责任。

（3）场馆共享云仓。

第一，成立场馆物业管理子公司。场馆物业管理子公司主要负责综合管理集团现有场馆，聘请专业文化类场馆管理人员对集团场馆设置、演出安排、票务、物业等一系列工作进行统一管理，同时外推提供全市文化类场馆的专业物业管理服务产品。

第二，创新建设设备云仓。可以通过大数据和工业云建设舞美设备共享云仓，降低演艺活动成本，实现剧目、人才和舞美设备业态闭环，实现国有资源的最大化利用。

3.创新演艺营销手段

（1）打造"感官"宜宾，以城市承载演艺品牌。基于"视觉"宜宾、"听觉"宜宾表达效能，围绕打造区域文化中心的要求，以舞蹈、音乐、"戏·食"和沉浸式戏剧等表达形式，在大观楼、长江公园、流杯池公园、水街、南广古镇等地参与城市文化街区、文化特色小镇、文化主题乐园设计，以满足市民多样性的精神文化需求，牢牢承载宜宾"演艺"品牌。

（2）开拓旅游演艺，以旅游推广演艺品牌。结合"宜宾十景"现存资源，打造地标性演艺品牌，如三江口夹镜楼举办演艺性"双江朗月"雅集等；根据宜宾历史文化经典，结合李庄古镇，打造李庄旅游演艺项目"李庄长歌"。

（3）演艺数字化，以互联网传播宜宾演艺。第一，打造云上演艺平台。通过进驻微博、抖音、B站等新媒体，积极实现演艺双线呈现；积极参与打造符合自身禀赋义务需求的文化互动平台，实现演艺节目走下去和民间节目走出来的互动互通。

第二，制作宜宾演艺电子刊物。演艺电子刊物力争成为宜宾最全面的演艺资源整合平台。同时，平台将上线大量惠民政策和活动，引导宜宾市民的文化消费方向，刺激其文化消费活力。

（三）影视文创产业战略实施路径

1.培育本地文化IP资源

（1）深挖宜宾本土文化资源

第一，通过与省内外知名编剧合作将宜宾本土文化进行剧本化打造，将宜宾酒文化、竹文化、哪吒文化等背后的故事进行影视改编，多角度展现宜宾历史文化。

第二，专访宜宾党政名人、先锋人物、乡村第一书记等，对相关先进事迹进行剧本化改编制作。

第三，结合宜宾临港大学城、三江新区、乡村振兴示范村建设，制作宜宾现代都市与乡村故事剧本，展现宜宾现代风貌和改革精神。

（2）增强文化IP培植力度。

第一，自主培植，举办宜宾文化符号和地标产品动漫IP形象设计大赛、优秀本土文化影视剧本选拔大赛等，设置可观的大赛奖励、奖品，鼓励全民学文化、用文化、创文化，调动行业内外人员的创作积极性。

第二，设立"文化培育专项基金"，用于影视文创人才引进和培育，给予影视文创人才高额引进奖励，丰富人才队伍，同时开办专项培训班、邀请业内专家讲座、组织跨区域人才交流等活动，对自有人才进行培养。

第三，合作培植，继续与魔影影业深入合作，进一步开发哪吒、赵一曼等文化IP，在文创方面争取与成都方所合作，共同对宜宾竹文化、酒文化进行创新创作，通过与行业内这些成熟企业的合作，推动宜宾文化IP走向成熟化。

2. 创新本土IP转化与推广

（1）实现IP融合创新。

第一，开创"宜宾+"的IP联动模式。联合当前西安、重庆、成都等热门城市IP，与宜宾本地IP进行深度融合创新。影视在剧本阶段、拍摄阶段与热门城市联合，以热门IP带动宜宾本地文化IP，让作品从宜宾"走出去"。

第二，利用现有热门IP，打造"哪吒+罗小黑""合江门+朝天门""大观楼+天安门"等新颖的IP联名组合，设计联名款文创产品，将宜宾本地IP用好、用活。

（2）创新红色文化表达路径。

第一，借助抖音、快手等短视频平台，拍摄红色历史小短片、短视频等进行上传。制作宜宾红色本土文化系列趣味短片、动画作品，通过哔哩哔哩、爱奇艺等第三方视频平台上线播放。

第二，借助国字头企业优势，与宜宾宣传部门取得联系与合作，定点投放相关影视作品，向更多观众展现宜宾的红色文化。

第三，制作上述影视作品周边产品，如宜宾本土红色历史人物小摆件、历史事件台历等实用性文创产品，丰富文创内涵，传递红色文化。

（3）创新双线互动推广。

第一，影视文创作品的线上线下互动推广同步开展。线上利用当下最流行的社交平台、视频平台、游戏和热点应用，组建立体交叉的数字推广网络，实现对消费者视野的全方位覆盖。

第二，联合抖音、快手等短视频平台，360、QQ等浏览器，优酷、爱奇艺、腾讯等视频平台的本地频道，等等，通过在线播放小视频、小游戏、弹窗等与消费者互动。

第三，线下通过文创制作体验、文化小游戏、试用文创产品等活动，采取参与活动赠送文创纪念品的形式，鼓励消费者参与文化体验活动，吸引消费者眼球，推广影视文创新产品。

3.开发文创多元发展模式

（1）影视反哺文创。

第一，将火爆、热门的影视作品作为脚本进行网络系列表情包等周边产品、衍生品的文化创作，为文创提供丰富的创作元素资源库，将影视作品文创化。

第二，利用宜宾镜头推广宜宾文创，在影视作品中植入宜宾伴手礼，拍摄场景搭建时使用宜宾文创产品等，达到文创推广目的。

第三，对宜宾的影视取景地进行文创化重塑，还原影视作品拍摄场景，打造影视文创空间。

（2）旅游文创互相催化。

第一，以旅游推动集团文创产业兴旺。以宜宾竹海、石海、竹都、酒都为代表的旅游景点为基础，开发各景点专属文创产品，打造蜀南竹海竹文具用品、兴文石海立体贺卡、李庄古镇纪念币、宜宾各景点摄影作品或手绘明信片合集等；与宜宾市文旅部门联手，举办宜宾文创旅游节，采用景点门票打折等方式，吸引四方游客来宜旅游，在景区内划定专门区域展示旅游文创产品、表演文创秀等，推广宜宾文创产品。

第二，以文创带动宜宾旅游事业发展。与景区联手打造旅游文创网红打卡点，在蜀南竹海打造全竹院落场景，整体完全采用竹产品装饰，并用竹子铺设内外地板及院落，场景内设竹文创产品展示售卖区、全竹宴品尝区等，集旅游文创于一体，吸引游客来宜参观；积极参与文化产业博览交易会等行业内大型活动，展出具有鲜明宜宾文化印记的文创产品，激起游客来宜宾旅游的欲望。

（3）以集团文创业务助推宜宾乡村振兴。

第一，农特产品和乡村工艺品包装文创化，摒弃传统纸盒、粗布布袋、印有传统纹饰的包装材料，改用简洁生动，兼具实用性与安全性的新型包装设计。

第二，成立乡村文创工坊，与村民共同研发茶叶、竹子、白酒、苗族蜡染及刺绣挑花等文创产品。

第三，利用宜宾乡村生活的多种元素，设计文化创意体验项目，如创意竹美食体验、白酒酿造体验、创意采茶体验等。

第四，打造宜宾茶文化、竹文化、白酒文化IP体系研发项目，携手集团下属传媒产业，共助宜宾乡村振兴。

4.凸显农村院线社会效益

（1）创新建设主题乡镇影院。

第一，结合宜宾市历史人文特色，选取翠屏区李庄镇、长宁县竹海镇、筠连县巡司镇三个镇为乡镇影院试点，根据乡镇特色，分别以抗战文化、竹文化、乡村振兴为影院主题，打造教育意义与经济效益兼具的特色影院。

第二，根据主题设置对应影厅，如乡村振兴主题影院设置产业振兴厅、文化振兴厅、生态振兴厅，影院内饰以乡村振兴政策解读、标语、先进人物、示范村、典型事迹等为主，广泛宣传乡村振兴。

（2）升级农村电影服务平台。

第一，为不断增强满足群众观影需求的能力，计划持续迭代升级农村电影服务平台。争取规划期内上线电影数字节目交易 App，解决平台影片无法直接放映的瓶颈问题。

第二，建成并不断完善基于大数据技术的农村电影放映管理平台，应用放映点定位、公示计划、放映回传信息、观影满意度等关键数据，实现映前、映中、映后综合分析并可实时监看。

（3）打造专业化电影放映品牌。

第一，李庄古镇、长宁蜀南竹海、兴文石海等全市重点旅游景区组织开展多层次、多主体、多形式的主题放映矩阵。

第二，打造"红动李庄""酒都映三江"等反映"四史"和新时代思想文明的主放映节。

第三，开展进农村、进社区、进学校等一系列公益放映活动，达到"热在基层、热在群众"的活动效果。

（四）出版印刷产业战略实施路径

1.稳固本土印刷业务

（1）承接党政部门的报刊印刷业务。文传集团印刷出版产业在发展初期，可借助集团的国资背景优势、政策扶持优势以及规模化竞价优势，主导性承接党政部门的书刊报页印刷业务。

（2）开拓教育事业单位的印刷业务。

第一，在宜宾市大学城设立业务点、派驻区域性业务代表，与在宜宾办学高校开展业务接洽，承接在宜宾办学高校招生宣传资料、期末试卷、答题卡、学报等规模性文印业务。

第二，在大学城学生活动中心开设综合文印办公室，承接大学生群体的规模印刷业务。

第三，派驻业务代表与宜宾中小学教育事业单位进行洽谈，借助国有资本的优势，依法依规承接市内中小学全领域印刷业务。

（3）拓宽企业包装装潢业务。

第一，围绕智能终端、新材料、白酒、茶、竹等宜宾特色产业，拓展特色性包装装潢印刷业务，为本土企业提供产品全领域外包装印刷业务。

第二，深化企业及人才合作，招引排版、视觉效果、平面设计等专业设计技术人才，强化企业外包装设计能力。

第三，引进专业印刷设备，提升柔性版、平版、凹面、丝网等不同类型的版面，瓦楞、彩盒、书刊、礼盒、标签等不同产品的印刷能力。

第四，缩短和优化供应链流程，提升效率并降低印刷成本。推动产业园上下游客户价值链的整合和优化，逐步转型为包装整体解决方案提供商。

（4）加强交流合作，提升文印业务影响力。

第一，推进与川报集团的合作，积极争取承接川报集团在宜的报纸印刷业务。

第二，和新华文轩开展系列合作活动，依托国有资本的背景优势，积极争取川南地区的新华文轩系列教辅教材的印刷业务，提升印刷板块业务的饱和量与业界影响力。

2.发展印刷智能制造

（1）建设智慧印刷车间。

第一，引入机械臂、自动导引运输车、自动堆积等装置，提升印务车间的自动化水平。

第二，引入智能物流系统、搭建智能化立体仓库，推进智能物流及仓储建设。

第三，应用MES等系统，实现设备互联互通，建设数字化车间。

第四，结合印务生产流程开展设备改造工作，引进理纸机，减少装纸人员，提升生产效率。

第五，进行智能互联，结合"信息化＋局部自动化＋设备技术改造"推动智能设备互联、工业大数据和实时监控检测等智能应用，引入 MES 系统中的高级排程+数据采集及分析+WMS 半成品管理，实现智能化建设。

（2）提升印刷信息化水平。

第一，利用巴蜀科技有限公司，开发或引进智能采购管理 SaaS 系统，接入企业 OA 和 ERP 系统实现信息化升级。

第二，通过对印刷生产线进行数据管理升级，对供应商现有资源进行调度，将印刷订单按照最小颗粒度进行拆解，打通线上订单和线下印刷生产线之间的采购渠道。

第三，依靠多生产线协同和智能派单，充分利用印刷产业园的先进产能，降低生产成本，实现订单快速交付，推动印务公司企业由"设备+劳动+资本"的传统模式向"数据+管理+技术"的数字化模式转变。

3. 推动业态融合发展

（1）推动印刷产业综合发展。

第一，推动印刷出版业务与"冠英街""大观楼""蜀南竹海""兴文石海"等文旅、文博名片的深度融合，提升印务对文创产品的"设计—开发—生产"等生命周期的支持作用。

第二，强化数字文化的应用，推动传统平面印刷向 3D 建模、立体印刷的过渡，提升数字技术的运用深度。

第三，提升物业经营管理能力，推动由单一印刷代工主体向产业园的综合性经营管理主体过渡，着重提升新彩印刷产业园的招商引资及物业经营能力。

第四，提升资本运作能力，加强与"川报集团"等大型报业集团的合作，拓宽招商引资渠道，通过内部自筹、对外合作、银行信贷等手段，拓宽资金来源，保证印刷产业园建设及经营运作资金。

（2）借助文创设计，打通集团业务壁垒。

第一，借助创意设计业务部门的资源优势，打通本土文创、文旅、影视等不同领域间的业务壁垒，促进印刷品的附加值提升。

第二，推动"创意设计+文创+印刷出版"的业态相融合，打通设计源到生产源之间的业务壁垒，提高本土以"哪吒""冠英古街""大观楼"等为代表的特色文化 IP 的文创产品的产出效能，提高文创产品的产出效能。

第三，促进"创意设计+文旅+出版印刷"业务的融通，在文旅景点周边布置文化资源的创意展板，提高文化旅游的传播影响力。

第四，推动"创意设计+影视+出版印刷"业务的一体化，借助影视上映期间的热度及话题性，开发创意周边产品，促进业态融合发展。

4. 推动印刷产业园高质量发展

（1）深化产业园建设。

第一，借助印刷产业园的生产线规模以及产业链聚集优势，招引印刷企业入驻新彩印刷产业园。加强产业园相关配套设施建设，引入物流、仓储、会展教育等基础设施建设。

第二，强化印刷产业园的生态布局，建设集编辑出版、文化创意、广告设计、印刷机械、3D打印、专业会展、交易平台等要素于一体的全产业链印刷创新生态。

第三，通过微信、抖音、电视媒体、报业传媒等渠道，打响招牌，招引与印刷产业相关的上下游企业。

（2）建设产业园特色小镇。

第一，跨界串联文创旅游休闲，拓展外延行业增加项目收益。打造以"印刷出版+文史"为题材的特色文旅小镇。以出版印刷产业园区为载体，设立博物馆，向公众提供宜宾市本土印刷文史教育和实践体验，展示未来科技。

第二，将出版印刷和旅游、文化教育、亲子印刷体验等结合在一起，以文化旅游为主线形成特色体验产业，向公众宣传绿色印刷出版理念。

第三，引入VR/AR等新技术和新理念，增强公众身临其境的体验感，通过强交互技术增强与游客互动。以文旅资源串联起印刷出版产业和生活休闲体验，带动生活、研发、市场和生活居住，逐步形成产业园特色小镇。

（五）教育体育产业战略实施路径

1. 加强"行知中学"全方位建设

（1）加强学校基础设施建设。尽快实施校区建设工程，将学校新址建设纳入行知教育综合体整体规划，推进校区阵地建设，优化行知中学办学环境和基础条件，提升竞争力，拓展品牌效应。

（2）提升教师队伍专业化水平。实施"行知"名师工程，加大优质教师招聘力度，引进省市优秀教师资源、管理人才和经验，提供具有竞争力的薪酬和待遇保障，定期选派教师进行技能培训。通过"培、研、带、导、激"等措施，建设和培养一支专业化、有质量、相对稳定的师资队伍，走出一条名师办名校，名校出名师的良性发展之路。

（3）打造具有文传特色的优质教育名片。坚持特色发展、创新发展和聚力发展，在继续扩大文化学科类教育成果的基础上，充分利用文传集团文化传媒、文博场馆、出版印刷、信息科技等优势，强化产业联动，挖掘具有特色的教育教学内容，重视艺术、体育等非学科教育，提升一站式、便捷性、个性化、智慧型办学条件，办成具有文传特色的行知教育。

（4）提升品牌知名度和美誉度。实施行知品牌提升工程，积极创建"平安校园""和谐校园""幸福校园"，开展"校庆"活动，进行校园文化的整体设计与打造，提高综合办学水平，形成家长口碑。积极组织学生和教师参加各类竞赛比赛，提升获奖层次，展现行知中学风采。充分利用集团自身强大的全媒体宣传矩阵，加强宣传报道，扩大影响力。

2. 布局全龄段多元化培训业务

（1）全面打造集学科类、艺体类于一体的全年龄段教育培训矩阵平台。强化行知生涯教育中心运营管理，推进行知文化培训学校、行知艺术公司和行知艺术研究院建设，聚焦舞蹈、口才、戏剧、美术、书法、主持、体适能、托管、高考志愿填报等培训服务，联合"高校+企业+教科院+行业学会+学校"的课程开发团队，借助现代科技信息手段，创设高质量文化艺术体育课程，研发独具行知教育特色项目产品，构建生涯规划教育良性运作的生态系统，着力打造宜宾乃至川南地区综合性教育平台。

（2）紧盯市场需求，开展职业教育培训。《宜宾市国民经济和社会发展第十四个五年规划和二〇三五年远景目标纲要》明确宜宾未来聚焦战略性新兴产业、现代服务业、数字产业。职业教育培训围绕热门就业领域，瞄准"5+1"千亿级产业集群市场需求，打造职业培训基地，开发课程体系和"宜职通"服务平台，培养高素质职业人才。

（3）适应人口老龄化，开展老年教育培训。积极投资银发教育培训，主要定位于信息技术与互联网产品培训，帮助老年人跟上时代步伐，同时开展各类老年人艺术培训，丰富老年人文化生活，另外开设康养培训、生产衍生产品，实现价值链拓展。

3. 构建全域研学旅行教育实践体系

（1）完善公司结构，建立高水平研学师资团队。完善公司行政管理、市场营销、课程开发等部门，在课程设计、基地建设、市场拓展等方面加大投入力度。成立以专业研学导师为主体，专业导游、讲解员为辅的高水平、专业化研学师资队伍。在确保研学实践活动的教育属性、专业性的同时，提供研学旅行生活保障和课后服务。举办红色讲解员、红色知识竞赛等系列活动，发掘和培养研学师资人才。

（2）注重挖掘自身优势，开发精品研学课程。利用宜宾丰富的人文资源、红色资源和自然资源禀赋，以及集团自身产业优势，从课程目标、课程内容、课程实施、课程评价等要素出发，开发系列精品研学课程供市场选择，如围绕李庄设计研学课程，结合集团首城演艺公司（演艺产业）、巴蜀通公司（科技产业）等设计观影研学、科技研学等课程。

（3）围绕基地建设，打造精品研学旅行线路。借助自身文化底蕴，利用宜宾全域旅游资源，打造一批研学基地。例如，依托赵一曼故居、李庄古镇、兴文石海红军岩等打造红色教育研学旅行基地，依托宜宾市博物院、图书馆、竹博物馆等资源打造文博研学旅行基地，依托临港大学城、"极米"科技、宁德时代、科技馆等打造科技研学旅行基地。拓展旅游研学路线，定制适合不同年龄阶段的短线和长线研学路线。

（4）整合内外资源，拓宽受众和市场。充分发挥国有企业背景，加大与党政机关、企事业单位的对接力度，积极承接政府购买服务项目。同时，"立足宜宾，面向全省，辐射全国"，打造川南研学联盟交流平台，加强对外沟通联系，扩大业务范围，为学生受众提供更多、更可靠的研学旅行路线，着力提升自身整体服务水平。

4. 大力推进体育市场化运作

（1）举办重大品牌赛事，推进公司市场化运作。实施品牌赛事引领行动，主动对接省内外和宜宾各级部门和县区，取得赛事的独立运营权及赛事承办权利，承担赛事策划、组织、赛务管理等工作。依托集团全媒体、信息产业优势，推进"赛事无忧"营销推广及平台建设，进行赛事的媒体传播工作，从赛事赞助商、选手报名费以及赛事衍生活动与产品等方面实现商业价值。

（2）致力群众体育赛事发展，培育本土赛事品牌。主动参与体育基础设施建设和运营管理，将公益性服务与市场化服务有机融合，加大对群众开放力度。实施群众赛事培育计划，积极开展马拉松、游泳、足球、马拉松、越野赛等受众广、参与度高的运动，举办"宜宾大学生体育文化节""三人篮球"系列联赛等活动，积极创建本土体育赛事品牌。以赛为媒，在助力全民健身的过程中实现自身形象宣传、文化传播、业务发展。

（3）推动体育+旅游融合发展。结合宜宾"打造环长江国家级健身休闲运动中心、东部竹石画镜健身休闲示范区、南部田园僰道健身休闲示范区、西部山水康养健身休闲示范区"的体育休闲产业布局，创建具有自身特色的项目，在休闲体育旅游领域实现自身发展。

（4）体育+科技赋能消费提档升级。利用5G、AI、VR／AR等现代技术探索教育体育产业数字化转型，如在行知生涯教育中心引进全息运动训练系统，实现多点、多人实时互动训练、可视化训练，打造新一代智慧健身解决方案。

5. 探索实施教育产业多业态融合

（1）深入实施产教融合。发挥集团教育产业投资平台作用，深入实施产教融合工程，加强南岸西区行知教育综合体建设，抓好非核心教学设施运营。深化校企合作，发挥行知教育科学研究院支撑作用，做好教育学校和机构服务、教育课题研究、教师培训业务、教育教学信息化分析等业务。构建集投资、融资、建设、管理和运营"五位一体"的产教融合产业项目全生命周期产业链。

（2）抢抓"教育新基建"机遇。聚焦信息网络、平台体系、数字资源、智慧校园、创新应用、可信安全等方面的新型基础设施体系，利用5G、AI、VR／AR等新技术，建设"互联网+教育"大平台，推进校内教育的智能化、体系化升级，满足教育资源个性化需求，为宜宾加快推进教育现代化提供技术支撑。

（3）实施"教育+地产"。利用办学资质和行知中学办学品牌，在叙州区基础教育中心整体规划建设行知中学和幼儿园，周边配套建设地产项目，规划建设优质教育资源社区，配套建设基础设施，主抓从幼儿园到中小学的基础教育业务，打造K12一站式全龄教育社区，形成"家庭—学校—社区"协同共育的新格局。

（六）文化信息产业战略实施路径

1. 提升基础性应用开发业务

（1）培养技术人才队伍。

第一，设立成都软件研发中心。依托成都高新区先进技术支持，招募产品、研发、UI等程序开发人员，提升巴蜀科技有限公司的技术研发能力。

第二，注重软件基础平台领域。持续提升软件技术人员的研发水平，加大专业化人才培养力度，进一步丰富和完善软件开发、程序开发的产品线。

（2）提升技术研发能力。

第一，继续深化"标准产品＋平台定制＋应用开发"的业务模式。围绕技术自研＋技术整合提升集团创新能力，服务宜宾文化数字化、融媒体平台建设、大数据应用、软硬结合创新应用等领域，实现自主研发产品新突破。

第二，主动承接企事业单位的内网架构改造及网络学习平台建设业务，通过为事业单位开发内网应用，实现业务营收，维持公司短期经营运作。

2.推动宜宾智慧化改造

（1）推动智慧社区改造。

第一，开发社区疫情防控数据平台，以微信小程序为载体，推动宜宾市社区疫情防控工作更为便捷高效。

第二，承接宜宾市内智慧社区改造项目，通过开发微信小程序、HTML网页应用等方式，为社区搭建基础性数据平台，推动社区防疫、社区信息统计、消息推送、报表上传等工作数字化和便捷化。

第三，加强智慧社区的数据收集和数据分析能力，开发数据分析和算法模型，预测社区人口演变规律和趋势，实现数据的商业化运用，让数据更好地服务于社会。

（2）开拓智慧教育业务。

第一，针对性开发智慧教育设备、数字教育技术，与教育心理学的应用相结合，更精准地分析学生行为，实现新时代"因材施教"的升级，助力教育行业高质量发展。

第二，打造宜宾行知学生智慧教育生涯系统，覆盖教育场景的数据生产、传输、处理、分析、展示的各个环节，借助成都公司技术研发团队的数据算法分析技术，更为精准地为学生的学业现状提供建议和指导。

第三，深化与硬件供应厂商的合作，开发、供给智慧教育设备，如课堂大屏终端、学生用智慧操作终端、后台数据储存仓库、后端数据分析模型等。

（3）打造工业互联网改造服务。

第一，提供一体化管理，融合数智化工具，向不同行业用户提供专业的、覆盖数据生命周期的产品及服务，帮助企业更好地利用数据价值，在数字化转型过程中实现数据驱动业务。

第二，与宜宾市"白酒""智能终端制造""新材料"等相关制造业企业开展深度合作，通过为制造业提供工业互联网建设，实施工业企业内网扁平化改造，加速赋能实体经济。

3.助推文化数字化转型

（1）完成文化数字化建设工作。

第一，建设宜宾市统一的文化素质标准。借助"数字中国"的政策部署，统一市内视频、音频、文化等产品的格式标准，建设市内统一的文化数字化标准，推动宜宾市文化数字化试点单位建设工作。

第二，文化领域的科技化应用。通过扫描、数字化保存等技术将宜宾物质文化遗产、非物质文化遗产转制成数字化格式加以呈现和展览，实现文化领域与数字科技相结合。

第三，承接文化资源的数字化采集业务。采集重要历史文物和文博展厅的三维数据，拍摄宜宾市相关历史文物照片，等等。借助AR、全息投影等虚拟现实技术将以上数字作品呈现，展示宜宾市文化产品，提升宜宾城市形象和社会影响力。

第四，建设宜宾文化资源数据库。对赵一曼纪念馆、国立剧专史料江安陈列馆、李硕勋纪念馆、李庄抗战文化陈列馆、朱德旧居陈列馆等珍贵革命文物和重大事件遗迹进行高精度数据采集，进行专业化标注和关联，建设宜宾红色文化基因库。

（2）推动文化业态融合创新。

第一，推动数字文创。将宜宾市文化产品、创意产品数字化转制后植入区块链，通过公益化销售以获得业务收入。

第二，打造数字化体验馆。引进3D打印设备，通过软硬结合，强化消费体验，创造出3D打印模式、定制化的文艺产品等商业新模式。

第三，打造虚拟现实的沉浸式体验馆。布局AR投影设备，打造沉浸式的AR体验馆，强化实景演艺、会展以及真人体验，通过开展上述业务实现营收。

4.建设文化数字平台

（1）打造数字媒介平台。

第一，启动"长江文化"数字媒介平台建设，收集并整理长江流域相关特色文化，以独特媒体视角全面梳理长江自然生态、民俗特色、地域遗产等方面文化资源，挖掘可利用开发的公共文化资源，以新闻、美图、视频等融媒体产品，通过集团内新闻媒体、自媒体等多种平台开展矩阵传播。

第二，依托数字信息化平台，建设长江文化资源数字化平台，实现资源共享、数据互通，同时联合长江流域文博单位，整合全线文物资源数据，借助云计算技术与AR技术，打造线上长江文化体验与视觉呈现系统，丰富文旅服务体验。利用线上平台，提升数字公共文化服务效能，吸引更多年轻人深入了解长江文化。

（2）建设内容聚合的场馆服务。

第一，建设整合性场馆线上服务管理平台，有机整合场馆的场地、服务、社团、活动、资源、文创等活动与服务资讯，将场馆的各种服务和活动内容推送至市民手机客户端，服务当地用户。

第二，打造基于多种文化功能综合性门户服务，汇聚文化场馆的环境及位置，最热门的服务，等等。门户集成一站式文化服务平台，可为公众推送城市公共文化服务，包括基于城市的位置定位、服务统一检索、二维码扫码功能、主题内容、文化头条、现场直播等。

第三，结合线上线下一体化活动服务，将市民文化评奖、比赛、评选，文化志愿者活动、流动图书车活动、民族民间歌舞乐展演、青年演员比赛、文化大篷车千乡万里行等惠民演出活动延伸到互联网平台并进行宣传推广、改善服务体验，打造线上与线下深度融合的服务新模式。

六、风控与保障

（一）风险与防控

我国文传行业的发展进入了全新阶段。在政策支持和技术驱动等多重因素的影响下，当前媒介生态呈现出"融合""共生"的景象，全媒体产业也迎来快速发展的黄金时期，但同时各种类型的风险会在融合过程中呈现新的特点。

1. 政策风险及其防控

风险：文传行业具有意识形态特殊属性，党和政府的政策规制对于文传业的发展影响深刻而重大，它同样会继续深刻地影响着整个互联网时代的发展逻辑和运作方式。政策监管贯穿于行业的整个业务流程，同时行业监管政策存在变化的可能性，给文传公司业务经营带来不确定性。

措施：坚守主业，持续做精做强，采取稳健发展的经营策略。着重落实宜宾市第六次党代会提出的高质量建成区域文化旅游体育中心精神，对标政策要求，继续推动文化传媒事业发展，打造文化创新高地。严格按照行业监管和政策要求开展内容生产工作，建立内部完善的质量管理和控制机制，避免政策监管带来的风险。加强业务资质管理，做好与业务资质管理部门的沟通，及时办理各项到期资质的续期业务。

2. 市场风险及其防控

风险：中国的文传行业虽然特殊，但其属性中仍带有明显的产业属性。因此，市场在配置资源方面的决定性作用对于文传行业而言也不能例外。文传集团有广告传媒、文化演艺、教育培训、数字经济等诸多细分领域，各领域有巨大增长空间，但并不直接等同于收益和回报，也并非所有项目都能达到发展预期，这个以创新为本的领域有着很高的试错成本。目前，传统媒体与新兴媒体原本清晰顺畅的产业链条不断被新技术、新模式冲击和解构，投资项目启动后的发展情况将对文传公司运营、风险防控与承受能力形成极大考验。

措施：密切关注行业动态，对行业前景与市场状况进行深入细致的调查，做出准确结论，正确选择最适合的目标市场，并追踪客户的需求变动，及时响应，以满足客户需求。集团的技术变革同样源于市场需求，在投入各类资源进行技术创新与改造时，必须保证变革的方向与行业发展和消费者需求变化趋势相一致，并加大创新力度，比竞争对手提前进入目标市场，提高竞争优势，引领行业发展。借助大数据技术，强化风险信息监测、提高反应能力。另外，基于新兴数字平台成长起来的文传集团能够掌握海量用户数据，同时大数据在金融领域得到广泛应用，为文传集团更科学掌握、分析信息变动创造了条件，文传集团要将大数据技术应用于风险信息监测，能有效识别、监控文传市场与资本市场上的双重风险。

3. 经营风险及其防控

风险：在媒体融合背景下，传统媒体正在受到新兴媒体在技术应用、传播渠道、用户体验等各方面的挑战，新兴媒体也苦于在内容资源、品牌影响力等方面的缺陷；双方通过各种措施弥补自身的短板，资金、人才等核心资源的双向流动加剧，逐步导致同业竞争格局趋向模糊，资源的流通、互补以及竞争格局的重构必然导致风险因素的叠加甚至聚变。央企、省属传媒集团业务向市州延伸，也影响到集团的运营业务。另外，随着5G、云计算、人工智能、

AR/VR 等技术不断成熟和应用，新的业务形态和商业模式可能出现，给用户带来全新的文娱体验，技术变革带来的商业重塑可能对文传集团经营产生不利影响。

措施：提升经营管理者的风险意识与运营能力，探索相应的保险配套机制。在媒体融合背景下，文传集团的经营管理者的素质与能力要求有着高度前沿化、综合化的特征，日益复杂的文化传媒产业市场环境也对经营管理者的运营能力提出了更高要求。文传集团经营管理者必须主动提升风险意识与运营能力，同时探索相应的保险配套机制，从内外两个方面降低公司运营风险；同时，借助宜宾大学城人才优势，加强对新技术、新模式以及未来行业趋势的研究，提前研判、提早布局，从容应对技术革新风险。

4. 资金风险及其防控

风险：文传集团投融资方式比较单一，资金不足的劣势比较突出，关注短期收益，对长期投资缺乏可行性的研究和长远规划；预算管理不完善，在日常工作中，集团内各部门对预算工作有待加强，做出来的预算脱离实际，或者编制完预算后就不会再有任何变化，使预算不能随集团实际情况的变化及时进行相应的调整，从而失去了对日常经营活动的指导作用。

措施：建立财务预警系统，从财务入手提升风险预警能力。文传集团需要根据财务分析监控项目周期，严防业务扩展、规模扩张造成的现金流异常紧缩等问题，同时控制经营性资产与投资性资产的比例，避免资本结构失调导致盈利能力下降；加强集团的资金监督管理，建立并完善内部的审计制度，配备具有相关专业水准的技术人员，以保证审计结果的有效性和准确性；前置风险防控，投资金额逾 100 万元，建议委托第三方专业机构进行可行性研究，增强风险防范意识，让自身更具有竞争力。

（二）保障措施

1. 政策保障

基于市级文传核心国企的资产性质和社会职责，上级党政的政策导向和扶持力度是集团资源支撑、意识形态导向和文化主业定位的核心保障。为此，集团必须主动服务党政，以主责争取主业，以成效获取政策，以改革寻找出路，以主流支撑发展。

2. 理念落地

通过全员参与组织文化建设、组织学习、引导研习、讨论领会、实践反馈以及效益验证等方式环节,将与集团特质密切相关的国有、政企、文传、创意、科技、市场等理念融入企业发展实践,发挥实际正面效益。

3. 组织落实

科学化、远景化、愿景化研判制定战略、规划、策略,程序化、制度化、规范化遵循执行战略、规划、策略,有序化、效益化、具体化落实实践战略、规划、策略。

4. 人才支撑

实施人才的体制属性、新老、专业、缓急细分;构建进退分流、项目取舍、靶向培训、开放多途、体制多元,以支撑全员"蜕变"提效的人才管理使用机制,实现人才队伍运行的有序高效。

5. 科技创意

作为现代文传企业,其业务的核心内容,就在于对文化原始形态、内涵的创造性、多元化赋能,并予以高效正面传播。而现代传媒科技和高优创意,是实现其行业目标的核心支撑要素。为此,集团政策、绩效、人才等管理取向,必须超越现实,立足根本和长远,落实对于科技创意效益的实质性保障和激励。

6. 考核促效

立足社会与经济效益双效最大化的企业宗旨,构建针对产业特点的综合性科学化考核监督机制,对人员、机构、机制、运行、市场等,围绕全员、全机构、全要素产业化效益取向,开展务实精准的检查监督考核,以确保集团行为务实守正,运行高效。

县域公共文化服务体系发展实务研究
——以宜宾市叙州区为例

党的十九大对新时代我国社会主要矛盾做出了最新判断，即人民日益增长的美好生活需要和不平衡不充分的发展之间的矛盾。这一表述，在生活目标上，"美好生活"已然超越纯物质的温饱，精神文化生活的质与量，成为新时代的标配；在发展状态上，其"不平衡不充分"，在物质文明与精神文明建设之间同样突出。社会主要矛盾的变化，构成进入新时代的基本依据和基本动力，也是习近平新时代中国特色社会主义思想建构的逻辑起点。这一理论和实践机理，同理印证建设与社会治理的每一领域，包括重新定义和创新实践政府公共文化服务。

中共宜宾市委五届六次全会提出了新的发展战略与目标，指出：用四年时间集中攻坚，力争建成全省经济副中心，在全省"一干多支"发展战略中构筑"宜宾强支"。为此，"要加快建成长江上游区域性教育科技医疗文化中心和科教之城。"这对政府公共文化服务的建设提出了新任务、新目标与新要求。

接续宜宾县第十三次党代会以来"着力文化自信、深化文旅结合，现代文化强县迈出新步伐"的宏图；贯彻中共宜宾市叙州区第一届委员会第一次全体会议提出的"五个不动摇""五个不能丢"的既定方略及"两大目标""五个强区""八大路径""12项工作"的工作部署，新的发展节点，需要新的思路与实践的承启思考。

撤县设区，使叙州区在文化事业上获得了"同向上位""市区集聚"和"中心示范"的崭新身份与发展机遇。由此开始的新实践，需要系统性的新认知、新构想和新规划。

一、基础与形势

（一）发展基础

"十三五"以来，叙州区公共文化服务体系建设在贯彻落实中央省市决策部署，大力实施原宜宾县"文化强县"战略的基础上，公共文化服务效能不断提升，文化阵地不断夯实，文艺精品不断涌现，文化产业实力不断壮大，文化遗产保护力度不断增强，区域文化符号的影响力不断扩大，2017年文化产业增加值占 GDP 比重达到 4.2%，区域公共文化服务体系建设呈现良好的发展态势。

1. 公共文化设施提档升级

公共文化设施建设不断推进。2017年，投资 2.7 亿的区文化中心全面投入使用。区图书馆、区文化馆新馆开馆，油樟文化展厅基本建成，"三馆一团"标准化建设有序推进。沿江文化长廊、社区特色文化广场（长廊）建设顺利推进。文化信息资源共享工程取得成效，文化信息网络和服务网点的覆盖面达到全区 90% 及以上。完成 123 个基层综合性文化服务中心达标建设。建成地面数字电视发射基站 24 个，电视户户通达到 6.73 万户，广播"村村响"达到 365 个。新建农村文化广场 40 个，新建农村固定电影放映点 35 个，区乡村三级公共文化服务体系更加完善。

2. 群众文化活动特色彰显

坚持以人民为中心的创作导向，聚焦主题打造了一批优秀的、具有区域特色的群众文化品牌。成功打造的大型话剧《赵一曼》被列为中央党校（国家行政学院）党性教育题材、共青团中央文化精品巡演剧目、四川省重点文艺精品打造项目，荣获四川省第十四届精神文明建设"五个一工程"特别奖，成为叙州区走向全国的文化名片。网络电影《那朵花的名字叫白兰》，荣获第五届亚洲微电影一等奖。着力打造古镇文化、生态文化、大江文化、红色文化、非遗文化、酒文化等"特色传统文化系列"，通过举办艺术节、乡村旅游文化节等大型文化活动，大力推动红色文化、校园文化、企业文化等各类社会文化事业建设。成功举办"2017 油樟之春新春文艺晚会"，与尚志市共同举办纪念赵一曼殉国 81 周年纪念活动，连续七年举办"清明诗会"，开展"金江大舞台·月月有展演"活动，成功举办荷莲文化节、荔枝文化节等特色文旅活动，围绕中国传统节日广泛开展"我们的节日"主题系列活动,每年放映农村公益电影6000场次和200场特殊群体电影,通过开展"广播村村响""电影月月看""电视户户通""广场时时乐"等丰富多彩的文化活动构建农村文化新气象。

3. 公共文化服务效能显著提升

全面实施免费开放提升工程,区图书馆、文化馆及乡镇综合文化站全部实现免费开放,满足了基层群众日益增长的文化需求,群众幸福指数不断提高。启动"文化低保"惠民工程,开展"保障特殊群体基本文化权益"行动,为留守妇女儿童、残疾人、空巢老人、农民工等特殊群体"量身订制"文化服务,有针对性、平等地开展帮扶,促进了基本公共文化服务均等化。推动文化扶贫提质增效,每年投入文化扶贫资金约2000万元,新建40个退出贫困村综合文化服务中心,实现了每个贫困村建有较为标准的文化室、图书室、广播室、文化资源共享室、固定放映点、文化广场等基础设施,贫困村居民和插花贫困户均达到电视户户通。推进公共文化服务"供给侧"改革,开展"菜单式""订单式"服务,探索图书馆与实体书店的"馆店结合"的服务供给模式,减少无效供给。区域内公共文化产品与服务的供给能力与供给效能不断提升。

4. 公共文化服务与科技融合发展

开展"网络文艺"创作活动,实施艺术创作生产、传播普及、营销推广的"互联网+"计划,并着力建设文化市场产品与服务推介的新型平台,扩大文化消费,促进文化市场发展。全面实施文化信息资源共享工程,建成以区图书馆数字化信息资源技术平台为中心,辐射全区大部分的社区、农村乡镇和部分村社的较完善的基层站点格局,信息网络和服务网点的覆盖面达到90%及以上。

5. 公共文化服务社会化建设初见成效

鼓励社会力量参与提供公共文化服务,全区共有156个民间艺术团活跃在各个乡镇。区文联建立的9个文艺家协会,覆盖全区各文艺门类,在文艺创作、人才培养等方面发挥了重要作用。以农村公益放映、送文化下乡等项目为重点,推动政府购买公共文化产品和服务。持续推进文化辅导员制度,选派优秀干部到乡镇担任文化辅导员,加大"种文化"力度。建成乡镇农民文化理事会26个,实现区域全覆盖。成立了广场舞自律协会,建立了自律公约,加强了对广场文化的引导。

6. 公共文化服务体制机制不断创新

区文艺院团建设和综合执法改革如期完成，行政审批效能明显提高。制定文学艺术奖励办法，促进了区域内文化产品的创作和生产能力不断提升。大力推进文体辅导进基层、流动舞台进乡村、流动书屋进城乡、电视维修进农户、励志故事进学校、文化产品走购买、文化站管理成模式、核心价值进基地八大改革，并获得了新华社等主流媒体的宣传报道和省文化厅专文推广。

（二）机遇与挑战

随着社会基本矛盾的转变，人民群众对美好生活的向往对公共文化服务体系建设提出更高的要求。党的十九大提出"满足人民过上美好生活的新期待，必须提供丰富的精神食粮。要深化文化体制改革，完善文化管理体制，加快构建把社会效益放在首位，社会效益和经济效益相统一的体制机制。"公共文化服务体系建设是文化建设的重要组成部分，是我国社会发展的一项重要任务。加强公共文化服务，让人民群众共享文化改革发展的成果，是社会主义文化建设的目标与方向。要实现公共文化服务的公益性、基本性、均等性、便利性，只有大力提升品质，强化服务基层，切实保障公共文化服务的有效供给，才能不断满足人民群众对美好生活的期许。2018年7月，经国务院批准，撤销宜宾县，设立叙州区。撤县设区，为叙州区在城市化进程、政策保障、基础设施改善、公共服务的提升等方面带来新的发展机遇。宜宾市委、市政府提出创建四川省经济副中心的目标，文化建设作为城市发展的灵魂不可或缺，叙州区作为市政府的所在地，应配合做好城市文化中心建设的工作，做好所辖区域内的公共文化服务建设，致力于提高城市发展的软实力，推动经济社会协调发展，为宜宾加快成为全省经济副中心提供坚实的文化保障。

叙州区的公共文化服务在获得发展机遇的同时也面临着诸多的挑战：所辖区域内经济社会发展不平衡，面临急需提升城市公共文化服务品质与全面落实农村文化服务标准建设的双重任务，公共文化服务建设均等化的任务较重；在实现推动文化惠民项目与群众文化需求的有效对接上，还需要进一步健全公共文化服务的绩效评估体系；在实现公共文化服务供给主体和方式的多元化上，还应进一步加强社会化建设，提高社会组织在公共文化服务体系建设中的参与度，探索建立政府主导、社会参与、机制灵活、政策激励的公共文化服务供给模式。在新的发展时期，叙州区必须深刻把握经济和社会发展的新常态，认清文化发展的新形势，厚植文化发展优势，求创新、善协调、谋发展，才能促进区域内文化事业、文化产业健康、可持续发展。

二、总体要求

（一）指导思想

以习近平新时代中国特色社会主义思想，特别是国家文化自信建设战略为根本准则；以中共宜宾市委五届六次全会关于围绕将宜宾建成四川经济副中心的总体目标，加快建成长江上游区域性教育科技医疗文化中心和科教之城的战略布局为具体指针；以"公益性、基本性、均等性、便利性"以及服务民生、服务群众为行为导向；以《中华人民共和国公共文化服务保障法》等文化领域系列政策法规为法律准绳；以文化构成规范、发展规律和功能原理为学理依据；以传承和创新文化事业为根本策略；以把握正确的建设方向持之以恒和功成不必在我的施政理念为政绩观；以城市社区和农村等基层布局建设为重点。健全政策机制、弥补缺位短板、完善体系构建、落实平台项目、彰显创新特色，在相应的规定时限内，完成本区公共文化服务的法定任务。

（二）基本原则

（1）基本性与均等性相结合。基本性与均等性，是政府提供公共服务最基础的法定责任和最起码的价值取向，也是政府在此领域施政的首要目标。

（2）普及与品牌相结合。普及是基本任务，是实现均等化的前提，而品牌打造，则是实现传承创新、特色发展的重要手段和实践途径。

（3）做事业与做产业相结合。做文化事业是履行公共文化服务的基本法定职责。而做文化产业，通过市场机制，调动社会资源，激发民间活力，通过对文化要素、资源、路径、业态以及产品的激活增容，做大做强文化领域，以反哺、助力并最终实现文化事业的繁荣。

（4）文化与旅游相结合。文旅融合，既是发展的客观大势，也是国家宏观战略和机构调整的已有之义。一方面有利于传统文化的发掘、新时代文化的创造和文化育人的快乐实现，另一面有利于旅游业的内涵丰富、业态创新和效益递增，二者相得益彰。

（5）城市与乡村相结合。农村公共服务历来是我国公共服务事业的工作短板。之前县的行政设置，作为农业大县，农村公共文化服务工作自然比重较大。撤县设区，虽然在区域的功能形态上，城市性增强，但是并不意味着减少关注甚至无视广阔的农村，而是在新定位的基础上，在做好城市工作的同时，进一步提高农村公共文化服务工作的层次和效益。

（6）区级主体与市级功能相结合。撤县设区后，叙州区作为宜宾市在空域上和行政关系上的中心区域，其公共文化服务体系建设的作用和实际影响力与功能定位，必然超越"我土我守，我民我哺"的狭隘属地观念。地域、人流、习惯和观念的市区交叉，作为建设主体的叙州区在具体的文化实践中，必须执持"区级主体与市级功能相结合"的行为准则。

（三）基本要求

（1）价值观念明确。明确文化工作的核心价值就是育心与人格培养，它作用于市民素质的整体提高，建功于和谐社会建设和国家文明的提升。

（2）完成法定任务。所有公共服务起码、首要和基本的目标，就是完成法定任务，兑现政府基本承诺，体现"公益性、基本性、均等性、便利性"。

（3）县区"转身"自觉。在观念、实践和具体行为上，要实现对于撤县设区对公共文化服务工作在功能、价值、方式等方面认识上的高度自觉。这是工作上实现有的放矢，提高效益的基本前提。

（4）实体落地惠民。项目（文化活动的制度化序列与形式）开展与实体（硬件设施）建设的具体落地，是所有公共文化服务工作的基础。无此，则一切愿景和点滴效益均无从实现。

（5）市民素质提升。公共文化服务工作最终要实现的社会效益，就是市民素质提升，特别是新市民素质的转换与打造，这也是新一轮公共文化服务工作的首要指向。

三、主要目标与任务

（一）主要目标

（1）近期目标（2018—2021年）：调整融合与完善基本建设期。基本确立新一轮公共文化服务工作在全市公共文化服务领域与区级建制地区差异化并行。

（2）中期目标（2021—2025年）：区域示范辐射引领期。紧密结合大市发展战略定位，同步发展，适度超前；力争做到区域综合示范、效益辐射和特色引领。

（3）远期目标（2025—2035年）：公共文化服务体系构建完善期。项目平台完整落地，城乡均等显著改善，服务效果明显落实，特色创新成效显著，事业产业双进双兴，文旅结合效益双赢，城乡文明显著提升。建设规范具有全省乃至全国标准性，特色效应具有全省乃至全国唯一性，机制创新和社会效益具有全省乃至全国引领性。

（二）六大特色

围绕依托六个方面的独特资源开展文化事业、产业及文旅的创新性、个性化建设。

（1）宜宾之源——历史文化：从蕨溪宣化坝郁鄢县到宜宾，从"西戎即叙"之戎州到叙州，叙州区所辖之地，在定义大宜宾及其开化历程的标志性称谓上，是宜宾历史的源头。撤县设区，在功能、空间及心理定位上，叙州区渐居城市中心，需要在历史文化的定义及其纵深感上，获得新的地位认同感。"宜宾之源"地位的确立，是"宜宾"之城寻之有源和最终定义宜宾的理据所在，同时，可以缩短建立叙州区作为宜宾大历史中心地位的认同感及融入区域中心文化心理适应性的时间。据此，叙州区可以在有形无形的文化平台项目及观念上，建设、确立、宣传和打造可游、可观、可想，源自这一标识性理念的文旅项目。

（2）一曼遗风——红色文化：鉴于赵一曼故居白花镇已经划入翠屏区，叙州区再称"一曼故里"显然不妥。但是赵一曼作为一个文化符号，"宜宾县赵一曼"已经深深嵌入中国人数十年的固有认知。依托这一资源，可以延续"英雄赵一曼，红色宜宾县"的宣传效应与影响力。同时，其红色基因深深扎根于叙州区的传统文脉精神核心之中，是叙州区新市民人文修养的重要元素。继承以往，延续规划中以及开拓新的相关项目，在基础、逻辑和情感上均无挂碍，当继续发扬光大。

（3）哲人故里——传统文化：唐君毅终身研究中国传统文化，其成就与时代同侪比，无出其右者，在国际上，特别是在两岸三地及世界华人学界，影响巨大，这在宜宾市当代杰出文化人士中绝无仅有，在历史宜宾籍杰出人士中也是凤毛麟角。依托这一独有资源，梳理研究其学术成果，在市民文明素质提升上可以辅之以人文风教；可以率全市之先建立"君毅书院"或"君毅研究院"等纯学术机构，领宜宾人文学术之先，以为文化及对外交流平台；在文旅上可以积极打造"唐君毅故园"景点；在对外联络与宣传上，可以便捷提升叙州区在港台及海外的影响力。

（4）樟海之都——绿色文化：这一独特资源，在产业上，具有独一无二的油樟产业高地禀赋；在科学研究上，在相应农林科研领域，基于资源独有集中，可以打造世界级的研究中心；在文旅方面，围绕油樟主题的绿色理念，创造性地开拓发展个性化的乡村旅游产业；在城市文化标识与认知上，油樟是宜宾市人大常委会以法律形式确立的"市树"，相应 Logo 的设计展示及理念的宣传，也是迅速确立叙州区大宜宾城市中心地位的有效途径。

（5）三江之首——生态文化（明）：叙州区之前地域涉及"两江"，而现在坐拥三江，且金、岷两江作为长江源头都居其他区县上游，且与翠屏区共享三江汇流。"三江之首"与"生态文明"理念和意识的自觉，贯彻实践，可以结合业已开展五年的市级"长江上游生态保护与建设规划"项目及2018年新的相关提升性建设项目，突出规划建设沿江生态文旅，特别是向家坝之高峡平湖独特景观旅游项目打造。

（6）古道之头——工商文化（明）：南广古镇新划入叙州区，与旧有的宜宾县横江古镇均为古五尺道的重要起点（南广之榨子母码头或曰栅子门）和宜宾古驿道的重要枢纽，这些都是远古直到近世商贸的主要遗迹，与历史上"搬不完的昭通，填不满的叙府"有直接关联。这一独特资源，在文化传统、文旅产业、古镇打造方面，特别是确立叙州区在大宜宾工商文明"先行者"地位以及呼应改革先行县方面，意义重大。

（三）主要任务

（1）构建公共文化服务的健全内容序列；

（2）完善公共文化服务设施网络化建设；

（3）打造叙州文化精品及艺术品牌特色；

（4）利用公共文化服务塑造滋养新市民；

（5）文物保护利用与文化遗产保护传承；

（6）加强公共文化服务的人才队伍建设；

（7）推动公共文化服务与科技融合发展；

（8）布局新文化战略定位及其智慧传播；

（9）实现公共文化服务社会化均衡发展；

（10）以地方特色文化潜力助力旅游发展；

（11）繁荣活跃文化市场以提升文化消费；

（12）创新公共文化服务机制与政策建设。

四、重点任务与重大工程项目

（一）加快完善公共文化设施网络体系

1. 完善公共文化阵地整体布局

坚持"政府主导、社会参与、统筹城乡、共建共享"的原则，深入贯彻落实《宜宾市关于加快建立现代公共文化服务体系的实施意见》，加大公共财政的投入力度，按照基本公共文化服务保障标准及各项建设标准，以大型公共文化设施为重点，以基层文化设施为基础，统筹推进区、乡镇（街道）、村（社区）三级公共文化设施整体建设。力争于2020年，基本建成"覆盖城乡、便捷高效、保基本、促公平"的公共文化服务体系打造城市"15分钟文化圈"和农村"5公里文化圈"；力争于2035年，全面建成服务效果明显落实、特色创新成效显著、事业产业双进双兴、文旅结合效果双赢、城乡文明显著提升的具有全省乃至全国示范性的现代公共文化服务体系，切实保障人民群众的基本文化权益，不断满足人民群众日益增长的文化需求。

2. 推动城区公共文化重点发展

主动对接市级城市公共文化发展布局，加强整合现有城市公共文化资源，推动"三馆一团一中心"等区级城市公共文化设施提档升级。按照集中和分散布置相协调的原则，将集聚的城市公共文化设施建设成区域中心和区域地标，增添城市发展的文化内涵，积淀厚重的城市文化底蕴。将分散的城市公共文化资源建设成体现区域特点、彰显公共精神的便民设施，为塑造新市民、全面提升市民素质提供物质保障。撤县设区对叙州区城市公共文化服务带来了新的机遇，也提出了更高的要求，推动城区公共文化重点发展，有利于在城市形态物质空间中营造场所感、社区感和归属感，为全区发展提供持续发展的动力。

3. 夯实基层公共文化设施建设

基层公共文化设施是衡量基层群众文化发展水平的重要标志，是新农村建设和乡村振兴战略的重要内容。大力夯实全区基层综合性文化服务中心建设，全面推进基层公共文化资源的有效整合和统筹利用，大力提升基层公共文化设施建设、管理和服务水平。深入开展振兴乡村文化行动，探索推进图书馆、文化馆总分馆制模式，推进广播电视地方节目进村入户，完善广播电视服务网点运行管理体制，引导数字影院建设，实现广播村村响、电视户户通、电影月月放、广场人人乐，满足农村群众对文化的多元需求，推进基本公共文化服务均等化，加快建立公平的公共文化服务供给模式，使我区基层公共文化设施服务水平得到显著提升。

完善公共文化基础设施建设项目如表3-1所示。

表3-1 完善公共文化基础设施建设项目

序号	项目名称	项目内容及要求
1	"三馆一团"标准化建设	①项目内容：博物馆。 已经建成博物馆馆舍3700平方米（5000万），文物库房建成投入使用，博物馆展陈设计已经完成，正在进入专家评审，文物展陈正在向省争取资金（300万）。 图书馆面积已达3800平方米，已完成基本建设。计划于2025年馆藏总量达到15万册以上，增加古籍保护设备设施，争取资金建设文化共享工程区级支中心电子阅览室，建设"罗哲文藏书室"。 文化馆现有建筑面积达5000平方米，内部设有大型展演厅、舞蹈排练厅、多功能学术报告厅、钢琴房以及书法美术室、文学创作室等功能用房，现拟建成文化馆数字化、文化馆网站、展览厅、非遗工作档案室、计算机与网络教室、多媒体视听教室、独立学习室、老人活动室、综合活动室、2000平方米大型室外活动场地等。 宜宾话剧团（赵一曼艺术团）办公及排练演出场地达2000平方米，已完成基本建设。预计到2020年，固定演职人员达20人及以上，培养（引进）编创演人员6~8人。创作打造具有地方特色的文化精品5~10个。 ②完成时间：2022年5月，博物馆全面建成开放。 图书馆建设任务预计于2025年年底完成。 文化馆建设任务预计于2025年年前完成。 宜宾话剧团（赵一曼艺术团）建设任务预计于2020年年底完成

续 表

序号	项目名称	项目内容及要求
2	文化馆总分馆制建设	①项目内容：建设24个文化馆分馆 ②量化标准：分馆馆舍建筑面积不低于300平方米。专职人员每年参加集中培训不少于5天。按要求参加总馆的各类业务讲座、培训活动以及地方节目创编工作，参与承办总馆的各类文化活动项目。每年开展群众文体活动不少于30次，举办公益性艺术培训不少于20次。建立不少于3人的文化志愿者队伍，指导、推动辖区内服务点文化志愿者队伍建设，为当地文化馆分馆建设与服务提供支持。配合总馆做好分馆人员的"下派上挂"工作。每年组织辖区内服务点人员学习工作座谈，对服务点文体协管员开展业务培训2次以上。严格执行总馆制定的各项规章制度，按时参加总馆组织召开的分馆馆长例会，按要求参加文化馆总馆考评工作，及时进行分馆业务工作、文化信息等统计报送 ③完成时间：2019年完成6个，2020年完成6个，2021年完成6个，2022年完成6个
3	图书馆总分馆制建设	①项目内容：图书馆总分馆建设 ②量化标准：建成以区图书馆为总馆，部分乡镇（街道）综合文化中心书屋、社区书屋、农家书屋约20个分馆的总分馆网络系统；区图书馆管理系统分支到分馆，以便实行图书统一采购、统一编目上架、统一藏量、统一管理的通借通还总分馆管理体系。严格执行总馆制定的各项规章制度，按时参加总馆组织召开的分馆培训会、馆长例会、全民阅读。及时进行分馆业务工作、信息等统计报送。按要求参加总馆考评工作 ③完成时间：2025年年底
4	电子阅览室	①项目内容：在图书馆重建文化共享工程区级支中心电子阅览室并对外开放 ②量化标准：阅览室防静电地板及其布线按照电子阅览室规范装修，供30人上网的阅览桌椅，26台电脑，机房两台服务器运行后台 ③完成时间：2025年年底

续 表

序号	项目名称	项目内容及要求
5	文化长廊	①项目内容：沿城区金沙江、岷江两岸建设文化景观 ②量化标准：进一步挖掘提炼宜宾建城2200年历史文化，利用声光电等表现形式，在长江公园打造高标准历史文化走廊 ③完成时间：2019年完成一期工程，2020年完成二期工程，2021年全部完成
6	社区特色文化广场	①项目内容：参照"二二四油樟文化广场""金沙江文化广场""柏树溪印象"文化长廊、"一曼文化广场"等规模和标准打造社区特色文化广场 ②量化标准：各文化广场均占地1亩及以上，可供百人以上开展活动 ③完成时间：2019年完成一期工程，2020年完成二期工程，2021年投入使用
7	广播电视台标准化	①项目内容：建设一级广播电视台 ②量化标准：完成演播大厅和新闻、专题、电台、虚拟演播室等广播电视专业用房的装修，总装修面积2000余平方米，配置8个讯道的高清电视转播车、2台以上新闻采访车；制作机房不少于2000平方米，基本达到全天候播出，首播能力不低于每天7小时；电视中心播出控制工作站应按1+1配置或单机具备手动应急播出功能；配置2台以上在线播放机，独立视频服务器、演播室配置切换台、摄像机、字幕机、录像机、特技机等视频设备1套以上，专业级主要制播设备，等等；广播中心至少配备1台在线热备份方式核心服务器，播出调音台应配置双电源，至少配置1路热线电话接入直播室系统，直播室和导播室至少配置1套监听监测设备，配置专业级播出切换设备和应急播出音乐源；2个以上独立低压回路和不间断UPS供电 ②完成时间：2020年年底全部完成
8	应急广播村村响建设	①项目内容：实施121个未通广播贫困村应急广播工程建设 ②量化标准：按照省局广播村村响建设标准进行建设 ③完成时间：2019年全面完成贫困村应急广播平台建设，2020年完成121个村广播村村响任务

续 表

序号	项目名称	项目内容及要求
9	固定电影放映点建设	①项目内容：依托乡镇（村）综合文化站基础设施建设 ②量化标准：每镇结合农村公益电影放映工程，因地制宜，实施固定电影放映点建设，到2019年实现61个贫困村全覆盖 ③完成时间：2019年投入使用
10	村级综合性文化服务中心完善升级	①项目内容：与村级综合文化室、农家社区书屋实现共建共享资源，增加公共文化服务必需的设备、器材和图书等，并有计划地更新、充实 ②量化标准：面积不小于90平方米，选配图书2000册以上，有满足30人以上同时学习的阅读桌椅，有专门的管理员。到2020年，达到村村有电子阅览室，有电视音频设备，能满足电子查阅、上网等需要，与区图书馆实现资源共享 ③完成时间：2020年全部完成

（二）着力提升公共文化服务供给水平

1.完善公共文化服务供给标准

根据《国家基本公共文化服务指导标准》，结合叙州区实际，分类梳理公共文化服务项目，制定《叙州区公共文化服务清单》，明确各类公共文化设施及服务项目与活动的具体量化要素。以群众基本文化需求为导向，建立群众文化需求反馈机制，摸底资源缺口，引导群众参与，探索开展"自下而上、以需定供"的互动式、"订单式"公共文化服务。根据经济发展水平、社会历史条件、人口状况等因素，制定公共文化服务提供目录，推动产品及项目供给与群众文化需求的有效对接，努力构建以阅读、视听、活动为主体的基本公共文化服务产品供给体系，实现读书、看报、看电视、听广播、看电影、体育健身、参与文化活动、文化鉴赏等公共文化服务的多样性、均等化供给。

2.提升公共文化产品服务效能

加深公共文化服务供给侧结构性改革，建设符合区情的服务供给体制，着力提高供给体系的质量和效率，提升公共文化产品服务效能。依托广播电视公共服务网点，建设区、乡镇（街道）、村三级广播电视服务保障体系。优化服务布局，完善服务网络，开展"免费开放提升工程"。培育新动力，创新服务形式，继续开展"你选书我付费"图书工程，探索图书馆与实体书店的"馆店结合"模式。整合区域内的文化资源，开展区域内外的文化联动、公共文化巡展巡讲巡演等活动，推动社会团体参与公共文化服务，实现区域内外公共文化产品、设施、活动、人才、信息的共建共享。探索机制创新，推行简政放权，强化制度支撑，建立示范文化项目，以点带面，提升公共文化服务整体效能。

3. 培育群众文化活动特色品牌

坚持以人民为中心的创作导向，健全重点文化项目创作生产扶持制度，认真做好重大选题规划，把创作优秀文艺作品作为中心环节，努力创作出更多思想性、艺术性、观赏性有机统一的、群众喜闻乐见的优秀文化作品。开展"百姓文化周""书香叙州"全民阅读等系列活动，在普及特色文化品牌的同时，重点培育群众文化活动特色品牌，如叙州区"种文化"活动系列、"文化有约"创作系列，做到普及与品牌相结合。强化文艺精品意识，力争将文艺精品打造为叙州区的文化名片。鼓励运用新技术手段进行文艺创作，推动文艺创作门类全面繁荣。加强与高校及社会力量的合作，加强公共文化服务各方面的学术研究，扶持建立具有示范意义的群众文化研究基地。

提供公共文化供给水平重大项目工程发表 3-2 所示。

表 3-2 提升公共文化供给水平重大项目工程

序号	项目名称	项目内容及要求
1	免费开放提升工程	①项目内容：增加免费开放服务项目的种类、内容和数量，扩大覆盖范围，提升服务质量和效率，并相应提高免费开放经费补贴标准 ②量化标准：全区所有馆站着力打造具有自身特色的、不低于 2 个的服务品牌，其他乡镇及街道形成 1 个以上服务品牌。区、乡（街道）、村三级公共文化机构实现互联网纵横联通，区级文化机构免费提供 Wi-Fi 服务，着力开展流动文化服务 ③完成时间：2020 年前完成

续 表

序号	项目名称	项目内容及要求
2	群众文化活动"百千万工程"	①项目内容：推进"百场演出送乡村，千场电影到农村，万册图书进书屋"群众文化活动"百千万"工程建设 ②量化标准：每年巡演等活动不少于100场（戏曲比例占1/2），放映农村公益电影每村每年不少于12次，每年为"农家书屋""社区书屋"配送图书不少于50000册（电子音像制品占一定比例） ③完成时间：按年考核
3	"书香叙州"全民阅读系列活动	①项目内容：以"悦读城市·升级文明"为主题，在机关、学校、社区（村）、企事业单位、各行业协会中广泛开展全民读书、经典诵读活动 ②量化标准：包含阅读活动启动仪式、手机阅读伴宜宾、读书征文、"书香校园"创建、"阅读之星"评比、青少年书信教育、"快乐阅读"系列讲座、机关读书、青少年阅读夏令营、亲子共读、图书七进七争、农民读书月、乡风文明进学校等系列活动 ③完成时间：按年考核
4	"金江大舞台"系列活动	①项目内容：举办迎春文艺晚会、佛现山栀子花节、荔枝文化节、舞动天宫山、古镇文化节、海峡两岸哪吒文化交流等特色文化精品活动 ②量化标准：每年至少创作推出一批艺术品，力争年年有作品，三年、五年出精品 ③完成时间：按年考核
5	"节庆文化"系列活动	①项目内容：围绕春节、元宵节、端午节、建党节、中秋节、国庆节等重大节日，举办大型文化活动，营造民族传统节庆文化氛围 ②量化标准：举办叙州区百诗百联、原创动漫游戏、器乐、美术、书法、民歌、乡村音乐、摄影等多项大型文化交流、文艺作品评选及展览活动 ③完成时间：按年考核

续 表

序号	项目名称	项目内容及要求
6	"叙州区特色传统文化"系列一：重塑"大江文化"	①项目内容：利用各类名人的历史文化资源打造多种形式的群众文艺作品，如文化名人杜甫、陆游、黄庭坚、苏轼、范成大、程公许、尹伸、樊曦、辛亥关河川南革命军李晟熙、抗日英雄赵一曼、儒学大师唐君毅等 ②量化标准：根据以上人物创作一批具有一定示范引领作用的作品，力争每年完成1部作品 ③完成时间：按年考核
7	"叙州区特色传统文化"系列二：打造"红色文化"	①项目内容：在"赵一曼英勇就义八十周年"前后，重点策划、扶持《赵一曼》等精品文艺系列的创作生产 ②量化标准：打造2～3部体现叙州区"十三五"文化发展成就、在全市有较大影响的艺术精品 ③完成时间：按年考核
8	"叙州区特色传统文化"系列三：弘扬"新时代酒文化精神"	①项目内容：深入挖掘酒历史和酒文化中的"民风民俗"，实施"三个一"民风民俗工程 ②量化标准：创作"一本专著、一部纪录片和一部大型话剧" ③完成时间：2025年完成
9	"叙州区特色传统文化"系列四：发扬"油樟文化精神"	①项目内容：深入挖掘叙州区油樟文化历史和精神，创作各类文艺、文学、理论作品 ②量化标准：举办油樟文艺作品评选活动、创作油樟文化舞台及影视作品、出版油樟文化理论研究作品等 ③完成时间：按年考核
10	"叙州区特色传统文化"系列五：弘扬"茶文化精神"	①项目内容：深入挖掘叙州区茶文化历史和精神，创作各类文艺、文学、理论作品 ②量化标准：举办"茶山茶歌扬、茶乡茶味芳"系列活动，通过各类文艺、文学、理论作品弘扬叙州区茶文化精神 ③完成时间：按年考核

续 表

序号	项目名称	项目内容及要求
11	打造话剧演出交流平台	①项目内容：继续做好话剧巡演、排演工作，举办首届叙州话剧周活动，打造话剧演出交流平台 ②量化标准：2019年，继续话剧巡演活动，开展话剧《荔枝红了》《赵一曼在宜宾》的排演工作。2020年，重点打造话剧《赵一曼在宜宾》 ③完成时间：2021年
12	实施"一乡（镇、机关）一品"文化品牌战略	①项目内容：以乡镇为单位，以农副产品、手工艺品、文艺作品等为品牌内容，因乡镇制宜实施文化品牌战略，培育地方特色文化品牌 ②量化标准：根据乡镇客观情况，争取2019年确定本乡镇品牌，以后持续打造既定品牌 ③完成时间：按年考核
13	创建"文化小康示范村"	①项目内容：打造"文化小康示范村"，强化示范引领作用，广泛开展群众文化活动 ②量化标准：推动示范村庄道路提升改造、水系建设、建筑物外面改造、环境整治、污水处理、路灯亮化、文化建设以及相关配套设施的提升改造。重点将地方传统文化、民俗文化与村规民约、家训家风等相结合，深挖"文化小康"的内涵 ③完成时间：按年考核

（三）逐步构建文化遗产资源传承体系

1.加强文化遗产保护工作

在全区范围内开展文化遗产专项调查工作，参照全国重点文物保护单位档案规范，建立文化遗产档案和信息数据库，为文化遗产保护规划和方案提供科学依据。坚持"保护为主、抢救第一、合理利用、传承发展"的工作方针，推进叙州区文物古迹修缮工作，完善文化遗产保护和抢救制度，按照文物保护法相关规定，对修缮方案严格审查，并加强修复过程中的监督工作，把好文物修复质量关。加强对南广镇陈塘关遗址、七星黑塔、横江古镇、郑佑之故居、唐君毅故居、红楼梦糟房头酿酒作坊遗址、蕨溪镇金盆民居、蟠龙书院等古建筑的修缮与保护，并在此基础上打造一批文物建筑或遗址类纪念馆、陈列馆、文化园、民俗及生态文化博物馆，进一步完善配套基础设施和馆舍布局，深挖内涵，提升品位，全面展示叙州区悠久厚重的历史文化底蕴。

2. 加大文化遗产挖掘力度

加大对叙州区文物考古发掘和非物质文化遗产的挖掘力度，扎实推进文化遗产申遗工作。充分开发利用全区自然人文景观、文化遗址以及特色文化，深度挖掘文化遗产资源，让文化遗产转化为促进社会发展的原动力和新的经济增长点。鼓励相关部门深入文化遗产项目，尤其是非物质文化资产项目开展实地调查、勘景和采访，组织专业人士对非遗传承人、专家、学者进行现场访谈，及时对符合条件的非遗项目进行确认和申报，完善文化遗产数据库建设。支持高校、科研机构、相关部门合作开展课题研究，探索对历史文物、非物质文化遗产以及三江文化、红色文化、民俗文化、生态文化等叙州区特色文化资源的研究、整理和开发利用。

3. 营造文化遗产传承氛围

在政府主导的基础上，引导社会力量积极参与博物馆、非物质文化遗产展示馆（传习所）、文化馆、图书馆等的建设，运用高科技增强展示效果，丰富展示内容和展示形式。支持相关部门和社会各界人士以编印推介有关文化遗产的系列丛书、创编有关流行歌曲、拍摄有关影视作品、刻录有关系列光盘、开展有关讲座等形式，加大对特色文化遗产资源、优秀民间艺术的弘扬和传承。探索多维度推广宣传形式，通过举办各类文化艺术节、非物质文化遗产博览会，鼓励广播电视台播放专题纪录片等视听资料，动员学校、社区开展文化教育普及活动，营造文化遗产传承氛围，提升叙州区特色文化的影响力。

构建文化遗产传承体系重点项目工程如表3-3所示。

表3-3 构建文化遗产传承体系重点项目工程

序号	项目名称	项目内容及要求
1	重点文物保护工程	①项目内容：积极争取中央资金，修缮保护石城山崖墓群、黄伞崖墓群等全国重点文物 ②量化标准：对叙州区现有重点文物进行抢救、修缮和保护 ③完成时间：按年考核

续 表

序号	项目名称	项目内容及要求
2	中华古籍保护行动	①项目内容：整理、分类图书馆现存古籍，并对部分珍本善本进行修复；参加国家、省市级古籍修复培训；搜集民间散落古籍进行典藏 ②量化标准：新购置至少10个古籍书柜和一批修复工具，邀请西部文献修复中心专家对馆内现存古籍进行整理分类，参加各类古籍保护培训10场，修复1～3本珍本 ③完成时间：2025年前完成
3	郑佑之故居红色文化园	①项目内容：郑佑之故居修缮保护、展陈，相关配套设施建设 ②量化标准：2018年完成勘测设计、农户搬迁。2019年完成故居修缮保护工程招投标、开工建设，完成投资1250万 ③完成时间：2020年12月竣工并投入使用
4	刘华故居红色文化园	①项目内容：刘华故居修缮，征地拆迁 ②量化标准：2018年完成刘华故居和刘华广场规划设计。2019年完成刘华故居修缮和农户搬迁 ③完成时间：2020年完成刘华广场建设
5	唐君毅故居	①项目内容：对现有古建筑大面积维护修缮，住户另外安置，收集整理唐君毅先生文献，打造儒家文化博物馆。周边道路建设、环境整治等建设项目 ②量化标准：2020年完成勘测设计、农户搬迁。2021年完成唐君毅故居招投标，开工建设，完成投资900万元 ③完成时间：2022年12月竣工并投入使用
6	蟠龙书院文化园	①项目内容：蟠龙书院、文昌塔、蟠龙小道及景观工程建设 ②量化标准：2018年完成蟠龙书院概念性规划设计。2019年完成蟠龙书院、文昌塔、蟠龙小道主体工程建设 ③完成时间：2020年12月竣工并投入使用
7	蕨溪镇金盆民居	①项目内容：对现有住户实施搬迁，对已毁损的建筑进行修复、恢复，道路建设、游客接待中心建设、环境整治、附属设施建设等，打造一个川南民俗文化、农耕文化博物馆 ②量化标准：2020年完成勘测设计、农户搬迁。2021年完成金盆民居招投标，开工建设，完成投资1700万元 ③完成时间：2022年12月竣工并投入使用

续 表

序号	项目名称	项目内容及要求
8	红楼梦糟房头酿酒作坊遗址	①项目内容：老作坊遗址保护设施建设、徐家祠堂修缮利用、老作坊遗址展馆场地建设、展馆布展等工程项目 ②量化标准：2020年完成勘测设计。2021年完成红楼梦糟房头老作坊遗址附属工程建设招投标，开工建设，完成投资1500万元 ③完成时间：2022年12月竣工并投入使用
9	叙州区博物馆集群	①项目内容：建成叙州区博物馆集群 ②量化标准：建成叙州区博物馆展陈，包括280平方米的文物库房和2500平方米布展厅。开发利用宗教寺庙、祠堂寨子、学校校区、名人故居、历史建筑等文化资源，利用民间资本，升级改造现有馆舍，建设农耕文化博物馆、工业博物馆以及非物质文化遗产展示馆、文化馆、图书馆、美术馆等，建成叙州区博物馆集群 ③完成时间：2019年年底完成叙州区博物馆展陈建设，2025年初步建成具有叙州区文化特色的博物馆集群

（四）切实加强公共文化人才队伍建设

1. 构建优秀文化人才队伍体系

鼓励和支持各文化单位，通过邀请、聘任、兼职、挂职、讲学和项目合作等形式，多层次、多渠道、多方面引进高层次文化人才，建立"叙州区文化人才智库"。配强区级文化工作管理干部，配好乡镇（街道）党委宣传委员、宣传干事和综合文化站专职工作人员，配齐文艺创作生产单位和公共文化服务单位专职工作人员，确保公共文化人才队伍建设职业化。加强建设文化企业家队伍，重视培养民间乡土文化艺人、非物质文化遗产传承人，关心爱护基层文化工作者，补齐乡村文化队伍短板，提高公共文化队伍整体素质，逐步形成一支专兼结合、德才兼备、门类齐全、数量充足、充满活力的高素质文艺人才队伍。

2. 强化文化人才道德作风建设

文化工作者要成为优秀文化的生产者和传播者，必须加强职业道德建设和思想作风建设。首先，文艺工作者应当坚持以人民为中心的创作导向，坚持

"二为"方向、"双百"方针，坚持创造性转化、创新性发展，积极践行"爱国、为民、崇德、尚艺"的文艺界核心价值观，弘扬主旋律，传播正能量。其次，文艺工作者应发扬现实主义精神和浪漫主义情怀，深入实际、深入生活、深入群众，观照人民的生活、命运、情感，用精品力作表达人民的心愿、心情、心声。最后，文化工作者要具有文化责任和社会担当，在追求经济产值的同时，更要坚守淡泊名利、信仰崇高的思想作风，营造风清气正、和谐奋进的文化氛围。

3.创新文化人才多重培养模式

完善基础教育、高校教育、职业教育以及文化企业、公共文化机构、文化人才培训基地等多层次人才教育和培训体系。实施公共文化人才队伍培养"百千万工程""高层次文化人才队伍建设"计划、"基层宣传文化人才队伍建设"计划、文化人才培养培训行动等重点项目，为叙州区公共文化服务体系建设提供强大的服务网络和人力保障。将民间艺人、非遗传承人、业余文化骨干、文化热心人等体制外人才纳入经常性业务培训计划。加强文化激励机制建设，通过营造尊重人才、见贤思齐的社会环境，鼓励创新、容许失误的工作环境，公正平等、竞争择优的制度环境，做好"留才"文章。

公共文化人才队伍建设项目如表3-4所示。

表3-4 公共文化人才队伍建设项目

序号	项目名称	项目内容及要求
1	公共文化人才队伍培养"百千万工程"	①项目内容：实现叙州区在文化人才队伍建设方面的创新型突破 ②量化标准：通过各种途径引进或培养100名文化业务干部，培训1000名以上的辅导员队伍，带动10000名以上的志愿者、党员、共青团员参与文化建设活动 ③完成时间：按年考核
2	"叙州区文艺之星"计划	①项目内容：推出一批德艺双馨、内外兼修、富有潜质的拔尖青年艺术人才 ②量化标准：规划期间通过各类展演、新闻媒体和表彰等途径着力塑造100名"叙州区文艺之星" ③完成时间：按年考核

续 表

序号	项目名称	项目内容及要求
3	"高层次文化人才队伍建设"计划	①项目内容：人才引进、优惠政策向文化领域倾斜，实施文化企业家队伍建设，设立叙州区文化英才专项资金，建立"叙州区文化人才智库"机制 ②量化标准：每年引进各类高层次文化人才5人，扶持文化企业5家，文化企业家10人；每两年在县内选拔一批有潜力的中青年宣传文化人才进行重点培养；每年聘任一批文化专家进入全县"人才信息智库" ③完成时间：按年考核
4	"基层宣传文化人才队伍建设"计划	①项目内容：制定基层文化队伍建设规划，商请相关部门选派大学生到基层从事宣传文化工作，设立教育培训专项资金，建立乡土文化能人、民间文化艺人和非物质文化传承人等的发现和上报机制，建立专业文化工作者和社会各界人士参与基层文化建设和群众文化活动的机制、体制 ②量化标准：每年编制基层文化广电人才队伍学习规划，对基层文化岗位按照省委要求定编建制；商请相关部门每年选派20名大学生志愿者到基层服务，并配套其他相关政策；每年设立不少于100万的专项学习经费；每年汇总一次基层文化名人情况，申请政策扶持；采取有效措施，形成专兼结合的基层文化工作队伍；用2年时间对61个贫困村的宣传文化工作人员轮训一遍，用3年左右时间对乡镇基层宣传文化干部培训一遍 ③完成时间：按年考核
5	文化人才培养培训行动	①项目内容：实施基层文化业务培训计划 ②量化标准：县级以上公共文化机构从业人员每年参加培训时间不少于15天，基层综合性文化服务中心文化专兼职人员每年参加集中培训时间不少于5天。实施文化专业人才知识更新计划，文化专业技术人员参加继续教育的时间，每年累计应不少于90学时（1学时为45分钟） ③完成时间：按年考核

续 表

序号	项目名称	项目内容及要求
6	文化人才激励机制建设	①项目内容：引进高层次文化人才、紧缺文化人才计划 ②量化标准：针对高层次文化人才、紧缺文化人才的引进，对其承担重大课题、重点项目、重要演出给予重点扶持和资助，对获省级以上奖项和荣誉称号，或有特殊贡献以及有发展潜力的优秀文化人才及其团队给予一定资助和奖励 ③完成时间：按年考核

（五）有效推进公共文化服务智慧化建设

1.推动文化数字服务纵深发展

提高叙州区无线网络覆盖水平，健全各级数字化平台，尤其是以广播影视为载体的视听服务平台，全力推进区电视台、数字影院、广播站（室）、固定电影放映点、广播电视服务网点、乡村数字书屋及其运行管理平台的提档升级，推动地方节目进村入户，搭建智慧广电平台，推进基层公共文化服务云系统建设，实现文化信息资源的共享。利用叙州区大数据管理系统，实现大数据采集、存储、分析处理，提升公共文化数字化服务的针对性、实效性，提高公共文化服务科技化发展水平。建立互联网安全检测监控平台，开展"净网行动"。建立网信高端智库，打造"神速网军"队伍。加强与高端媒体合作，推进叙州区媒体深度融合发展，推动叙州区全媒体中心标准化建设工程。完善文化同行数字平台系统，整合区域资源，实现叙州区群众对全区公共文化信息和产品一站式、多维度获取目标，推进公共文化服务的数字化建设。

2.实现文化智慧资源横向利用

结合"宽带乡村""智慧宜宾"等重大信息工程建设，大力推进"互联网＋公共文化服务"工作，推动文化科技融合发展。启动"网络文艺"创作活动，实施艺术创作生产、广播普及、营销推广的"互联网＋"计划，深入推进数字艺术档案、数字美术馆、数字图书馆、数字博物馆的建设。启动"新兴文化产业发展工程"系列项目，依托基地资源，推进叙州区特色文化与网络动漫产业、微电影的融合，实现动漫影视产业提质转型。着力打造移动互联网文化产品服务推介平台，建设文化市场产品与服务推介的新型平台。深入推进"非遗数字化、信息化"建设工程,建设叙州区非遗数据库,推进传统文化与现代科技的融合创新,建设好"记忆叙州"非遗主题网站,并与"文化叙州"App实现内容互联。

3.提升文化信息传播综合水平

充分利用互联网、移动通信网、广播电视网等数字技术手段,拓宽公共文化资源的传播渠道。切实推进数字出版,搭建数字出版物传播平台,加强新闻出版广播电视传统媒体与新媒体的融合发展。支持和规范公共文化服务机构利用网站、微博、微信、客户端等互联网平台开展工作,建立各级政府公共文化服务信息、文化服务类政策法规等常态化、规范化发布机制,并借助现代传播渠道满足全区群众对公共文化服务的需求。制作叙州区形象宣传片和形象歌曲,编撰出版《横江故事》,发行电子刊物《岷江文艺》,拍摄《红色记忆》系列纪录片,积极实践文化走出去战略,开展优秀文艺作品及文化产业对外交流,以推广宣传叙州区的新形象,明确其新文化定位。

公共文化服务智慧化建设重大项目工程如表3-5所示。

表3-5 公共文化服务智慧化建设重大项目工程

序号	项目名称	项目内容及要求
1	地方节目 进村入户工程	①项目内容:建设叙州区乡村电视覆盖网络,推进地方节目进村入户 ②量化标准:按照行业建设标准 ③完成时间:2020年投入使用
2	"高清四川·智慧广电"平台 建设工程	①项目内容:建设叙州区智慧广电平台 ②量化标准:打造一个平台,建设二朵信息云,实行三个终端链接,提供四大服务,满足五大用户需求 ③完成时间:2019年投入使用
3	视听乡村建设	①项目内容:推广有线、无线、卫星数字电视覆盖,实现广播电视服务农村地区全覆盖 ②量化标准:按照行业标准建设 ③完成时间:2020年年底,实现100%贫困村数字电视全覆盖

续 表

序号	项目名称	项目内容及要求
4	推进数字艺术档案馆及文艺馆建设	①项目内容：整合各类型的文艺精品资源，建立叙州区数字艺术档案馆；设立数字艺术影院、数字博物/展览馆、数字美术馆；研发"文化叙州"App移动智能终端应用程序，与四川省"文化云平台"对接；推广网络文艺创作平台，并开展相关系列活动 ②量化标准：按照行业标准建设数字文艺馆。力争每年开展一次网络文艺作品评选活动 ③完成时间：2020年
5	文化资源集中配送中心	①项目内容：建设数字文化馆网络，建立群众文化需求征集和反馈机制，制定公共文化服务提供目录，通过集中配送中心，开展"菜单式""订单式"服务 ②量化标准：与全省公共文化资源体验（展示）馆对接，促进叙州区公共文化资源交流、展示、推广 ③完成时间：2020年前完成
6	移动互联网文化产品服务推介平台	①项目内容：按照文化市场与"互联网+"融合发展的指导方针，建设文化市场产品与服务推介平台 ②量化标准：依托电信的移动网络平台，扩大文化消费，促进文化市场发展 ③完成时间：按年考核
7	非遗数字化、信息化建设工程	①项目内容：推进传统文化与现代科技的融合创新，运用互联网+、非遗+，在非遗传承人和市场之间搭建非遗推广、展示、销售平台 ②量化标准：建设叙州区非遗数据库，推动实施非遗影像建设；加大力度建设非遗传播渠道拓展工程；建设好"记忆叙州"非遗主题网站，并与"文化叙州"App实现内容互联 ③完成时间：2020年前投入使用

（六）重点促进公共文化服务均衡发展

1. 推动城乡公共文化服务一体化

根据常住人口变化趋势，合理配置城乡文化资源，逐步将乡镇（街道）综合文化站、村（社区）综合性文化服务中心纳入全区公共文化服务联动发展体系，在总分馆制建设基础上，加强全区图书资源和其他文化资源的统筹管理，实现一体化配送与运营，打通基层公共文化服务"最后一公里"，以文化助推乡村振兴战略。广泛开展基层流动文化服务，配置流动图书车、流动舞台车、流动博物馆、电影放映车、应急广播车等必要的流动文化设备，积极开展文化进社区、进校园、进军营、进企业活动。启动"城乡统一的文化服务"惠民工程，加大城市对农村文化建设和农村文化艺术创造帮扶力度，加强民间文化艺术扶持力度，建立完善城乡文化交流常态化工作机制，促进全区内外文化交流，推动全区公共文化资源共建共享。

2. 保障特殊群体基本文化权益

坚持普惠与特惠相结合的原则，保障老年人、未成年人、残疾人、农民工、农村留守妇女儿童等特殊群体基本文化权益。办好叙州区老年大学，为养老院、部队等特殊群体放映公益电影，为他们提供自我发展的机会、空间和社会支持。建立中小学生定期参观文化艺术场馆长效机制，向中小学生推荐优秀出版物。全区公共文化设施应为残疾人提供无障碍设施，公共图书馆应配备盲文书籍，为盲人阅读提供服务。启动"提升流动人口的文化服务"惠民工程，满足农民工群体尤其是新生代农民工的基本文化需求。推动"文化低保"惠民工程，关心关爱农村留守妇女儿童群体。特殊群体公共文化服务领域引入专业社会工作者，有针对性提升特殊群体公共文化活动参与能力，让特殊群体共享社会主义文化发展成果。

3. 推进公共文化服务精准扶贫

"治贫"先"治愚"，"扶贫"先"扶智"，脱贫攻坚文化为先，扶贫过程文化贯穿。加强文化基础设施建设，实现贫困村广播"村村响"、电视"户户通"，开展丰富多彩的文化活动，用先进文化占领农村文化主流阵地，减少赌博、封建迷信等不良行为的影响。挖掘全区脱贫攻坚先进典型，寻找人物原型，启动创作扶贫精品话剧，用精神食粮帮助贫困户摆脱"穷困"思想。启动"乡村学校少年宫建设"工程，保证贫困村未成年人共享优质文化资源。积极探索文化产业脱贫的新路子，推动"特色文化资源打造"工程，支持贫困地区民族民俗文化、音乐、民间传统手工艺等文化资源转化为特色文化产业。通过多套文化扶贫组合拳，达到精准"输血"、文化"造血"、文化"育人"三项文化扶贫目标，不断提升文化扶贫工作的整体质量。

推进公共文化服务均衡发展重大项目如表 3-6 所示。

表 3-6　推进公共文化服务均衡发展重大工程项目

序号	项目名称	项目内容及要求
1	"城乡统一的文化服务"惠民工程	①项目内容：将城乡统一的公共文化服务制度纳入农村综合改革项目 ②量化标准：出台相关制度文件，统筹城乡、乡镇、农村文化人才与文化资源，充分运用以工带农、以城促乡的发展机制，促进城乡文化一体化发展 ③完成时间：按年考核
2	"文化低保"惠民工程	①项目内容：实施"叙州区公共文化消费惠民卡"项目、文化志愿者"三个一"计划、"保障特殊群体基本文化权益"行动和基层图书"一卡通"工程 ②量化标准：每年发放"叙州区公共文化消费惠民卡"10000 张以上，建设 50 个以上的农民工文化驿站、40 个以上留守学生（儿童）文化之家，开展针对农民工和留守学生（儿童）的专项文化服务 100 次 ③完成时间：按年考核
3	"提升流动人口的文化服务"惠民工程	①项目内容：根据居住证领取的时间年限，掌握管理对象的基本信息，逐步增加公共文化服务内容 ②量化标准：按照权利和义务对等的原则，梯度增加服务内容，如按领取居住证的不同年限，逐步增加享有教育的服务资格 ③完成时间：按年考核
4	"叙州区文化服务全覆盖"系列一：关爱空巢老人	①项目内容：定期开展叙州区"家·信——为传统文化接力"的大型公益活动 ②量化标准：通过全民"晒家书""写家书""谈家书"系列活动，将线下的家书传递与线上传播相结合，重温家信情结、呼吁笔墨真挚，引起社会民意对家庭建设的重视，再次发现家书的文化价值、伦理价值和教育价值，使"网上正能量"具体落地、润物无声 ③完成时间：按年考核

续　表

序号	项目名称	项目内容及要求
5	"叙州区文化服务全覆盖"系列二：关爱残疾人群体	①项目内容：举办以"加强残疾人文化建设、丰富基层残疾人文化生活"为主题的"残疾人文化周"活动 ②量化标准：结合"全国助残日"等活动在残疾人相对集中的社区、服务机构、特教学校、福利企业以及乡镇、村文化活动室，因地制宜组织残疾人就近、就便开展活动，尽量扩大活动覆盖面，将文化展览、中国梦主题、志愿者文化、电影放映等融入其中 ③完成时间：按年考核
6	"叙州区文化服务全覆盖"系列三：关爱进城农民工	①项目内容：组织进城务工人员开展文艺活动、体育活动和企业文化建设活动 ②量化标准：按年组织进城务工人员演家乡戏、唱家乡歌，说家乡情，举办进城务工人员读书会、卡拉OK比赛、联欢会、乒乓球比赛活动等，为进城务工人员提供展现自我的机会；开展"我为城市发展献一计""我为企业兴旺出点子"等活动，让进城务工人员在为当地经济建设进言献策的过程中与当地居民融合在一起 ③完成时间：按年考核
7	"叙州区文化服务全覆盖"系列四：关爱留守妇女	①项目内容：强化载体建设，以村文化广场建设为阵地，建立健身队、文艺队等以妇女为主的群众组织，使其成为农村文化建设的重要阵地，大力推进文明和谐镇村建设，依托"三八节""国际家庭日""广场舞节"等"节日文化"开展系列活动 ②量化标准：成立不少于50个"留守妇女文艺宣传队"，自编自导自演一些群众喜闻乐见的、反映农村新变化和农民生活水平提高的文艺节目；每年妇女节期间组织全县文艺调演活动；通过手工生产等项目对接乡镇"文艺团队"；每年提供不少于10000个岗位信息，解决农村妇女农闲就业问题；依托广场文化建设，每年推进一村一品的"家庭文明工程" ③完成时间：按年考核

续 表

序号	项目名称	项目内容及要求
8	"叙州区文化服务全覆盖"系列五：关爱留守儿童	①项目内容：以"农家书屋"为契机，开设"儿童书角""儿童网吧"；以校际合作为前提，促进城乡儿童文化信息资源共享；开展留守儿童自助学习服务；开设"家校网络聊天群" ②量化标准：建设与"农家书屋"数量对等的"儿童书角"和"儿童网吧"；每年提供不少于500部精品课程、名师授课视频等音视频和电子书，通过文化站网络平台传输到农村学校，城市学校每年安排不少于50次精英教师下乡给农村留守儿童授课；偏远农村的班级全部配备自助阅读服务终端机，为孩子提供在线阅读、音视频欣赏、图书资料查询和学习咨询等服务；利用QQ、MSN、微信等网络聊天工具，帮助其开设家校网络聊天群 ③完成时间：按年考核
9	"惠民扶贫"专项行动一："广播电视户户通"工程	①项目内容：推进广播电视村村通向户户通拓展 ②量化标准：解决未通电视贫困户看电视难，统筹地方广播电视节目进村入户，实施电视户户通工程建设，完成直播卫星电视建设 ③完成时间：2020年实现电视户户通
10	"惠民扶贫"专项行动二："特色文化资源打造"工程	①项目内容：着力在贫困地区发展与之相适应的文化产业，为当地特色文化资源、文化企业搭建与市场、资本对接的平台 ②量化标准：每年在国家、省、市非遗节为其搭建平台；每年组织一次文化项目交易会，组织叙州区文化小微企业及地方重点项目与投资方对接；加强对贫困地区文化产业项目论证、包装、推介、开发的指导 ③完成时间：按年考核
11	"惠民扶贫"专项行动三："乡村学校少年宫建设"工程	①项目内容：以"快乐"为主旨建设"乡村学校少年宫"，为未成年人开展文体活动提供文化阵地 ②量化标准：建设与乡村学校数量相吻合、与乡村学生文化需求相适应的"乡村学校少年宫" ③完成时间：2019年前完成

（七）大力支持公共文化服务社会化建设

1. 加大政府向社会购买服务力度

立足群众需求，转变政府职能，拓宽服务渠道，创新服务形式，将政府与社会资本合作模式应用到公共服务领域，将符合先进文化前进方向、健康积极向上且适合市场化方式、社会力量能够参与的公共文化服务，逐步纳入政府购买服务范围，完善政府向社会力量购买公共文化服务制度。调整政府购买公共文化服务指导性目录，规范公共文化服务购买标准和风险评估机制，加大政府对公益电影放映、送文化下乡等服务的购买力度，满足群众多样性的文化需求。突出公益性主题，约束社会资本过度的营利行为，处理好公益性与经营性的关系，科学决策，推动公共文化服务从政府供给向合作供给、从单一投入向多元投入转变。

2. 创新公共文化服务管理模式

按照政事分开、管办分离的要求，整合民间资源，以图书馆、博物馆、文化馆为重点，吸纳专业人士、有关方面代表、各界群众共同参与公共文化场馆的管理，落实法人自主权，深入开展公共文化机构法人治理结构，提升公共文化服务管理效能。发挥基层群众的自治作用和群众个体的主人翁作用，按照宜宾市"九自"路径引导群众在基层公共文化服务中实现"四个参与"。在叙州区推广社区公共文化网格化管理服务，培育城乡社区互助文化，营造和谐社区环境。对于闲置的设施资源，可以借鉴委托管理的方式，提高公共文化产品的质量和服务水平。

3. 培育公共文化服务社会化主体

依法减少和规范行政审批制度，简化办事程序，为有意愿、有条件的企业、团体和个人文化实体创造便利条件。建立专项引导基金，以奖励和补助形式，培育和扶持文化类社会团体、基金会、民办非企业单位、行业协会等各类社会化主体。依据文化部（现为文化和旅游部）《文化志愿服务管理办法》，按照"依法组织、分级管理、自愿参与、就近服务"的原则，完善叙州区文化志愿者的服务管理和激励保障机制，探索具有地方特色、体现专业水平的文化志愿服务管理模式。建立叙州区文化志愿者协会，发挥非营利性文化类社会组织在行业自律、行业管理、行业交流等方面的重要作用。引入竞争机制，鼓励和支持社会力量，通过提供产品和服务、资助项目、赞助活动、兴办实体等多种方式，参与公共文化服务体系建设，探索建立政府主导、社会参与、机制灵活、政策激励的公共文化服务供给模式，形成多元共治管理格局。利用高校资源实现基层志愿服务，大力弘扬志愿服务精神，推动叙州区公共文化服务社会化和精神文明建设。

公共文化服务社会化建设重大项目工程如表 3-7 所示。

表 3-7 公共文化服务社会化建设重大项目工程

序号	项目名称	项目内容及要求
1	公益电影放映	①项目内容：结合"群众活动百千万"工程，加大公益电影放映力度 ②量化标准：采用政府购买方式放映农村公益电影，每村每年不少于 12 场次；公益电影进社区、军营、校区、养老院，开展特殊群公益电影放映活动，满足其精神文化需求 ③完成时间：按年考核
2	送文化下乡	①项目内容：进一步打造叙州区"种文化·送文化"系列活动，加大文化活动下基层的工作力度 ②量化标准：围绕不同时期的不同主题，根据城乡社区各自的需求差异，力争每年采用政府购买方式，开展 60 场次送文化下乡活动，满足广大人民群众的精神文化需求，丰富群众生活 ③完成时间：按年考核
3	建立叙州区文化志愿者协会	①项目内容：完善村级志愿者管理机制；建立叙州区文化志愿者协会 ②量化标准：制定出叙州区文化志愿服务管理办法和激励保障机制，推动文化志愿服务规范化、制度化。吸纳各级文化志愿人才，制定协会章程，聘请专业法律顾问，建立活动基地，设立爱心基金，建立叙州区文化志愿者协会 ③完成时间：2019 年完成

（八）积极创新布建特色文化产业格局

1.探索跨界文化产业发展模式

积极发展文化产业，将其作为文化事业的支撑和载体，做到文化事业与文化产业并举。顺应当前"文化＋产业"融合大趋势，拓宽文化产业边界，形成大文化产业格局，积极探索新型跨界文化产业发展模式，引导叙州区特色文化与一二三产业有机融合，推动"混合业态"型文化创意经济跨域式发展，在弘扬文化的同时促进经济发展。依托绿色文化、生态文化、感恩文化和农耕文化，积极发展生态农业、体验农业、观光农业、休闲农业，鼓励举办农业节庆活动，打造现代文化创意农业和富有文化特色的农业产业园区。依托茶文化、竹文化、酒文化、红学文化、奇石文化、工商文化，大力建设特色文化厂区，推动文化与传统优势行业和新兴产业的深度融合，提升全区工业形象，创建现代文化创新型工业示范园区。依托三江文化、红色文化、宗教文化、古镇文化、生态文化、民族文化，积极探索"文化＋旅游""文化＋餐饮""文化＋养生""文化＋体育"等文化与第三产业融合发展新模式。

全区文化产业规模明显扩大，发展水平显著提高，产业结构更加合理，文化产业成为国民经济重要的支柱产业，产业规模在全市中的位次明显提升，文化引领支撑经济社会发展的作用更加凸显。突出经济地位，全区文化产业增加值翻番，占地区总产值比重的5%以上；合理调整产业结构和产业布局，培育形成3个重点文化品牌。文化与制造业、旅游、科技、金融等融合发展格局进一步形成，文化数字化工程建设成效明显；增强主体优势，培育形成2家以上实力雄厚、竞争力强的大型骨干文化企业，推动10家以上中小文化企业做大做强，文化产业上市公司争取达到1家。强化平台功能，力争新增1家国家级、省级园区，培育建设1个以上市级特色产业园区。建成1个以上规模化、特色化、集约化的文化产业集群，打造1个以上国家级、省级文化产业示范基地。

2.打造特色文化旅游精品项目

深度挖掘文化旅游资源，重点打造古镇文化、三江文化、生态文化、花木文化、哪吒文化、红色文化、民族文化等特色文化旅游精品项目，举办如"白酒文化节""古镇文化节""丰收节""栀子花节""荔枝节""李花节""牡丹花节"和海峡两岸哪吒文化交流活动等系列节庆活动，提升宜宾市叙州区知名度。以中国历史文化名镇横江古镇以及省级生态小镇南广古镇的保护开发为核心，整合文化资源、完善基础设施、优化镇区布局，打造古镇文化旅游精品项目，凸显川南古镇和五尺道文化遗存，创建国家4A级旅游景区。以长江、岷江、金沙江沿线为载体，打造环长江景观带和大江生态文化旅游产业带，积极发展演艺、娱乐、美食、休闲服务等文化旅游产业。进一步打造七星山、佛现山栀子花基地、隆兴乡"世界樟海"、天宫山千年茶海等特色各异的生态休闲度假旅游区。挖掘开发南广陈塘关和越溪河畔的宗教文化资源,打造以哪吒文化为主题的湿地公园,开发哪吒传说探奇游项目,策划开发以"越溪胜景·塔林奇观"为主题的佛教文化主题景区,在休闲娱乐的同时展示神话故事,传承宗教文化。修缮保护革命烈士郑佑之故居、儒家大师唐君毅故里和建筑大师罗哲文故居,打造名人故居文化旅游景点,积极弘扬红色文化和民族文化。

3. 以创意提升文化产业价值链

推动文化创意设计产业、文化演艺娱乐产业壮大发展,打造多样化艺术教育培训产业,以服务提升文化产业价值链。注重文化对城市和经济社会发展的综合性推动作用,打造文化地产、文化商业综合体、文化食品等"文化含量"较高的项目,打造1～2个在国内外有影响力的文化地产和文化商业综合体。积极培育本土文化创意企业,鼓励企业推出文化创意设计产品,每两年举办1次文化设计主题展会。引导社会资本,新建、改扩建演艺娱乐设施,结合叙州区特色文化要素,打造具有叙州区文化特色的文艺演出项目;鼓励年收入500万以上的娱乐城、歌城进行特色化、连锁化经营;鼓励网吧等娱乐场所丰富经营业态,增设电子竞技等服务项目;发展电影产业,支持电影院线拓展市场,促进文化演艺娱乐市场繁荣发展。鼓励社会力量参与文化艺术培训教育,重点开展舞蹈、绘画、声乐、曲艺、美术书法、影视表演、健美健身、武术、手工艺等方面的规模化办学,形成公立、私立并举的文化艺术培训业发展局面。

扎实推进文化产业建设重点项目工程如表3-8所示。

表3-8 扎实推进文化产业建设重点项目工程

序号	项目名称	项目内容及要求
1	"文化+农业"工程一:特色文化农业项目	①项目内容:打造体验农业、观光农业、休闲农业、农业节庆等特色文化农业项目 ②量化标准:"体验农业"包括横江葡萄采摘、李场荔枝采摘、少峨湖垂钓等,"观光农业"包括隆兴"世界樟海"、幸福公社农耕文化、安边万花谷、天宫堂云雾茶海等,"休闲农业"包括推出宗教文化、名人史迹、水系风光、特色历史文化街区等,"农业节庆"包括开展如丰收节、荔枝节、油菜花节、牡丹花节、桃花节、栀子花节等活动 ③完成时间:按年考核

续 表

序号	项目名称	项目内容及要求
2	"文化+农业"工程二：李场大塔现代农业园	①项目内容：着力加快李场大塔现代农业园的规划建设步伐，通过做强核心产业、延伸产业链条、拓展休闲功能，将园区打造成为叙州区农业的示范窗口；大力挖掘叙州区荔枝产业的特色资源，积极建设特色产业带、特色产业村，运用现代科技改造农业、现代设施装备农业 ②量化标准：策划建设李场大塔现代农业园，实现荔枝产业园区化、产业特色化、生产科技化、产品品牌化、形态休闲化，拟建设1000亩荔枝特色产业园 ③完成时间：2020年前完成
3	"文化+农业"工程三：石城山生态农业产业园	①项目内容：打造石城山生态农业产业园 ②量化标准：结合横江古镇、石城山省级森林公园旅游建设，打造特色粮蔬、林业、畜牧、水产、水果、花卉苗木、农产品加工与物流业、乡村旅游等八大产业基地。新建五尺道茶馆、川滇民俗剧院（文化中心）、金石良言科技教育馆、川滇农耕博物馆、嗨翻天儿童乐园、川滇民居院落以及生态停车场；发展农家乐96户 ③完成时间：2020年前完成
4	"文化+工业"工程一：特色文化厂区	①项目内容：建设特色文化厂区，弘扬工业文化 ②量化标准：依托向家坝水电站、成中集团、红楼梦酒业等工业资源，凝练企业文化内涵，打造特色文化厂区，以工业旅游为载体，加强宣传推广，弘扬工业文化 ③完成时间：2020年前完成
5	"文化+工业"工程二：新型工业示范园	①项目内容：创建新型工业示范园区 ②量化标准：按照"文商旅"模式，新建一批新型工业示范园，突出文化旅游在提升工业形象、推动工业发展中的作用 ③完成时间：按年考核

续 表

序号	项目名称	项目内容及要求
6	"文化+新兴产业"工程一：发展影视动漫产业	①项目内容：推进茶文化、酒文化、红色文化、宗教文化、民族文化等叙州区特色文化与影视表演、网络动漫产业相融合，实现动漫产业提质转型升级发展 ②量化标准：整合提升影视表演、网络动漫公共技术服务平台，为新兴文化产业提供高品质、综合性公共服务。推动高新技术在文化领域的转化应用，加快传统文化产业的数字化转型升级 ③完成时间：按年考核
7	"文化+新兴产业"工程二：建设文化创意产业园	①项目内容：规划建设叙州区文化创意产业园，推进叙州区特色文化与工艺设计、雕塑、广告装潢等创意产品的融合发展 ②量化标准：文化创意产业园聚集大量企业，形成产业集聚效应和创新合力，研发丰富多样的文创产品。例如，利用宜宾酒文化，设计制造酒杯酒瓶酒器；利用宜宾竹文化，设计制造竹雕竹工艺产品；利用宜宾茶文化，设计制造茶具；利用宜宾油樟文化，开发油樟文化产品；利用三江文化，开发奇石文化创意产品，等等 ③完成时间：按年考核
8	特色文化旅游精品项目一：横江古镇—石城山旅游区	①项目内容：保护修建横江古镇，建设石城山森林公园和蟠龙湖湿地公园，打造横江古镇—石城山—蟠龙湖旅游环线 ②量化标准：充分挖掘横江古镇历史文化，重建"五尺道"，修缮朱家大院、肖公馆、炳昌详商号等为代表的古民居、四合院30余处，并选择有代表性的四合院10处建设特色博物馆；规划培育古镇商业网点，商业广场及购物中心、美食及特色旅游精品一条街、文化休闲娱乐一条街等，创建国家4A级旅游景区。建设石城山森林公园，完善园区游道、园林建筑、度假村等公用基础设施建设。建设蟠龙湖湿地公园（规划占地10000亩）。打通蟠龙湖与横江古镇的交通联系，形成横江古镇—石城山—蟠龙湖旅游环线 ③完成时间：2020年前完成

143

续　表

序号	项目名称	项目内容及要求
9	特色文化旅游精品项目二：南广古镇—七星山—佛现氧吧旅游区	①项目内容：打造南广古镇—七星山—佛现氧吧休闲旅游区 ②量化标准：以南广古镇、陈塘关遗址、七星山、佛现山历史地理文化优势为依托，完善基础设施、开发旅游资源，打造哪吒湿地公园和七星山森林公园，扩建佛现山栀子花基地，彰显古镇文化、五尺道文化、哪吒文化、生态文化 ③完成时间：2020年前完成
10	特色文化旅游精品项目三："世界樟海·长滩樟林"旅游景区	①项目内容：建设"世界樟海·长滩樟林"旅游景区 ②量化标准：依托全区油樟资源打造国家级油樟湿地公园和油樟风情小镇，开发油樟产业园区，建设油樟种植示范基地，打造根雕艺术展览馆，组建油樟文化展览馆、油樟文化主题酒店以及康疗中心等，力争创建国家4A级旅游景区 ③完成时间：2020年前完成
11	特色文化旅游精品项目四：天宫山千年茶海旅游度假区	①项目内容：依托地热资源，整合周围的水系、山体、植被等资源，按照省级旅游度假区标准，将天宫山茶海开发成具有当地田园风光、茶文化等元素的养生温泉度假区 ②量化标准：以"茶文化"为核心打造万亩名茶基地、茶乡温泉养生区，以传统茶艺、茶道等茶文化为特色，配套建设茶博园、茗苑阁、茶艺展示舞台等文化创意产业；根据鲜明的主题和突出的特色在茶园内召开茶文化研讨会、茶文化旅游节等大型活动，把黄山悠丽的茶文化和迷人的茶园风光充分展示出来，扩大茶叶的知名度和美誉度，打造川南山地度假旅游精品项目 ③完成时间：2020年前完成
12	特色文化旅游精品项目五：佛教产业园建设	①项目内容：策划以"越溪胜景·塔林奇观"为主题的佛教文化主题景区，使越溪河畔成为构筑叙州区文化旅游板块的重要内容，将有效拓展叙州区旅游板块品质，形成涵盖湖畔旅游、佛教旅游的综合旅游片区 ②量化标准：该项目占地规划总面积200亩，其中核心寺院部分占地150亩，项目总投资8000万元 ③完成时间：2020年前完成

续表

序号	项目名称	项目内容及要求
13	特色文化旅游精品项目六：三江口都市观光旅游区	①项目内容：依托长江公园、莱茵香街和宜宾天地项目，打造三江口都市观光旅游景区 ②量化标准：利用都市功能，大力发展建设宜宾长江公园滨水娱乐、三江口观光、夜景灯光观光、莱茵香街美食购物、宜宾天地美食娱乐等项目 ③完成时间：2020年前完成
14	特色文化旅游精品项目七：名人故居	①项目内容：修缮保护郑佑之、唐君毅、罗哲文等名人故居 ②量化标准：加强对郑佑之故居、唐君毅故园以及罗哲文故居等的修缮与保护，将故居开发与休闲观光、乡村旅游发展结合起来，传承红色文化、儒家文化和建筑文化 ③完成时间：2020年前完成

（九）扎实推动文化消费水平提档升级

1. 培育文化消费理念

大力发展影视、动漫、书画、传媒、视觉艺术、表演艺术、工艺与设计、雕塑、广告装潢等文化创意产品。支持文化企事业单位和社会组织举办声乐、书法、绘画、文创作品等竞赛，开展科普、鉴赏、阅读、分享等活动，营造文化消费氛围，培育积极健康的文化消费理念。鼓励图书出版、影视、演艺、动漫等文化企业开展文化消费进社区、进机关、进校园、进企业、进乡村等各类文化消费推广宣传活动。结合实情，加快制订具有叙州区特色的文化消费工作方案，加强与知名院团、高等院校、文化企业、文化名人等合作，通过"互联网＋文化消费"等方式，打造文化消费名片，激活和释放文化需求，推动全区文化消费总体规模持续增长、消费结构不断升级，带动旅游、住宿、餐饮、交通、电子商务等相关领域消费，不断增强文化消费拉动经济社会发展的积极作用。

2. 引导文化消费行为

完善文化消费补贴制度，通过公益性演出票价补贴、剧场运营补贴、购书补贴、馆舍门票补贴等形式，引导文化企事业单位、社会组织的文化产品供给和居民文化消费行为。鼓励在商业演出和电影放映中安排低价场次或门票。通过举办各类文博会、展销会，建立文化艺术品交易市场等举措，加大特色文化产业和文创产品的宣传推介力度。探索推出文化服务"一卡通"，开发"文化叙州"App，鼓励公共文化场所、网络文化运营商、经营性文化设施、文化企业、博物馆、非物质文化遗产传习场所和传统民俗文化活动场所等积极参与其中，通过政府补贴、积分激励、惠民活动等形式向公众提供免费或优惠文化产品，引导居民养成健康向上的文化消费行为，推动叙州区文化消费规模持续增长，消费结构向好发展。

3. 提升文化消费水平

文化消费水平是衡量社会文化积淀、文化氛围和文化素养的重要标志。提升文化消费水平，从短期来看要积极提升文化生产水平与商业模式，从长期来看应有效提升文化素质和消费能力。支持书店、影院、剧场、网咖、电竞等各类文化企业进行文化创意产品的研发和营销，推介特色文化产品，探索形式多样的亲子消费活动，提升产品质量，丰富产品形式，优化消费结构，提升文化消费水平。积极鼓励专家学者开设文化艺术讲座、高雅艺术鉴赏、影视作品赏析、图书评介、艺术品鉴赏、非遗文化展示等活动，深入浅出地介绍文化产品的思想内容、艺术特色、价值意义和社会影响等，切实帮助人们提高文化消费能力和水平。鼓励学校增设更多文化艺术类课程并开展文化演出，鼓励艺术培训机构推出更多文化艺术教育产品，切实提升全民的文化素养。

推动文化消费提档升级重点项目工程如表3-9所示。

表3-9 推动文化消费提档升级重点项目工程

序号	项目名称	项目内容及要求
1	文化消费平台建设	①项目内容：创新文化消费新模式，打造文化消费新平台，向公众发放文化服务"一卡通"，开发"文化叙州"App ②量化标准：普及文化服务"一卡通"，开发"文化叙州"App等文化消费新平台，政府通过运营补贴、票价补贴、积分换购等政策鼓励博物馆、影院、剧场、网咖、书店等文化企事业单位加入消费平台，推介文化产品，引导居民文化消费行为，提升文化消费水平 ③完成时间：2020年年底完成

续 表

序号	项目名称	项目内容及要求
2	文创产品交易市场	①项目内容：完善文化创意产品交易市场 ②量化标准：积极利用旅游景区景点、博物馆等场馆开展文创产品交易，规划建设文创产品交易流通市场，营造良好的文创氛围，促进文化消费市场繁荣发展 ③完成时间：2020年年底完成
3	文化艺术推介活动	①项目内容：组织专家学者开设文化艺术讲座、高雅艺术鉴赏、影视作品赏析、图书评介、艺术品鉴赏与收藏、非遗文化展示等活动，利用叙州区老年诗书画协会的优势，把更多名家大师请进来，积极开发具有特色的文化旅游工艺产品，引导推动更多产品走出去，推动书法、绘画、刺绣等传统文化工艺品的发展 ②量化标准：每年举办1～2次文化艺术推介活动，丰富居民文化生活，提高文化素养 ③完成时间：按年考核

五、保障措施

（一）强化组织领导

切实贯彻落实《中华人民共和国公共文化服务保障法》，将公共文化服务体系建设纳入区经济和社会发展规划，切实加强组织领导，不断完善相关配套政策，结合实际制订行动计划和实施方案，明确责任主体和时间表、路线图，集中力量推进工作落实，把推动叙州区公共文化服务体系建设作为评价发展水平、发展质量和领导干部工作实绩的重要内容，做到统筹规划，协调推进，务求实效。成立区公共文化服务体系建设协调机构，及时协调、跟踪和督查工作落实情况，做好宣传舆论引导工作，努力形成良好的社会舆论氛围。

（二）加强财政保障

将公共文化服务保障资金纳入公共财政经常性支出预算。设立专项基金，加大财政投入力度，建立同全区财力相匹配、同人民群众文化需求相适应的政府投入"动态增长机制"。改进投入方式，拓宽资金来源渠道，建立政府主导、社会参与的多元文化投入机制。优化完善转移支付体制，优先支持"特殊群体"和基层农村文化发展，建立保障人均文化投入的预算制度，逐步提高公共文化服务支出占财政支出增长比例。建立健全绩效管理制度，提高资金使用效率。对社会组织、机构和个人用于公益性文化事业的捐赠支出，按规定落实好税前扣除政策，通过提供政府购买、项目补助、定向资助、贷款贴息等政策措施，支持文化企业和各类社会文化机构提供公共文化服务。

（三）促进队伍建设

按照基本公共文化服务标准，配齐配强编制人员，探索相应公益性岗位购买制，做到既有章办事，又有人干事。积极探索文化类特殊专业技术人才公开招聘新途径，建立文化人才发现、培养、使用、培训、评价制度。加强各级文化专兼职人员的培训，依托高校和研究机构，加强对地方文艺发展战略、创作评论、人才培养、宣传推广等方面的研究，形成一支稳定的文艺创作与评论队伍，做好公共文化服务智库建设。大力发展社会组织，规范文化志愿服务，建立健全区、乡、村三级文化志愿服务网络体系，逐步形成全民参与公共文化服务的建设格局。

（四）深化体制改革

构建科学考评制度，完善评价指标体系，加强对重大文化项目资金使用、实施效果、服务效能等方面的监督和评估，全面开展绩效评价。完善文化产品、文化服务的质量监测体系，探索建立第三方评价机制。加强考评结果的应用，推动文化行政部门、公共文化机构提升管理和服务水平。推动单位考评结果与个人绩效挂钩，把考评结果作为确定预算、收入分配与负责人奖惩的重要依据。积极推进公共文化服务标准化、均等化、社会化，鼓励和支持社会力量参与现代公共文化服务体系建设。稳步推进公共文化机构法人治理结构改革、基层综合性文化服务中心和基本公共文化服务标准化建设等相关改革进程。加快文化法治建设和强化知识产权保护，发挥知识产权对文化事业、文化产业发展的创新驱动作用，营造良好发展环境，保护推动文化创新，激发文化创造活力，积极构建知识产权信息公共服务平台，提升文化部门知识产权事务管理能力和运用水平。

县域特色文化建设方案实务研究
——以宜宾市叙州区为例

一、基础与背景

（一）文化基础与建设成效

1. 文化基础

（1）文化资源丰富。叙州区自然环境优美，生态资源丰富，区域内江河湖泊、山水林田和谐共生；沿袭2200多年的建城史，"宜宾"之名及大宜宾诸多文化元素的缘起地，历史文化底蕴深厚，人文特色凸显；作为长江首城的都市核心区，图书馆、文化馆、科技馆、酒都剧场、广电中心、体育中心、宜宾东楼等文化设施齐备，文化人才辈出，都市文化创新资源汇集，从自然、人文、创新三方面为区域内特色文化开发与建设提供了厚实的文化资源基础。

（2）文化元素多样。叙州区坐拥长江首岸，三江交汇带来了文明交融，孕育了长江文化，并由此拓展出古道文化、码头文化、船帮文化、纤夫文化等独具特色的衍生文化；深厚的历史与人文底蕴，孕育了古镇文化、名人文化、红色文化、农耕文化、哪吒文化；丰富的自然资源与非物质文化，造就了茶樟生态文化、竹文化、酒文化、民俗文化等特色文化资源；城市建设提档与市民文明升级，促进了现代都市文化的创新发展，叙州区文化元素种类繁多，异彩纷呈。

（3）文化层次丰满。在宜宾主城三个重点区域中，翠屏区属于老城区，以传统历史文化展示为主要特色，三江新区属于新建设城市区域，更加突出现代都市文化特色，叙州区城市建设兼顾老城与新城，文化建设体现出历史与现代、传统与创新的结合，文化层次更加丰满，包容性更强。

（4）文化记忆深刻。叙州区悠久的历史与良好的文化传承传统，留下了众多的脍炙人口的故事，如"宜宾"与"叙州"的由来、李冰"积薪烧岩"疏浚岷江、诸葛亮南征促进民族融合、历代文人云游留迹、蟠龙书院传承千年文脉、赵氏一门六进士四翰林、薛焕保澳门创川大、中共宜宾特支建立、赵一曼抗日血沃中华、唐君毅为中国文化宣言世界、走向世界的宜宾"马门溪龙""中华鲟"万里寻根打渔村等独有的叙州故事，与杜甫、高适、岑参、苏轼、黄庭坚、陆游、杨升庵等历史文化名人相关且源远流长的宜宾东楼故事，以及连接南丝绸之路的五尺道、南夷道、石门道等，这些都成为叙州区乃至整个宜宾市引以为傲的文化记忆。

2. 建设成效

近年来，叙州区大力弘扬"敢于先想、勇于先试、善于先成"的改革创新精神，崇德尚文、激情担当、融合创新，大力推进文化强区和旅游强区建设，取得了较好的成绩。

（1）元素挖掘与资源整合取得成效。以"一城两海三镇五区"（长江首城，天宫茶海、世界樟海，横江古镇、陈塘关古镇、观音—泥溪红色旅游小镇，东部长江首城都市文化区、南部古镇驿道文化展示区、中部两江农耕文化体验区、北部世界樟海生态文化展示区、西部天宫茶海生态旅游度假区）为重点，着力打造"五张文化旅游名片"（长江首城都市旅游、越溪河世界樟海、天宫山千年茶海、石城山古镇驿道、陈塘关南广古镇），依托"神秘少峨、神奇两江""丝路山水、五景共生""千年茶海、天宫福地""世界樟海、五香福地"等文化品牌资源，打造"特色旅游秀美乡村"；依托"三江口长江公园""华侨城生活街区""高铁站智慧旅游""七星山城市公园"等文化旅游资源，完善主城区文旅配套服务，打造"宜宾旅游会客厅"，文化元素的挖掘与整合思路清晰。

（2）公共文化服务体系日渐完善。投资近6亿元建成文化体育中心、赵一曼故居纪念园、一曼公园、一曼剧场、罗哲文纪念馆等公共文化设施，赵一曼故居获评"四川十大红色文化地标"。红楼梦糟房头老作坊遗址列入"中国世界文化遗产预备名单"，2018年已申报全国重点文物保护单位，目前正在申报世界文化遗产名录，永乐古窖文化产业园被东方华夏文化遗产保护中心命名为"华夏非物质文化遗产传承孵化基地"。叙州区获四川省现代公共文化服务体系示范县创建资格，文化辅导员制度被文化部（现为文化和旅游部）评为文化志愿服务优秀案例。

（3）文化创新品牌打造有力。特色文化元素的挖掘整理和阐发宣传实现新的突破。地方文化学者深入研究宜宾市叙州区历史和文化，出版了地方文史研究专著《宜宾史话》《诗颂赵一曼》《工运领袖刘华》《儒学大师唐君毅》《横江古镇》《铁笔横戈赵树吉》《洋务先驱薛焕》《发现天宫山》《宜宾哪吒研究》《哪吒与千年古镇南广》《神秘的越溪河》《宜人宜宾》（中小学乡土教材）等，为叙州区文化旅游的发展和城市文明的提升提供了支撑力量。文艺作品屡创佳绩，大型话剧《赵一曼》被列为中央党校（国家行政学院）党性教育题材、共青团中央文化精品巡演剧目，在全国巡演，荣获四川省精神文明建设"五个一工程"优秀奖。为建党100周年打造的精品话剧《雾中灯塔》完成首演，被省文旅厅列入2020年艺术创作重点项目库，获得四川省艺术基金项目扶持。本土方言话剧《荔枝红了》、纪录片《宜宾女儿赵一曼》荣获宜宾市首届精神文明建设"五个一工程"优秀作品奖。

（4）文化遗产保护有力。全面开展文旅资源普查，发布县级非物质文化遗产名录，进一步完善了非物质文化遗产名录体系建设。文化遗产保护项目落实有力，郑佑之故居（文物部分）已竣工验收，蟠龙书院、徐家祠堂、肖公馆、曾氏家祠维修工程加速推进。积极推进观音尹子求墓维修工程、泥溪刘华故居维修工程、蕨溪云峰寺及牌坊抢险排危工程。加快实施红楼梦糟房头老作坊遗址受"8·18"特大洪灾影响修复保护工程。

（5）文旅产业融合发展。深度挖掘叙州区的特色文化元素，促进文旅相融。成功引进青旅、华侨城、万达、绿地、东方天呈、四川能投、南昌吉信等企业来区协议投资350多亿元发展文旅产业，天宫山茶旅融合、世界樟海、华侨城、油樟小镇、宜宾东楼、郑佑之故居红色文化园、蟠龙书院文化园、南广竹特色小镇等重点项目加速推进。A级景区从无到有，横江古镇成功创建为国家4A级旅游景区、四川省文化旅游特色小镇，世界樟海、幸福公社成功创建为省级生态旅游示范区和国家3A级旅游景区，春风里等成功创建为国家3A级旅游景区。2018年实现游客接待量550万人次、旅游总收入45亿元；2019年，接待游客突破1000万人次，实现旅游收入101亿元；2020年虽受疫情影响，仍实现接待游客790万人次，旅游收入77亿元。

151

（二）重要机遇与面临挑战

1. 重要机遇

（1）文化强国战略指引。党的十九届五中全会明确将建设"文化强国""国民素质和社会文明程度达到新高度，国家文化软实力显著增强"作为文化战略目标，并纳入2035年基本实现社会主义现代化远景目标。文化战略目标的确定基于高度凝练的中国文明认同型国家文化比较优势，是指引我国"十四五"及国家文化未来发展方向、政策路径的基本策略。文化兴国运兴，文化强民族强，在文化强国战略的大背景下，叙州区应抓住机遇，进一步坚定文化自信，探索区域内文化发展的道路，凝聚人心，增强自信，激励民众推动文化创新发展。

（2）文化强省，重塑长江文化起点。在四川文化强省战略中，长江文化、巴文化、蜀道文化等是文化建设的重点，宜宾处在"新丝绸之路经济带"和"长江经济带"两大国家战略叠加地带，地域优势凸显。作为长江经济带巴蜀文化起点，叙州区由撤县设区前主城地域关联的"一江"变为现在的"三江"，与翠屏区共享三江汇流。作为本市"三江之首"与"生态文明"理念和意识的自觉，可突出规划建设主城区沿江生态文旅。作为古道之头所代表的工商文化，由于南广古镇与横江古镇均为古五尺道的重要起点（南广之榨子母码头或曰栅子门）和宜宾古驿道的重要枢纽，与历史上"搬不完的昭通，填不满的叙府"有直接关联。这一独特资源，在文化传统、文旅产业、古镇打造方面，特别是确立叙州区在大宜宾工商文明"先行者"地位以及呼应改革先行县方面意义重大。

（3）为宜宾建设成为两个副中心实现文化引领。宜宾市积极融入"一带一路"、长江经济带、成渝地区双城经济圈建设、"一干多支、五区协同"战略，汇聚力量推动宜宾经济社会超常规高质量发展，提出了2021年如期建成全省经济副中心、"十四五"末建成成渝地区经济副中心的目标。文化建设作为城市发展的灵魂不可或缺，叙州区作为市政府的所在地，应配合做好城市文化中心建设的工作，做好所辖区域内的公共文化服务与特色文化建设，为宜宾擦亮"国家历史文化名城""中国优秀旅游城市"的金字招牌，致力于提高城市发展的软实力，推动经济社会协调发展，为宜宾加快成为全省经济副中心、成渝地区经济副中心提供坚实的文化保障。

（4）区位功能变化。2018年7月，经国务院批准，撤销宜宾县，设立叙州区，为叙州区在城市化进程、政策保障、基础设施改善、公共服务的提升等方面带来新的发展机遇。叙州区在文化事业上获得了"同向上位""市区集聚"和"中心示范"的崭新身份与发展机遇；在功能、空间及心理定位上，叙州区居城市中心，需要在历史文化的定义及其纵深感上，获得新的地位认同感；"宜宾之源"地位的确立，是"宜宾"城市寻之有源的理据所在，同时可以缩短叙州区作为宜宾城市中心地位的认同感及融入区域中心文化心理适应性的时间，并由此形成系统性的新认知、新构想和新规划，开创新的实践。

2. 面临挑战

叙州区作为宜宾国家历史文化名城重要组成部分及核心区，积累了丰厚的文化资源，但是在特色文化的发掘、开发与建设上还存在一些问题和不足，影响叙州区未来城市文化形象和文化品位的提升，同时存在着缺乏系统梳理和规划，对历史文化遗产保护力度不够，特色文化宣传展示水平不高，等等问题。

（1）特色文化主题不突出，主线不清晰。叙州区诸多的文化资源与要素尚缺乏突出的主线，景点景观规划和建设缺乏创新，质量不高，文化内涵挖掘广度和深度还不够。由于认识不统一，特色文化的主题不突出，元素不清晰，缺乏系统梳理和规划，与"国家历史文化名城"的称号，"万里长江第一城"的形象以及宜宾的城市功能定位、形象定位、产业定位和未来发展蓝图的匹配还有一定差距。

（2）特色文化与城市建设的相融度不够。高品质的城市文化建设要做到文城相融，通过传承历史文脉、弘扬地方特色文化，使文化特质成为城市的核心要素，这是未来城市升值的必由之路。目前叙州区文化元素的物质化和载体化建设力度不够，文化符号化打造不突出，文化元素与城市建设融合的标识度和辨识度不强，公交站台、路牌标识等公共设施的文化元素展示性不强。柏溪作为叙州区历史文化的展示区，城市公共设施建设滞后，文化特色展示不明显，缺乏传统文化展示的风格；南岸新区都市文化的主题凝练与开发的创新性不够，都市文化品位提升与城市功能完善迫切，都市文化建设与市民对现代化美丽城市的期许尚有差距。

（3）历史文化遗产保护缺乏系统性。知识背景多元、经济多元导致价值观多元，认知角度和利益多元导致对叙州区未来的文化规划缺乏认同，进而对复建文化遗产必要性认知不同，一些文物景观周边建筑混乱，管理杂乱，一些历史遗产破损修复不及时，一些文物因保护不力而消失，如宜宾古八景等一些经典的记忆、美好的传说逐渐被人们淡忘。新发现的文物古迹有的未及时登记和落实管理措施。

（4）缺乏激励机制，社会力量参与不充分。文化资源的开发与建设应凝练城市集体智慧，在做好顶层设计外要激发广大市民参与和推广的热情，激励和广泛发动社会团体、高校等参与文化的凝练与塑造，特别是新建城区都市文化的打造，应回应市民的需求，倾听民众的意见，增强市民和社会力量的参与感、认同感和获得感，促进市民的文明素养提升，有效推动城市文化创新。

二、总体要求

（一）指导思想

（1）遵循常态、综合、全整、协调的社会发展与治理观，包括习近平合乎公理、公意与公序的常态史观，五位一体、四个自信的全整性社会观，创新、协调、绿色、开放、共享的新发展观和社会主义核心价值观。

（2）遵循国家、省、市、区"十四五"经济社会发展宏观目标。

（3）作为宜宾新的城市核心区，遵循宜宾市建成四川省和"成渝旅游双城经济圈"两个"副中心"的综合性社会发展要素、体量和品质高标准需求。

（4）遵循国家、省、市、区文旅发展战略。

（5）遵循文化构建规范、发展规律和功能效用原理，亦即物质文化、制度文化和精神文化的健全结构要素，"人化"与"化人"的功能顺序，文化最终沉淀为人格的塑人目标，以及内涵上文化的基础是里仁、文化的核心是价值、文化的载体是知识、文化的高度是思想的建设内容。

（6）叙州区作为"宜宾之源"，遵循"西戎即叙"的地域性文化，从封闭、个性到开放、交流、包容、综合的文明发展规律与方向。

（二）基本原则

（1）特色元素与特色打造相结合。城市（城乡）的个性化价值是凸显独特城市魅力的前提。而文化特色，则是其个性化存在的核心要素。其实践的路径包括：挖掘打造地方特色文化资源，挖掘打造地方文化资源的特色元素，个性化打造共性资源，"无中生有"地创造性打造新的传统和特色文化。

（2）外在形态与内在精神结合。文化一般包括物质形态、制度和精神意识形态三种。外在文化可观可感，后者可思可悟。外在特色重在文化元素、建设形态的地域个性和创新特点。制度文化重在创造新的制度化的传统。内在精神价值则在文而化之，也就是用文化的精神内容滋养人格，陶冶性情，玉润精神。所以在实践上，必须内外兼顾，文化的自然禀赋要有原汁原味的地域性和精神主旨，人文历史要有新颖的呈现形态和价值取向，新文化再造要有创新形态和精神核心。

（3）资源禀赋与文化再造结合。文化资源是特色文化建设的基本前提。资源要素的来源，可为原生资源（包括自然禀赋与历史人文）和再造资源亦即新传统的创造，二者不可偏废。在方法上，兼顾传承与创造，可以是原生资源的原汁原味，推陈出新，或新老结合；也可以是基于旧元素，注入可资匹配的新要素；或无中生有，再造现代性的新文化、新传统，不拘一格或别具一格，呈现崭新特色。

（4）做强事业与打造产业结合。文化建设，首在事业，在社会人心的和谐和善。但在文化及其事业的可持续发展上，文化产业是重要支柱。作为事业，其行事在政府履行职责，其目的在追求社会效益，其建设在力所能及地挖掘、保护、宣传、创造、利用多管齐下，其服务对象的主体是生活于其中的市民及其偶有访问的游客。作为产业，则是品牌与经济效益追求，亦即通过市场机制，调动社会资源，激发民间活力，通过对文化要素、资源、产品、业态的激活增容，做大做强文化领域，以反哺、助力并最终实现文化事业的繁荣。譬如文旅结合，一方面有利于传统文化的发掘、新时代文化的创造和文化育人的快乐实现，另一面有利于旅游业的内涵丰富、业态创新和效益递增，二者相得益彰。

（5）区级主体与新市级功能相结合。撤县设区后，叙州区作为宜宾市在空域上和行政关系上的中心和核心区域，其文化建设的高度、特色、功能定位和实际影响力，必然超越"我土我守，我民我哺"的狭隘属地观念。地域、市民、人流、习惯和观念的市、区交叉，作为建设主体的叙州区在具体的文化实践中，必须执持"区级主体与市级功能相结合"的观念和行为准则，以立足大宜宾、"副中心"和长江上游区域中心大城市核心区的眼光，顾望他者和自我，比对性地构建特色文化。

（6）城市文化与乡村文化相结合。城市是特色文化打造的核心区和聚焦点，其重点是高质、新颖、品牌、现代性和标志性。但与此同时，文化建设做到城乡兼顾对于叙州区而言有其特别价值：一是"大农村"和曾经的农业大县，文化建设的体量和涉及的人口，是其特色文化建设成就的重要权重；二是通过特色文化打造，结合美丽乡村建设，可为"一线农村"建设的创新性目标创造崭新的途径和全新的可能；三是文化资源的自然禀赋主体分布在农村，是打造特色文化的重要领域；四是农业文明及其文化，是社会文化的原发地和传统文化的基因所在。

（三）建设方案依据

（1）《中华人民共和国文化和旅游法律法规全书》（2020）；

（2）《中华人民共和国城乡规划法》（2015年修订）；

（3）《四川省旅游条例》（2012）；

（4）《宜宾市城市总体规划（2013—2020）》（2013）；

（5）《宜宾市主城区生态三江旅游规划》（2015）；

（6）《宜宾市旅游发展规划（2017—2030年）》（2017）；

（7）《宜宾市国民经济和社会发展第十四个五年规划（纲要）》（2021）；

（8）《中共宜宾市叙州区委宜宾市叙州区人民政府关于加快建设文化旅游强区的实施意见》（2019）；

（9）《宜宾市叙州区文化旅游发展总体规划（2018—2035）》；

（10）《中华人民共和国土地管理法》（2019年修订）。

（四）建设范围

建设范围覆盖叙州区所辖全境，包括17个乡级行政区划单位（其中3个街道、12个镇、2个乡），亦即南岸街道、赵场街道、柏溪街道，南广镇（陈塘关古镇）、观音镇、横江镇、柳嘉镇、泥溪镇、蕨溪镇、商州镇、高场镇、安边镇、双龙镇、合什镇、樟海镇、龙池乡、凤仪乡。

重点围绕城市区域进行特色文化规划，突出覆盖与引领。农村区域突出文化提质和新生活方式的再造。

（五）建设期限

建设期限为2021至2025年。

（六）目标定位

1.特色溯源打造立本

通过特色资源挖掘和特色化文化打造，凝练化、常态化、系统性、稳定性地树立起叙州区文化独特的精神内涵、要素序列、区别化形象、个性化气质和品牌核心。譬如，根源性文化元素："宜宾"之源、郑佑之与中共宜宾历史之源、市树油樟市花黄桷兰作为城市符号之源；红色文化：一曼遗风、英雄刘华；传统性文化："三程"、尹伸、赵树吉等；东西文化碰撞：薛焕、唐君毅等；自然文化：樟海之都、大江文化；工商文明：古道之头；现代文明：长江首城；等等。

2. 文化建设效益立位

（1）宏观。立足空间上的长江首城，"长江经济带"之长江文化源头，四川及"成渝地区双城经济圈"两个"副中心"核心区城市文化建设在质、量及特色地位上的匹配定标。

（2）中观。建设成就必须与撤县设区，亦即使原宜宾县在文化事业上获得的集聚、示范和领先的崭新身份与发展机遇相匹配。

（3）微观。具体文化要素健全呈现；文化习染途径方式健全；文化呈现的常态化生活化与节日、典礼、活动匹配有序；日常生活环境与出行旅游文化要素覆盖广泛均衡，特色正面鲜明。

（4）效益。标志性、个性化、品牌化、高质量、可落地、知名度与社会效益等"务虚"性效益常态突出，特色化文旅结合、文化产业蓬勃健康持续发展。

3. 实践要素综合立标

（1）文化价值观念明晰和实践常态化。明确文化工作的核心价值就是育心与人格培养，它作用于市民整体的素质，建功于和谐社会建设。

（2）文化类型的凝练和体系化建设。文化类型的品牌化凝练和经典化建设，个性化内容与呈现，传统性与现代性精神和谐呼应。

（3）文化元素的提炼与日常化、生活化展示、观摩、体验、领悟式运用梳理运行明晰、体系化。

（4）文化精神的归纳、习练、研究、演绎与传承常态化、深入性，普及化实践框架成熟构建与运行制度化。

（5）市民素质提升，游客踊跃打卡。文化建设工作最终要实现的社会效益，就是市民素质提升，特别是新市民素质的转换与打造。同时，本土特色文化的推广、传播和可持续发展，高水平建设所需的多元、开放、交流和市场化机制成熟、稳定和常态化。

三、叙州区特色文化分类

（一）特色文化内涵及分类原则

特色文化作为一个地区的独有资源禀赋，对于区域形象塑造、建设价值、文化产业和文化旅游产业发展至关重要。

1. 地方特色文化内涵

地方特色文化一般是指特定地区源远流长、独具特色，仍发挥作用的文化传统，是特定区域的生态、民俗、传统、习惯等文明表现。它在一定的地域范围内与环境相融合，因而打上了地域的烙印，具有独特性。

2. 地方特色文化分类原则

文化资源总体分为三类，即物质文化、非物质文化和自然文化。特色文化分类原则一般依从人文和经济两个标准划分，分别反映文化的社会属性和经济价值。叙州区应以人文和经济价值为基准，按照资源稀缺的原则，确立本地区特色文化分类。

（二）叙州区特色文化分类

基于地方特色文化分类原则，归纳整合叙州区特色文化资源禀赋，将叙州区特色文化分为以下九类。

1. 江河文化——长江之首

（1）文化内涵。江河文化是指由人而产生的，涉及江河内涵与外延，包括物质和精神两个方面的人的认知，即包括客观存在及主观形成的万象，是以沿江（河）自然环境和民族历史为语境，以独特的地域传统文化和现代文化为内容，以地域文化自信与生态文明建设为路径，以文化名城和生态文明为价值取向的综合性文化。

（2）地方特色。叙州区江河文化资源丰富，以三江汇流、长江之首为特色，其长江文化带源头性地位无与伦比。叙州区辖区内主要有长江、金沙江、岷江、越溪河和横江（亦称关河）等河流，江河众多，水资源丰富，已形成一定的特色江河文化。因撤县设区，主城地域涉及的"一江"变为现在的"三江"，具有"大江秀河"生态，人文景观资源突出，与翠屏区共享三江汇流、长江之首的特色江河文化。叙州区作为长江首岸，拥有三江口、长江公园、滨江文化景观带、沿江（河）码头等江河文化载体，江河源头文化特色突出。

2. 古道文化——古道之头

（1）文化内涵。古道文化是以古道为文化载体，将沿线的历史遗迹和自然景观浓缩而成，如复杂的经络之舟，承载着人类文明的进步和发展。古道之意大致有二，一是指古老的道路，即陆道和水道，如《隋书·地理志》《大庾岭路序》《水经·淇水》："古道繁织、逶迤远上""古道纷绕""淇水，古之道也"。二是指古老的风俗、义节、操守等，如《礼记·檀弓上》："仲子也犹行古之道也。"文天祥《正气歌》："风檐展书读，古道照颜色。"这些是历史进步的母体和载体。叙州区的古道主要指五尺道、南夷道、石门道和"茶马古道"等古驿道，是"南丝绸之路"的重要组成部分。千年古道之"物"，自然演绎千年古道之"神"亦即文化。

（2）地方特色。叙州古道多以南广古镇和横江古镇为陆道和水道中枢或起点，分布有远古直到近世商贸的主要遗迹，是"南丝绸之路"的重要组成部分，连通中原和边疆，是文化交流和商贸往来的重要通道，与历史上"搬不完的昭通，填不满的叙府"有直接关联。作为重要的交通要道，蜀地的丝绸、夏布、筑竹杖、工艺品、铁器、食盐等源源不断地输出，南诏的琉璃、宝石、翡翠、夜光珠、香料、药材、山货等又川流不息地输入蜀地。以古道为载体的叙州区古道文化亦即工商文明传统，作为古代南丝绸之路文化的重要组成部分，有利于助力、服务与融入国家"一带一路"倡议和宜宾市南向开放战略，以文化为基，打通城市文脉通道，向社会经济建设注入新的生机。

3. 红色文化——一曼遗风

（1）文化内涵。红色文化是一种以颜色标示其本质内涵的文化种类。其内核是中国共产党领导全国人民在革命、建设和改革开放时期实现民族独立和国家富强过程中凝聚的，以中国化马克思主义为核心的红色遗存和红色精神；就其概念外延而言，是近代中国开关以来历代仁人志士自强不息、救国拯民、反对内外强权压迫过程中形成的革命基因和中华民族复兴的伟大精神，是以红色革命道路、红色革命传统和红色革命精神为主线的集物态、事件、人物和精神于一体的内容体系。

（2）地方特色。郑佑之创建中共宜宾特支领导周边中共组织、共青团和群众革命组织，成为宜宾地方人民革命的领导核心，是宜宾共产党创始人，更是宜宾红色文化之源。五卅运动领袖、英雄刘华舍生取义为劳工，中共中央机关报

《向导》周报头条刊出《悼刘华同志》称其为"真正的共产党员",他的精神激励着中华儿女为实现崇高理想而奋斗,也代表了宜宾红色文化之高。而在抗日战争中,叙州区人民用鲜血和生命书写了感天动地的抗日篇章,革命先烈辈出。电影《赵一曼》让"宜宾县赵一曼"的英雄事迹深入人心。叙州话剧团品牌节目《赵一曼》《雾中灯塔》《赵一曼在宜宾》等红色品牌影响力更让赵一曼成为宜宾红色文化之显。

4. 名人文化——大师故里

(1) 文化内涵。名人文化,是指在一定的社会历史条件下,产生于社会各行各业的,具有高尚思想道德,同时对进步和发展具有推动作用,并被广大群众所认同的著名先进人物在生产实践和社会活动中所创造的精神财富与物质财富,以及国家机构、社会组织和个人为弘扬他们的精神而创造和形成的一种真实、生动而又独具特色的文化现象。

(2) 地方特色。叙州区名人云集,特别是现代新儒学大师唐君毅终身研究和弘扬中国传统文化,其成就与时代同侪比,无出其右者。其在国际上以及在海峡两岸暨香港、澳门及世界华人学界,影响巨大。古建筑学家罗哲文,师从著名古建筑学家梁思成,一直从事中国古代建筑的维修保护和调查研究工作,成就卓著,影响巨大。晚清重臣薛焕,清代对外开放先行者、力保澳门主权、兴办新学、创建尊经书院(今四川大学前身),历史贡献卓越。此外,历史上还有一门三进士的程氏三兄弟,直节清明的尹子求,铁笔御使赵树吉,等等名人。通过名人文化的研究,名人思想、学术成果的汇编以及名人书院的建设,展示名人风采,传递名人的思想精神和时代审美等文化价值,有利于树立正确的人生态度、价值观念和理想信念。

5. 哪吒文化——根源相系

(1) 文化内涵。哪吒文化主体是"勇敢、真诚、孝道、正义"的哪吒精神,是哪吒言行、事迹所展现并传留下来的一种理念、信仰、道德风范、品格气度和风格、态度、气象,更是中国优秀传统文化,主要是"道、佛、儒"学人格化的体现,是中华民族精神在哪吒身上所显现出来的精神品格,是一笔中华民族的宝贵精神财富。

(2) 地方特色。哪吒文化传播地域广泛,四川江油、天津陈塘庄、河南西峡县以及台湾、香港和澳门都有哪吒文化资源分布。宜宾,作为"中国哪吒文化之乡",是全国哪吒文化最为丰厚集中的地方,有极深的文化根基。目前宜宾有陈塘关、哪吒庙、哪吒洞、南广河入长江口处"龙脊石"、旧州塔、天池公园、七星山、白塔、望神坡、骑龙坳等众多哪吒文化遗迹资源，绝大多数资源集聚在叙州区，更有口传民间文学故事使叙州区具备了独特的哪吒文化历史的资源优势。同时，在现实中，台胞惊梦、寻梦、圆梦而引发的哪吒文化寻根热潮，反映了海峡两岸同胞心神相通、根源相系的民族真情，并在事实上逐步形成了哪吒文化之根在宜宾，宜宾为长江之头，而台胞们虔诚信奉的英雄神灵——哪吒则是从长江之头宜宾走向沿海，又随渔民走向台湾宝岛，并成为中国人心中共同崇敬的英雄的舆论和根源相系的情感效应。

6. 农耕文化——魅力乡村

（1）文化内涵。农耕文化是人们在长期农业生产中形成的一种适应农业生产、生活需要的国家制度、礼俗制度、文化教育等的文化集合。农耕文化一般分为农耕实物文化和农耕意识文化两种。所谓农耕实物文化是指以实物形式保留及流传下来的因素，具体形式有农作物、耕作方式、农耕器具、农耕服饰、农用建筑等。所谓农耕意识文化是指在农耕生产方式基础上而产生的各种意识形态的文化因素，具体包括岁时节日、农事礼仪、神话谣谚。

（2）地方特色。叙州区作为宜宾市第一农业大县，被列为全省乡镇公共文化服务提质增效试点县，在乡村文化打造上秉承回归自然、乡土特色的原则，挖掘原真性文化元素，以情境化、娱乐化、体验化等手法开发设计了独具地方特色的农耕文化。依托两江乡村旅游度假区开发，以幸福公社农耕文化体验园、好耕生态农场、綵山·西部农庄为载体，打造特色人文景观；依托西部农庄·四季花海、千年古荔园、青溪沟万亩林海、市花黄桷兰基地·春风里等特色产品，打造农耕文化体验基地；坚持协调、共享的发展理念，举办"油樟之春""百村春晚"等系列文化活动，提高农耕文化产品的档次和品位，延长乡村旅游产业链，有效增强乡村旅游地的独特吸引力，满足不同层次、不同类型旅游者的消费需求，使乡村旅游具有坚实的文化根基和旺盛的生命力。

7. 生态文化——茶樟之海

（1）文化内涵。叙州区生态文化主要内涵特征及载体表现为"两海"，即世界樟海和天宫茶海。宜宾叙州区是油樟原生地，位于叙州区越溪河流域的油樟林，总面积达到37万亩，是全国及世界最大的油樟林基地和天然油樟植物园，故称世界樟海。世界樟海景区是迄今四川省唯一一个现代林业综合实验区，也是宜宾市乡村振兴示范园。天宫山是全省面积最大品质最好的高山茶基地,也是西南地区最大的有机茶基地,山上有生机盎然的天然古茶树,海拔1300米的万亩高山茶园汇聚成海。

(2)地方特色。油樟是宜宾的市树,换言之,也是宜宾形象标识的重要元素。叙州区作为樟海之都,是全国最大的油樟种植地,这一独特资源是宜宾的地理标志性产品,具有独一无二的油樟产业高地禀赋。围绕油樟主题的绿色理念,可以创造性地开拓发展个性化的乡村旅游产业,打造油樟小镇。天宫山绵延不绝的绿色茶海,是宜宾继蜀南竹海、兴文石海之后,正大力推出的第三张旅游名片。天宫山茶旅融合发展,采取PPP(Public-Private-Partnership)模式,开展"天宫山·绿色茶海"项目包装工作,引进社会资本参与开发,打造以游览观光为主体,兼具科考科普、探险猎奇、避暑康养和村旅一体的综合型国家级生态旅游度假区。

8. 古镇文化——历史底蕴

(1)文化内涵。古镇文化,是一种生态环境和精神文化,一种能代表中国历史的传统文化瑰宝。每一个古镇都有不同的人文历史,每一个古镇都折射着不同的历史变迁。而每一个古镇历史的铺展拼接就形成了博大精深且源远流长的中国历史,演绎着古朴的生态环境和精神文化,折射着不同历史阶段、不同地域的民族风情和中华传统文化。

(2)地方特色。横江古镇是千年古镇,自古被誉为"川滇咽喉,水陆码头",山水雄奇,历史璀璨,以其历史民俗文化和川滇建筑文化闻名,秦、汉、隋、唐"五尺道""僰道""石门道"均经此南下,是"南丝绸之路"的必经之地。该古镇坐落于四季如画的森林公园石城山下和奔流不息的横江河畔,依山傍水、宁静安逸,尤其是历经千年的历史传承和文化积淀,古建筑、古院落、古街古巷,风格各异,舒适别致,步入其中,犹如穿越千年之感。关河号子、眉毛酥、商号古街,塑造了不朽的横江传奇;石城山歌、书画翰墨、龙灯、花灯、折子戏,深藏着横江之雅;布局规整的肖公馆、中西合璧的朱家民居、陈家大院等,展现着横江之韵。

宜宾地区自古为川滇黔要冲,而"南广"则是相当重要且影响至今的行政建置。历史上就有"汉南广"和"梁南广"之说。"汉南广"曾起到镇守南疆,团结西南少数民族,抗御"南夷"北上的作用;"梁南广"扼长江上游,亦人才辈出,经济文化发达之区。两者均在历史上有重要地位和作用。南广古镇在历史上更是因为南广河和南夷道成为有名的水陆码头,"南广"的名声遍及金岷两江，历史底蕴厚重。哪吒文化的宣扬让小镇披上神话的外衣。如今古镇有哪吒文化的起源地——陈塘关，有"金光洞"、龙脊石、哪吒井等景区，有榨子母码头、陈塘关门楼、戏台、仙缘石等名胜古迹，五尺道以南广为起点，是我国历史上2000多年前西南民族地区第一条官道。以哪吒文化为中心点，整合成为一个文化重要片区，使之成为叙州文化展示的重要节点和旅游观光地，并带动起相应文化产业的发展。

9. 都市文化——宜宾之源

（1）文化内涵。都市文化内涵有广义和狭义之分，广义的城市文化，是指人们在城市发展过程中所创造的物质财富和精神财富的总和；狭义的城市文化，是指人们在城市长期的发展中培育形成的独具特色的共同思想、价值观念、基本信念、城市精神、行为规范等精神财富的总和。通常所讲的城市文化，主要是指狭义的城市文化，它是与经济、政治并列的城市全部精神活动及其产物，它既包括世界观、人生观、价值观、发展观等具有意识形态性质的部分，也包括科技、教育、习俗、语言文字、生活方式等非意识形态的部分。

（2）地方特色。从"慕义来宾"到"西戎即叙"，从戎州到叙州，从义宾到宜宾，是历史进步、社会文明的结果，也是宜宾及其开化历程标志性称谓的历史源头。从蕨溪镇宣传坝的郁鄢县到宜宾县，后撤县设叙州区，在功能、空间及心理定位上，叙州区居于城市中心，需要在历史文化的定义及其纵深感上，获得新的地位认同感，树立"宜宾之源"的城市文化和城市精神。"宜宾之源"城市文化精神的确立，还可以缩短建立叙州区作为宜宾大历史中心地位的认同感及融入区域中心文化心理适应性的时间。据此以城市文化精神为基础，打造一批可游、可观、可想的宜宾之根的标识性文化载体。

叙州区特色文化分类整理如表4-1所示。

表4-1 叙州区特色文化分类整理

文化类型	文化载体
江河文化	长江公园
	长江之门大舞台
	"长江之眼"文化地标
	三江文化带

续 表

文化类型	文化载体
古道文化	横江和南广古镇古道遗迹
	古道历史故事
红色文化	刘华故居、郑佑之纪念馆，一曼公园
	《赵一曼》《雾中灯塔》《赵一曼在宜宾》等品牌红色话剧
	观音—泥溪红色小镇
名人文化	唐君毅、罗哲文
	薛焕、赵树吉
	程氏三兄弟和蟠龙书院
哪吒文化	哪吒主题公园
	陈塘关、南广河入长江口处"龙脊石"、鹫州塔、七星山、望神坡、骑龙坳、黑塔
农耕文化	幸福公社、好耕生态农场、䌽山·西部农庄、特色农村文化活动"百村春晚""油樟之春"、少峨山
生态文化	樟海之都、天宫茶海
古镇文化	横江古镇、石城山公园
	南广古镇
都市文化	市县两级图书馆、论坛、剧院、博物馆
	华侨城 CBD 叙州特色文化商业街
	四川省最美街道
	杜甫与宜宾东楼
	蜀南里文化特色旅游街区
	宜宾之源：从戎到叙的叙州区城市精神

四、空间布局

根据以上对叙州区基本文化类型的分类与整理，结合叙州区不同地理区域的文化禀赋与资源优势，在空间布局上按照"一城两海三镇五区"的原则进行规划和设计。

(一) 建设"长江首城"都市文化中心区

叙州区主城由三大片区（街道）——南岸、柏溪、赵场组成，其中南岸街道是宜宾市重要的商业中心和区域文化中心；柏溪街道作为区政府所在地，具有深厚的历史文化积淀；赵场街道是宜宾城市西拓的重要方向，在城乡文化融合和生态农业打造方面具有自身特色。

1. 现代都市文化核心区——南岸

（1）文化定位：江河文化、都市文化。

（2）总体思路。充分发挥南岸区域作为长江首岸、宜宾新城和商业中心的优势，打造现代文化都市，在空间布局上按照"一圈一线"的结构展开。

（3）建设举措。"一圈"即以南岸市政广场为中心的现代商业文化核心圈。南岸以市政广场为核心，周围集中分布着万达广场、莱茵春天、印象汇、重庆百货等大型商场和宜宾市图书馆、科技馆、宜宾市体育中心、广电中心、酒都剧场等体育文化设施。南岸商圈在继续大力发展购物、娱乐、餐饮等传统商业模式的基础上，应积极打造以文化创意零售、特色餐饮、剧院式商业空间、展览空间为主要模式的文化创意商业类型，以及以小剧场演出、特色文化创意展出、极限运动为特色的现代文化体育形态。以南岸东区文体中心公园及三江明珠项目建设为契机，积极打造网红项目点及夜间经济典范地，使南岸区域不仅是宜宾的商业中心，更应成为文化地标。

"一线"即长江首岸都市文化线。长江首岸都市文化线以三江口 CBD 城市中央商务区建设为重点，以长江公园环线升级改造为主线。长江源点三江口，既是三江汇流、三山对望的黄金水岸，也是茶马古道、南丝绸之路交会节点、宜宾文化原点，是宜宾始终不变的中心所在，聚焦绝佳的生态与文化基底。三江口 CBD 项目是 288 米超高层综合体，包括观光塔、五星级酒店、甲级写字楼、服务式公寓、国际会议中心等，将建设川南地区最高档次的国际化购物中心，以及文化艺术旅游街区、长江地理生态博物馆等配套设施，塑造具有强烈现代感的休闲文化风情主题街区。以三江口 CBD 建设为重要节点，串起整个长江、金沙江沿线，将长江文化主题公园建设成为城市居民高品质的户外游憩娱乐空间和叙州区特色文化展示长廊。长江公园全长约 4.6 千米，占地面积 1000 余亩。在现有建设条件基础上，需对宜宾长江文化主题公园的设施设备进行提质改造，完善配套设施，增加古渡口纪念标识、大型雕塑、创意宣传墙、特色植被等文化展示，新建扩充休闲设施，丰富公园内的休闲游乐项目。同时，加快开放大溪口公园宜宾东楼项目，打造新文化地标。从三江口CBD城市中央商务区、长江文化主题公园至大溪口公园，打造一条高品质的长江都市文化线。

2. 城市历史文化展示区——柏溪

（1）文化定位：江河文化、红色文化、都市文化。

（2）总体思路：柏溪街道除城市历史文化资源外，还有少峨山、少峨湖等自然生态文化资源，在规划布局上以"一城一区"作为重点，打造城市历史文化展示区。

（3）建设举措："一城"即柏溪老县城，柏溪作为叙州区政府所在地和原宜宾县城区域，具有丰富的城市历史文化资源，喜捷镇并入柏溪街道，为该区域的发展提供了更多的空间与潜力。应充分利用老城区历史文化资源和工业遗迹资源，在改进提升城市基本建设和商业、体育等文化服务设施基础上，充分利用原有搬迁厂矿等工业遗存，打造以工业文明为核心的文化展区，提升整个城区的文化层次。结合城北新区博物馆、文体中心等项目的打造，柏溪城区文化规划应充分把握历史文化、传统脉搏、自然生态、现代生活以及都市特点的有机结合，表现出独具的文化特色和城市魅力。同时，利用城区现有一曼公园等纪念文化设施，宣传发扬红色文化。

"一区"即少峨山景区。少峨山景区由少峨湖滨水观光区、少峨湖植物园观光区、少峨山文化体验区、少峨谷山地休闲区等区域组成。景区人文旅游资源丰富，有始于梁朝，盛于唐宋，鼎盛于明清，反映了佛教文化在宜宾发展的少峨寺；有佛教信徒众多，影响深远的佛光寺；有为抵御蒙军而修建的元代兵寨古城墙；还有清代民居和少峨村传统村落。少峨山文化底蕴丰富，拥有"一山百姓氏"的姓氏文化、军事文化等，通过历史挖掘、遗迹保护和设施改造，可打造为宜宾重要的生态农耕和历史文化展示区。

3. 城乡文化融合示范区——赵场

（1）文化定位：江河文化、名人文化、农耕文化、都市文化。

（2）总体思路：赵场街道作为宜宾城区拓展的主要方向和城市近郊乡村文化旅游体验区，在叙州区都市文化核心区的打造中具有重要的地位，规划布局以"一站一山一故居"为重点区域。

（3）建设举措："一站"即宜宾高铁西站。成贵高铁的开通为宜宾的城市发展带来了极大助力，而宜宾高铁西站的所在地赵场街道也成为宜宾城市拓展的重要区域和未来城市的物流、人流、信息流和文化展示的中心。再加上普和新区的并入，使赵场街道成为未来城市发展最具有前景的地区。文化规划应以高铁西站为中心，以城市新区拓展规划建设为依托，以蜀南里商业体、站前中央公园等项目打造为重点，以城乡融合发展为方向，集中打造集生态、商业、居住、教育、医养、旅游于一体的城市文化展示区。

"一山"即佛现山。佛现山是宜宾市城郊海拔最高的山，被誉为宜宾的休闲氧吧和天然屏障。山上有黄栀子基地5000亩，楠竹和苦竹林1000亩，其他生态森林3000亩，有两个茶场环绕在山腰，基本保持了大自然的原始风貌。景区内有号称"江南第一庙"的雷音寺，有特色鲜明的川南民居建筑和栀子花文化节主会场栀子魂文化广场。佛现山是宜宾近郊乡村旅游的主要基地，在文化规划上应突出农耕文化和都市文化相结合的特点，创建城乡文化融合示范区。

"一故居"即唐君毅故居。唐君毅是中国现代著名思想家、哲学家、教育家、当代新儒家的主要代表。唐君毅故居位于赵场街道周坝村，为清代建筑，至今已有上百年历史。应加快启动对两处故居，特别是唐君毅出生地水漕头的修复工程。按照古建修旧如旧的原则，突出清末川南乡绅宅院的文化气息。在整修故居的同时，立项建设唐君毅纪念馆，加强对唐君毅学术思想的研究整理和推广宣传，提升叙州区的对外形象，加强海峡两岸的文化交流。

（二）打造"两海"农耕生态文化示范区

1. 世界樟海

（1）文化定位：农耕文化、生态文化。

（2）总体思路：认真践行"绿水青山就是金山银山"的发展理念，以生态保护为基础，以产业发展为动力，打造全国最大的油樟文化基地和天然油樟植物园。

（3）建设举措：大力发展生态旅游、森林康养产业，打造集越溪河风景区、川南生态康养度假区、油樟文化创意产业基地于一体的独具特色的"世界樟海"和"中国油樟小镇"。在现有自然风光及历史遗迹保护挖掘的基础上，整合提升整体文化层次，以油樟为特色，以生态保护为基础，以层级提升为目标,以文化塑造为灵魂,以配套设施为支撑,以农业观光、生态休闲、佛教文化为主题,丰富文化内涵,在生态底色上描绘新农村,在田园风光里发展新产业,将项目打造成融生态观光、农事体验、文化展示、民俗活动、运动休闲、养生度假、科普教育为一体的世界樟海农业生态文化示范区。

2. 天宫茶海

(1) 文化定位:农耕文化、生态文化。

(2) 总体思路:坚持"健康茶业、绿色发展"的整体发展思路,将现代茶业基地和茶旅文化体验区相结合,打造多产互动、融合发展的绿色茶业文化展示区。

(3) 建设举措:天宫山位于叙州区西北部,自然和文化资源丰富,有着上万亩优质茶树和上千年的种茶历史与深厚的茶文化底蕴,可依托古茶树,打造以茶为主的农业生态文化。根据天宫山茶海生态文化的资源特点,突出千年古茶树和制茶史的文化特色,彰显亮点。通过整合现有资源,统筹安排、科学规划、分期开发,深入挖掘历史文化和大力建设基础服务设施,将该区域打造成以万亩高山茶园为基础产品和拳头产品,以"禅茶一体"为文化载体的休闲观光、避暑康养、户外探险、科考研究、村旅一体发展的国际生态文化旅游度假区。

(三) 开发"三镇"古道历史文化展示区

1. 横江古镇

(1) 文化定位:江河文化、古道文化、古镇文化。

(2) 总体思路:以打造"国家级历史文化名城与川南最具特色和吸引力的文化古镇"为目标,以深研究、浅呈现为核心理念,深入挖掘横江古镇的历史文化内涵,形成集古镇游览、休闲康养、艺术生活于一体的历史文化展示区。

(3) 建设举措:充分利用横江古镇国家级历史文化名镇的文物资源和品牌优势,整合历史文化资源,重建"五尺道",对朱家民居、肖公馆、周家大院等历史遗存和传统风貌进行整体保护修缮,并选择 10 处有代表性的四合院建设特色博物馆,充分营造古镇历史文化氛围;规划培育古镇商业网点,商业广场及购物中心、美食及特色旅游精品一条街、文化休闲娱乐一条街等,策划组织多样化的节庆活动和夜间活动,大力传承开发古镇古道文化。

建设石城山森林公园,完善园区游道、园林建筑、度假村等公用基础设施。建设蟠龙湖湿地公园，打通蟠龙湖与横江古镇的交通联系，形成横江古镇—石城山—蟠龙湖文化旅游环线。

2.南广古镇

（1）文化定位：古道文化、哪吒文化、古镇文化。

（2）总体思路：依托南广古镇打造，恢复修建陈塘关，与全市联动结合哪吒庙、哪吒洞，以及南广河入长江口处"龙脊石"、黑塔、七星山等打造哪吒文化体验游线。

（3）建设举措：修缮古镇晚清时期修建的木制平房、青石铺路，恢复水码头，再现南丝绸之路水陆文化码头场镇的宏伟景象。

深入挖掘和展示哪吒文化，对历史山水环境、整体风貌格局、历史文保建筑、哪吒传说相关遗迹进行整理保护和开发利用，规划李府建筑群、哪吒主题游乐园、封神演义神话博物馆等功能节点，构建哪吒故里文化体验区。

以南广古镇、陈塘关遗址、七星山历史地理文化优势为依托，完善基础设施、开发旅游文化资源，打造哪吒湿地公园和七星山森林公园，彰显古镇文化、五尺道文化、哪吒文化、生态文化。

3.观音—泥溪红色文化镇

（1）文化定位：红色文化、农耕文化、名人文化。

（2）总体思路：依托蟠龙书院、刘华故居、郑佑之红色文化园的开发建设，打造观音—泥溪红色文化特色镇，发展红色文化旅游，打造爱国主义教育基地。

（3）建设措施：挖掘观音—泥溪红色文化旅游资源，完成蟠龙书院修复工程，启动文星书院、佑之广场、观音寺迁建，推进樟海越溪河旅游观音镇后勤接待基地建设，发展以樟海、蔬菜、油菜等集中成片生态观光农业为基础的乡村旅游，发展古塘霞辉旅游、合众康养休闲体验农业等项目。泥溪重点做好刘华故居修缮和文物资料收集工作，着力打造梦幻湖文化旅游项目。

叙州区特色文化空间布局如表4-2所示。

表4-2 叙州区特色文化空间布局

"长江首城"都市文化中心区	南岸街道	万达广场、莱茵春天、印象汇、重庆百货等大型商场
		宜宾市图书馆、科技馆、宜宾市体育中心、广电中心、酒都剧场等体育文化设施
		南岸东区文体中心公园
		三江明珠项目
		三江口CBD城市中央商务区
		长江地理生态博物馆
		长江公园
		大溪口公园、东楼
	柏溪街道	老城区油樟广场等历史文化设施
		宜宾南站、电厂等工业遗迹
		城北新区博物馆、文体中心等
		一曼公园
		少峨山景区
		永乐古窑
	赵场街道	蜀南里商业体
		站前中央公园
		佛现山景区
		唐君毅故居
		薛焕、赵树吉故居
"两海"生态农耕文化展示区	世界樟海	"世界樟海"风景区
		越溪河风景区
		"中国油樟小镇"项目
	天宫茶海	万亩高山茶园
		国际生态旅游度假区项目

续 表

"三镇"古道历史文化示范区	横江古镇	朱家民居、肖公馆、周家大院等历史遗存
		石城山森林公园
		伏龙口秦五尺道
	南广古镇	陈塘关遗址
		哪吒故里文化体验区
		七星山森林公园
	观音—泥溪红色文化镇	蟠龙书院
		刘华故居
		郑佑之故居、纪念园
		古塘霞辉旅游、合众康养休闲体验农业、宋显生态观光及农家乐
		梦幻湖文化旅游项目

（四）形成"五区"特色文化分类聚集带

1.东部长江首城都市文化区

（1）定位：江河文化、古道文化、名人文化、哪吒文化、都市文化。

（2）总体思路：依托现有商业体育文化设施升级改造，塑造现代都市文化。凸显江河文化，发展古道文化，复兴名人文化，创新哪吒文化，打造长江首城都市文化核心区。

（3）建设措施：构建以万达广场、莱茵春天、印象汇、重百新世纪、东方时代广场五大商业综合体为代表的长江首城都市文化生活圈。通过系列化、品牌化的文体休闲活动，强化上述五大商圈定位，作为对外展示名片。

以市政广场体育中心为核心，整合酒都剧场、图书馆等资源，探索开展夜间主题体验活动、非遗展览活动等，将其打造成市民的文体休闲娱乐圈。

以三江口CBD城市中央商务区建设为重点，从三江口CBD、长江文化主题公园至大溪口公园，通过新项目建设、基础设施升级改造、文化内涵提升，打造一条高品质的长江都市文化线。

围绕宜宾高铁西站,以城市新区建设为依托,以城乡融合发展为导向,集中打造宜宾城市文化展示区。

以"一曼公园"改造、"唐君毅故居"建设为重点,充分利用名人效应,深入挖掘文化内涵,提升文化传播影响力。

依托哪吒IP,对南广古镇进行针对性升级改造,构建哪吒故里文化体验区。

2. 南部古镇驿道文化展示区

(1)定位:古道文化、古镇文化、江河文化。

(2)总体思路:依托横江中国历史文化名镇,整合历史文化资源,创新文化展示方式,打造叙州特色历史文化展示区。

(3)建设举措:充分利用横江古镇国家级历史文化名镇的文物资源和品牌优势,整合历史文化资源,对朱家民居、肖公馆、周家大院等历史遗存和传统风貌进行整体保护修缮,充分营造古镇历史文化氛围,打造雷家大院、桂圆院子等庭院景观,深入挖掘民间历史文化资源,策划组织多样化的节庆活动,打造古镇文化展示窗口。

加大伏龙口秦五尺道的开发保护力度,加强对关河号子等特色非物质文化遗产的保护利用,充分挖掘其历史文化内涵,丰富文化载体形式,打造驿道文化展示窗口。

3. 中部两江农耕文化体验区

(1)定位:农耕文化、江河文化。

(2)总体思路:依托中部向家坝高峡平湖、乡村生态园、生态农庄等资源条件,开发生态旅游体验项目。通过特色农业节庆活动,吸引城市居民,展示生态农耕文化韵味。

(3)建设举措:依托两江乡村旅游度假区开发,以向家坝水电站、安边古镇、万花谷、天堂湾度假区、幸福公社农耕文化体验园、好耕生态农场、綵山·西部农庄为载体,将特色餐饮、特色民宿、特色农产品和农耕文化体验相结合,包装打造特色农耕文化项目。丰富农耕文化节庆活动,充分利用传统节日,挖掘乡村文化内涵,创新文化展示内容,组织村民进行特色文化表演,定期举办乡村文化旅游节等节庆活动。

4.北部世界樟海生态文化展示区

（1）定位：农耕文化、红色文化、江河文化。

（2）总体思路：通过对叙州区油樟文化的深入挖掘和全面开发，结合世界樟海景区的建设和中国油樟小镇的开发，深入挖掘油樟产业、佛教文化、竹溪山水、龙文化等禀赋资源，打造集度假、运动、休闲、娱乐等于一体的"旅游＋文化＋农业＋养生"的文旅结合示范区。

（3）建设措施：油樟资源在产业上具有独一无二的高地禀赋，通过高水平的科研项目的开展，在相应农林科研领域，基于资源独有集中优势，打造世界级的油樟研发中心。

围绕油樟绿色主题理念，创造性地开拓发展个性化乡村旅游产业；依托油樟基地建设，结合大龙村、大龙寺维护修缮，以六香（樟香、书香、佛香、花香、竹香和食香）串联区域项目打造，形成油樟农旅康养小镇、蟠龙书院聚落、大龙寺禅修佛谷、铙钹天香台和龙文化码头五大文化旅游展示区。

深入挖掘叙州区油樟文化历史和精神，创作各类文艺、文学、理论作品。举办油樟文艺作品比赛、创作油樟文化舞台及影视作品、出版油樟文化理论研究著作等。

依托蟠龙书院、刘华故居、郑佑之红色文化园等建设项目，大力弘扬发展红色文化。

5.西部天宫茶海生态旅游度假区

（1）定位：生态文化、农耕文化、江河文化。

（2）总体思路：深入挖掘茶文化内涵，创新文化产品，将天宫山打造成以"禅茶一体"为文化载体的休闲观光、避暑康养、户外探险、科考研究、村旅一体发展的国家级生态旅游度假区。

（3）建设措施：依托地热资源，整合周围的水系、山体、植被等资源，按照省级旅游度假区标准，将天宫山茶海开发成具有当地田园风光、茶文化等特色元素的养生温泉度假区。

以"茶文化"为核心打造万亩名茶基地、茶乡温泉养生区，以传统茶艺、茶道等茶文化为特色，配套建设茶博园、茗苑阁、茶艺展示舞台等文化创意产业。

依托天宫山生态度假旅游区，发展茶田观光，采茶、品茶体验，茶叶制作工艺展示；茶文化科普教育，茶品美食，温泉度假；农庄特色餐饮；花海观光、休闲旅游，打造川南山地度假旅游精品项目。

深入挖掘叙州区茶文化历史和精神，创作各类文艺、文学、理论作品，举办"茶山茶歌扬、茶乡茶味芳"系列活动，弘扬叙州区茶文化精神。

以鲜明的主题和突出的特色在茶园内召开茶文化研讨会，举办茶文化旅游节等大型活动，把天宫山悠久的茶文化以及迷人的茶园风光充分展示出来，扩大宜宾茶叶品牌的知名度和美誉度。

五、重点任务

围绕"一城两海三镇五区"总体布局，深度开发叙州区江河文化、古道文化、红色文化、名人文化、哪吒文化、农耕文化、生态文化、古镇文化、都市文化九大文化元素，开展特色文化资源保护、品牌创建、设施建设、内容包装、亮点营销、产业激活六大重点任务，把叙州区创建为天府旅游名县候选县，现代公共文化服务体系示范县，推动叙州区文化事业大繁荣大发展。

（一）特色文化资源的保护

1. 加强文物古迹保护

本着"保护为主、抢救第一"的方针，按照文物保护"四有"和"五纳入"要求，落实人力、物力、财力，落实保护责任，明确保护措施，分级分类加大文物保护和修缮力度。加强对石城山崖墓群、黄伞崖墓群、观音尹子求墓等古墓葬，红楼梦糟房头酿酒作坊遗址、横江和南广古镇古道、横江古镇文化古迹、天宫山古道碑记石刻群等古遗址遗迹，七星山黑塔、云峰寺及牌坊、朱家民居等古建筑，郑佑之故居、刘华故居、唐君毅故居等近现代重要史迹和代表性建筑的保护，每年修缮1处以上不可移动文物和重点古籍修复，到"十四五"末，市级以上文物保护单位有效保护率达到80%及以上。

2. 推进非遗文化传承

在全区范围内，对非遗项目开展深度调查记录，进一步健全保护名录体系，建设翔实的非遗数据库，系统地记录每个项目的全面信息以及历代技艺的传承与发展。实行非遗项目"123"升级行动，将省级非遗项目川南民居木作技艺打造成为国家级非遗，市级非遗项目横江山歌、合什手工面打造成为省级非遗，3~5个县级非遗打造成为市级非遗。建设永乐古窑酒文化产业园，打造"华夏非物质文化遗产传承孵化基地"。推进川南特支纪念馆建设项目，非遗体验、传习所，建成非物质文化遗产馆（中心）。

（二）特色文化品牌的创建

1.打造特色文化旅游名片

以创建天府旅游名县候选县为引领，依托"一城两海三镇五区"推动旅游品牌创建，精心打造长江首城都市旅游、越溪河世界樟海、天宫山千年茶海、石城山古镇驿道、陈塘关南广古镇五张文化旅游名片。围绕城市核心区以及都市近郊区、远郊区打造不同的特色文旅项目。

（1）打造长江首岸文化旅游综合体。依托南岸商业文化核心圈中现有的万达广场、莱茵春天等基础条件，大力推进华侨城三江口 CBD 项目、丝丽雅万豪酒店项目建设，打造华侨城特色街区、莱茵香街时尚购物特色街区、宜宾天地美食娱乐特色街区，建设长江之门大舞台标志性建筑，建成长江地理生态博物馆项目，推进大溪口公园与宜宾东楼、宜宾长江公园、南岸东区文体中心公园建设，大力发展夜间经济和长江夜游经济。形成华侨城—长江公园—特色街区—商业综合体—宜宾东楼—陈塘关古镇—七星山森林公园的长江首岸都市旅游环线，构建集金融、商住、会展、旅游购物、体育休闲于一体的综合旅游体。

（2）建设一站一山高铁生态城。大力发展高铁经济，建设高铁西站蜀南里特色街区，集购物、休闲、智慧旅游于一体。挖掘佛现山农耕文化和生态文化，利用好佛现山文化广场、七星湖、雷音寺等特有资源，优化栀子花、楠竹、苦竹林等景观布局，打造主城区近郊一刻钟旅游栖息地。

（3）打造唐君毅故园。整合现有的宜宾唐君毅研究会、宜宾学院唐君毅研究所、唐君毅故园文化研究协会、蜀南竹海"君毅书院"等资源，集中运用于唐君毅故居的保护和开发，对故居周围进行环境营造，以景观墙、雕塑等，打造"名人的一生"故事景观线，构建"文旅＋研学"的名人故居模式。

（4）开发马门溪龙文化项目。以世界上第一具马门溪龙化石为基础，以"科普＋游乐"的模式，打造建设马门溪龙主题公园，在金沙江沿岸一比一还原恐龙模型，建设马门溪龙展览馆。深度挖掘马门溪龙的文献，进行 IP 衍生，制作马门溪龙动漫、影视片《晚侏罗世之马门溪龙》，引进培育仿真恐龙企业、研学机构、文创公司等配套市场主体。

（5）"神秘少峨、生态柏溪"。充分利用毗邻城区的区位优势，打造少峨山文旅综合体。挖掘少峨山、少峨湖、少峨寺、少峨寨的文化和历史渊源，对"一山一湖"进行投资建设，对"一寺一寨"进行修缮和利用，与少峨湖滨水观光区、少峨湖植物园观光区、少峨山文化体验区、少峨谷山地休闲区等区域有机结合，形成集柏树溪悠久历史普及、佛教文化展示、生态农业观光、垂钓娱乐休闲于一体的城市栖息地。

（6）"神话世界·哪吒故里"。哪吒文化是南广镇最为独特的文化，应借近些年的哪吒热现象，充分挖掘九湾河、龙脊石、哪吒庙、哪吒洞等与哪吒相关的古迹，在保留和恢复原有古迹的基础上，对每个景点进行升级改造。修缮陈塘关古镇，建设李府建筑群、观海楼、哪吒主题游乐园，引进文旅企业打造哪吒神话世界项目，打造哪吒文化展示、哪吒文化体验区，设计大型实景演出剧，配套建设停车场、厕所等设施。南广镇借助"传说"重生，打造成集文化体验、滨水休闲、美食体验、科技漫游于一体的哪吒乐活旅游目的地，成功创建省级历史文化名镇。

（7）向家坝高峡平湖。依托西部大峡谷、安边镇乡村观光旅游、生态垂钓休闲乐园的山、水、绿，联合水富县大力开发向家坝坝上坝下水上生态休闲文旅项目，发展民宿经济，把向家坝水电站高峡平湖旅游区打造成世界级融生态旅游和工业旅游为一体的重要旅游区，与横江古镇、石城山古镇驿道连接成集古朴、雅致、休闲于一体的城市近郊黄金旅游线。

在突出都市近郊文旅品牌的同时，协同推进远郊文旅项目创建，打响越溪河世界樟海名片，创建世界樟海·长滩樟林4A级景区，打造古罗红色小镇红色文化+乡村旅游，形成爱国主义教育基地。打响天宫山千年茶海名片，打造天宫山文旅综合体，创建天宫山国家级4A级旅游度假区。推广石城山古镇驿道，打造石城山文旅综合体，创建石城山省级生态旅游示范区。

2.整理地方特色文化

宜宾市叙州区的文化元素众多，文物古迹和非物质文化遗产十分丰富，对其加强保护、深度挖掘和科学开发，很有必要。组织专业人员对新发现的文物古迹进行鉴定并予以保护，对一些即将消失的非物质文化遗产，要及时以录音、录像、文字记录等形式进行收集、整理、保存。根据地域分布，将叙州区的特色文化进行分片、分类整理，形成《宜宾市叙州区文化地理手册》和若干专著丛书。

3.创作特色文艺精品

以创建现代公共文化服务体系示范县为引领,借助红色文化、历史文化等元素,创建话剧、书法、文学、歌曲等文艺作品,打造"两乡一基地",推动文化品牌创建。

打造"中国红色话剧之乡":加强宜宾话剧团建设管理,增加《赵一曼》《赵一曼在宜宾》《哪吒》《雾中灯塔》等项目巡演。深度挖掘红色文化、名人文化、哪吒文化、茶马古道文化等内容,创作一批有影响力的新剧。

打造"中国书法之乡":建立健全书法组织和队伍,引进中、省、市级书协会员,创办书法院、艺术馆等民营实体,设立"叙州区书法艺术节"活动日,形成一系列书法教育、培训、展示、交流、市场体系及政策支撑体系。

打造"全省合唱基地":与专业院校和艺术院团进行合作对接,培育2~3个具有竞争力的合唱团队。扩大地方形象宣传歌曲《天下为友》《世界樟海》《叙州记忆》《关河魂》影响力,积极推进展现叙州区九大特色文化的原创歌曲创建。

打造"文学创作基地":梳理凝练地方特色文化的形态、类别和精神元素,充分利用叙州区作家资源相对集中的优势,有规划、有引导地开展文创研讨和实践,组织创作系列文学作品。

(三)特色文化设施的建设

创建四川省现代公共文化服务体系示范县,高标准、高水平建设升级一批特色文化基础设施,为叙州区带来全新的城市文化面貌。

1.推进公共文化基础设施建设

加快区博物馆展陈、图书馆提档升级和文化馆总分馆及数字化建设。打造城镇社区综合性文化服务中心,建设老旧小区文化活动中心,新建中心镇综合文化站,建设文化活动室、非遗展示室、文体广场、戏台等。建设城市记忆馆,展示城市历史文化。依托幸福公社农耕文化园,打造农耕文化博物馆。围绕"一城两海三镇五区",建设僰道公园、丽雅小森林公园、南部新区乐活公园、金钥匙公园、坤泰湖湿地公园等项目,建设体现叙州区九大文化元素的口袋公园、广场、建筑雕塑等特色文化元素,拓展文化体育中心、一曼公园等已建设公共文化设施功能和作用。

2.建设"两乡一基地"文艺基础设施

提升酒都剧场、一曼剧场等剧场功能、管理和运营水平,增强科技化、现代化。在主城区建设美术馆，丰富市民文化生活。建设书法展览场馆及书法活动场所，打造完善的合唱基地基础设施，建设城市音乐厅配套音乐馆、演播厅、合唱排练厅、合唱指挥教室、琴房等教学场地及设施。建设文化艺术交流中心，加强对外文化交流。

3. 推进文化旅游交通网络设施建设

加快横楼大桥建设以开发横江古镇和石城山，加快修建岷江大桥和岷江快速通道以开发天宫山。围绕华侨城—长江公园—宜宾东楼—南广古镇—七星山旅游环线，建成多个游客集散中心，配套建设停车场等设施，开设旅游换线班车。加强景区内外交通线路连接，建设沿江景观绿道，推动智慧旅游等项目建设。

4. 推动重点项目设施建设

加大长江首城都市旅游基础配套设施建设力度，建设竞进零公里，设计长江之首地标，建设长江首岸文化旅游综合体项目标志性建筑和配套特色街区。加快推进三江公园群、万豪酒店、高铁中心蜀南里、七星山保护提升工程建设。在项目建设中融入九大特色文化元素。

（四）特色文化内容的包装

根据城市品牌学原理，采用城市形象识别系统（CIS）的原理与方法，系统完整地展示叙州区特色文化形象，包括理念识别、行为识别、视觉识别、听觉识别、环境识别五个系统。

1. 叙州区理念识别系统（MIS）

叙州区历史悠久，拥有丰富的历史沿革与自然资源，世界樟海是独有的特色。根据宜宾市万里长江第一城的城市形象，叙州区作为主城区之一，自然承载着大江文化，作为三江汇流之地，叙州区应有响亮的外宣口号，形成对外宣传品牌，彰显"叙三江古韵，览樟海之州"的城市形象定位，"畅叙神州、天下为友"的好客情怀，绿色生态、康养旅游的清新气息。

2. 叙州区行为识别系统（BIS）

通过《宜宾市民手册》《宜宾市民文明公约》《乘客文明守则》《游客文明守则》《居民文明守则》等规范叙州区市民行为，展现全国文明城市主城区的良好形象。在行为治理上加大信息化投入，引入基层数字治理思维，实现城市智治特色化发展。建设文化旅游云平台，集成信息展示、交互服务、智慧管理等功能，打造指尖上的一站式文旅服务平台。

3.叙州区视觉识别系统（VIS）

用直接的元素和载体展示叙州区的城市理念和特色文化。征集叙州区的城市标识，以宜宾之源、油樟之都、宜宾东楼和红色文化为切入点设计城市符号，以图画墙、路牌路标等生活化方式融入市民日常。规范城区色调和建筑风格，要尊重传统、延续文脉、彰显理念，契合宜宾市主基调。将哪吒、油樟等独特的符号引入城市形象展示体系。

4.叙州区听觉识别系统（AIS）

通过听觉刺激传达叙州区城市理念和特色文化。邀请专业人士设计或者广泛征集叙州区主题曲，聘请专业团队拍摄运用于不同媒体渠道的叙州区整体宣传片。围绕五张文化旅游名片制作宣传视频。开展进农村、进社区、进家庭、进机关、进学校、进企业"六进"活动，加强对从戎到叙的叙州精神、南丝路文化的传承与"一带一路""南向开放"等与叙州区相关的文化宣传。

5.叙州区环境识别系统（EIS）

通过街景、碑书、壁画、雕塑、建筑、故居等形式，展现叙州区悠久的历史文化和名人轶事。建设华侨城、蜀南里等多个特色文化街区，"长江之眼"文化地标、长江之门、宜宾东楼等标志性建筑，长江公园、南岸东区文体公园，各种沿江景观大道，打造横江古镇、陈塘关等古镇，将文化历史遗迹整合成片，形成强有力的视觉冲击效果。

（五）特色文化亮点的营销

1.拓展宣传渠道

围绕叙州区特色文化，整合宣传资源，依托图书馆、论坛、剧院形成都市人文素质优质化发展。在电视、网络、媒体等领域统一规划，集中宣传，切实提升社会效应。搭建好电视、报纸、杂志等传统渠道，重点建设运营一批网络媒体、自媒体等新兴媒体渠道，入驻今日头条、抖音、快手、微博等平台，培育一批自媒体人。

2.创新呈现载体

拍摄讲述叙州区本土故事、展示历史文化内涵的微视频、电影等影视作品，到世界樟海、天宫山茶海、陈塘关古镇等地取景。开发叙州区特色农产品和农家美食，创建城市文化符号。挖掘叙州区红色名人事迹和叙州区人民抗日战争的爱国精神成册成书，用于学生思政教育教材，精选唐君毅传统文化编写"文化自信"系列丛书，汇编横江古镇文化及叙州区古道历史故事成册，编纂出版油樟文化、哪吒文化、天宫山茶文化等叙州区特色文化系列丛书。

3. 开发文创产品

利用叙州区特色文化发展特色产业，开发生产一系列具有叙州元素的文创产品。例如，根据都市文化中长江之门、宜宾东楼等都市元素设计旅游纪念品，开发叙州区特色美食。根据油樟文化和茶文化，发展油樟产业，开发油樟产品，制作根雕作品。培育自己的茶叶品牌。根据哪吒文化和马门溪龙历史，进行文创品生活化开发及IP衍生，如制作动漫、玩具、图书、游戏、服饰等一系列文创产品。

4. 丰富节庆活动

积极参与中外企业四川行、西博会、科博会、农博会等营销活动。举办哪吒文化节、荔枝文化节、茶文化节、栀子花节、农民丰收节等系列文化节庆活动。广泛开展"我们的节日"主题活动，持续开展"油樟之春""百村春晚"等特色文化品牌活动，举办四川省森林康养年会，唐君毅先生国际年会活动。举行长江公园绿道、马拉松、骑行系列活动。举办红色话剧节，展演经典红色话剧，推动话剧创作。举办书法展览、赛事、书法节或与书法艺术有关联的文化活动。举办全省优秀合唱团队展演、合唱赛事、合唱培训活动，不定期举办合唱研讨会和合唱专题论坛，提高合唱理论水平。

5. 提升活动层次

充分利用叙州区文化资源富集的优势，地域功能上居于大市新核心区的地位，以及大学城的现实资源，以"资源在我，共享共进"的开放发展姿态，在"文化叙州"的基础上，以文化的活动的核心主旨、元素和基础平台，通过开展丰富多彩的艺术、学术和大学生群体活动，进一步打造"艺术叙州""学术叙州"和"青春叙州"。

(六) 特色文旅产业的激活

按照"文化搭台、经济唱戏、文旅融合"的原则，将文化资源作为内核和基础，将旅游资源作为引导和工具，深入挖掘叙州区特色文化资源，实施"+

文化""+旅游"文旅融合发展战略。力争到 2023 年全区年游客接待量达到 2000 万人次，旅游总收入达到 200 亿元。

1. 品牌带动激活

策划包装长江首岸文化旅游综合体、一站一山高铁生态城、向家坝高峡平湖、哪吒神话世界、世界樟海、陈塘关古镇、古罗文旅特色小镇等重点文旅项目 25 个以上，落地文旅项目 10 个以上。完成文旅项目投资 500 亿元以上。打造叙州区网红打卡地 10 个。

2. 配套设施激活

加大"快进慢游"旅游交通网络设施建设力度，建设旅游集散中心，开设连接特色文化街区、特色文化小镇等景点的旅游专班、摆渡车。打造旅游民宿至少 10 家，创建星级农家乐 30 家，创建四星级以上酒店 2 家，创建文化主题旅游饭店 1 家。

3. 文化嵌入激活

将历史文化、民俗文化和传统产业文化等嵌入旅游资源开发当中，形成更加多元和具有创意的文化旅游产品。支持企业和个人研发油樟、茶叶、白酒等各类旅游商品，建设文创产品交易中心，促进文旅商品研发与生产、营销紧密结合。

4. 市场主体激活

成立国有文旅集团公司，充分发挥引领带动作用。加快引进和培育一大批文旅骨干企业，坚持政府引导、市场配置，让企业在文化旅游发展中担当主力军。力争 5 年内"五上"文化旅游企业达到 60 户及以上。

叙州区特色文化重点任务如表 4-3 所示。

表 4-3　叙州区特色文化重点任务

重点任务	落实举措	主要内容
特色文化资源的保护	加强文物古迹保护	加大对石城山崖墓群、黄伞崖墓群、红楼梦糟房头酿酒作坊遗址、七星山黑塔、郑佑之故居、刘华故居、唐君毅故居的保护
	推进非遗文化传承	实行非遗项目"123"升级行动，打造永乐古窑文化园

续　表

重点任务	落实举措	主要内容
特色文化品牌的创建	打造特色文化旅游名片	打造长江首岸文化旅游综合体
		长江地理生态博物馆项目
		建设一站一山高铁生态城
		打造唐君毅故园
		开发马门溪龙文化项目
		"神秘少峨、生态柏溪"——打造少峨山文旅综合体
		"神话世界·哪吒故里"——陈塘关古镇开发
		向家坝高峡平湖
特色文化品牌的创建	整理地方特色文化	对特色文化进行分片、分类整理，形成《宜宾市叙州区文化地理手册》和若干专著丛书
	创作特色文艺精品	打造"两乡一基地"，创作话剧、书法、文学、歌曲等文艺作品
特色文化设施的建设	推进公共文化基础设施建设	加快区博物馆展陈，图书馆、文化馆提档升级，城市记忆馆、农耕文化博物馆、老旧小区文化活动中心、社区综合性文化服务中心、城市书房建设
	"两乡一基地"文艺基础设施	城市音乐厅、城市美术馆、区文化艺术交流中心
	文化旅游交通网络设施建设	建成多个游客集散中心，配套建设停车场等设施，打造智慧旅游项目
	推动重点项目建设设施	设计长江之首地标，建设三江文化带主题公园、华侨城长江文化旅游特色街区、蜀南里文化旅游特色街区

续 表

重点任务	落实举措	主要内容
特色文化内容的包装	叙州区理念识别系统	征集叙州区外宣口号，形成叙州区对外宣传品牌
	叙州区行为识别系统	建设文化旅游云平台，引入基层数字治理思维，实现城市智治特色化发展
	叙州区视觉识别系统	征集叙州区的城市标识，将哪吒、油樟等独特的符号引入城市形象展示体系
	叙州区听觉识别系统	叙州区主题曲、叙州区宣传片、特色文化名片宣传
	叙州区环境识别系统	建设特色街区及"长江之眼"文化地标、长江之门、宜宾东楼等
特色文化亮点的营销	拓展宣传渠道	建设运营新兴媒体，入驻网络平台，培育一批自媒体人
	创新呈现载体	开发学生思政教育教材，编纂出版特色文化丛书
	开发文创产品	设计旅游纪念品，开发生活化哪吒文化文创品及IP衍生品
	丰富节庆活动	举办哪吒文化节、荔枝文化节、茶文化节、栀子花节、农民丰收节等系列文化节庆活动。举办百村春晚、红色话剧节
特色文旅产业的激活	品牌带动激活	策划重点文旅项目25个以上，完成文旅项目投资500亿元以上
	配套设施激活	建设旅游集散中心和特色文化小镇
	文化嵌入激活	建设文创产品交易中心
	市场主体激活	5年内"五上"文化旅游企业达到60户及以上

六、保障措施

(一)强化组织领导

成立特色文化开发与建设领导小组,由区委书记和区长任组长,实行双组长制,形成党政统筹抓总、部门分工负责、市场主体主打的特色文化开发与建设发展格局。成立景区管委会,规范景区管理。建立重点乡镇(街道)特色文化开发与建设工作机构,落实专职工作人员。各级各部门要高度重视特色文化开发与建设工作,发挥各自的职能作用,细化各项工作措施,密切配合、相互支持,狠抓落实,确保文化旅游强区、创建天府旅游名县候选县、创建全省现代公共文化服务体系示范县等目标任务顺利推进。

(二)加强要素保障

强化政策保障,研究出台支持特色文化产业发展、企业培育、品牌创建等政策措施。强化资金保障,将特色文化研究、宣传和开发纳入财政预算,设立专项资金,制定专项资金管理和使用办法,建立"动态增长机制"。从专项资金中设立文化艺术创作奖励基金,支持文艺创作,推动文化繁荣发展。拓宽资金来源渠道,推动金融和社会资本投入特色文化开发与建设。建立健全绩效管理制度,提高资金使用效率。强化用地保障,对符合相关规划的项目及时安排新增建设用地计划指标,符合划拨用地目录的可按划拨方式供地,探索实施乡村旅游、休闲农业等项目建设用地点状供地。支持使用未利用地、废弃地等土地建设文旅项目,鼓励通过长期租赁、先租后让、租让结合等供地方式保障文旅项目用地需求。

(三)推进队伍建设

充分认识人才队伍建设在特色文化开发与建设中的重要支撑作用,加大编制供给,探索相应公益性岗位购买制,建设一支高素质的特色文化管理干部队伍、经营人才队伍、专业人才队伍。研究制定高层次文化人才引进政策,采取灵活多样的形式吸引高层次人才,对急需紧缺型人才给予特殊的优惠和照顾。建立地方文史研究和文艺创作激励政策,注重培养地方文史研究学者和文艺创作等文化人才,建设特色文化智库。重视地方文化名人的推介和宣传,依托高校和研究机构,加强对文化人才的培养。建立培训机制,加强对特色文化保护与发展、品牌创建、文艺创作、宣传推广等方面的培训，不断提高文化队伍的业务水平和整体素质。

（四）落实督导考核

把特色文化开发与建设工作作为政府职能部门和各乡镇、街道的年度工作目标，纳入区委、区政府重点工作目标考核，接受人大代表、政协委员以及社会各界的监督和考评。领导小组办公室和目标绩效办，要根据领导小组的安排和要求，对工作落实情况进行跟踪评估，使各项文化建设任务得到积极落实和扎实推进，每年要表彰一批优秀文化旅游企业、先进集体、先进个人，对工作推进不力、目标任务完成不好的乡镇（街道）、部门（单位）严格追责。

城市新区建设文化植入概念性方案
——以宜宾市南部新区为例

（特别说明：第一，"概念性方案"，即每项方案，只是一种方向性的风格描述，非具体的特征特质规定。第二，所有"对标图"，即所倡导的风格参照类型，并非落地的实景、实物严格标准。第三，基于"概念性"意见，几乎每一项目都提供了可供选择的不同名称。第四，根据领导批示而确定的策划意图，全方案六个项目，除了主体功能、空间区位考量系统性差异外，均为各自独立、自成体系、互无因果的建设实体，换言之，实施方均可做出唯一性选择。第五，作为"概念性方案"，所有项目都为实施方提供了自主操作空间。）

一、总体思路

（一）理念定位

总体上："浪跂金沙，潮动宜宾"

（1）方法上：效益对标东区东楼，风格追求迥异创新。

（2）空间上：定位全市市域中心，视野面向全国。

（3）气质上：引领宜宾，创造"新宜宾"。

（4）舆论上：网红及人气"引爆"性地标。

（5）效能上：可持续文旅综合效益实体。

（6）功能上：宜宾地域核心文化元素系统展示、营销和传承基地。

（7）角色上："昼夜明星"亦即均注重打造昼夜不同风格。

（二）文化遴选

1. 原生文化

（1）自然元素。

（2）人文元素。

2. 外来文化

（1）文化移植。

（2）内外结合。

3. 创新文化

（1）无中生有。

（2）综合创新。

4. 本土文化

（1）立足叙州区作为"市中心"定位，视野覆盖全市范围可资文化标志性或文旅突破性效益的核心文化元素。

（2）对叙州区本土可资标志性、高效性的文化元素有所侧重。

（三）风格效益

（1）打造能"说话"的建筑。

（2）新地域主义建筑：地域传统文化风格植入，现代建筑科学原理，现代建筑功能。

（3）后现代主义建筑：开放、非常态风格，创新建筑功能。

（4）综合个性化效益：新、奇、乐、美。

（5）成果传播学效益：对标共振传播效益。

（6）主干道文化中轴效益：紧靠金沙江大道城市新区主干道西侧，由西南向东北依次展示，打造历史、当下和未来文化。

二、醉楼（"醉塔"）

（一）建筑位置

宜宾醉楼地址选在南二街与天池大道的交会处，比邻天池大道，在金沙江旁，交通便利；临近金沙江，纵观金沙流金之景。如图5-1所示。

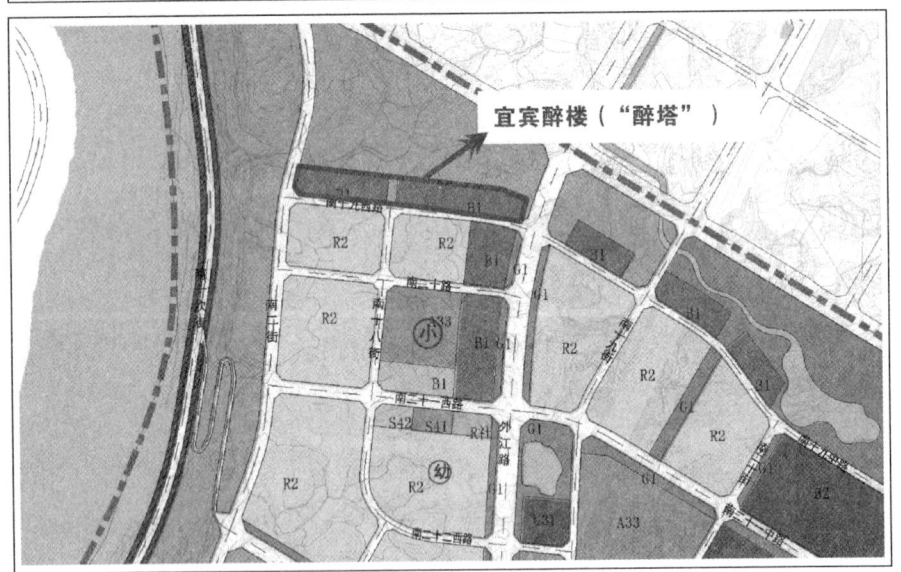

图 5-1 宜宾醉楼位置

（二）建筑风格

"宜宾醉楼"采用后现代主义建筑风格，以变化、分裂、夸张等手法装饰，类似建筑作品有"水立方""鸟巢""央视新大楼"等，均通过后现代主义建筑风格与中国传统文化的融合，打造出既具有中国特色又有时代感，符合当下时尚审美的标志性建筑。因此，醉楼在建筑设计中加入宜宾酒都特色文化，与后现代主义建筑风格相结合，以实现宜宾酒文化和时尚现代感的和谐统一。

（三）文化元素

"宜宾醉楼"以"酒"字当头，"醉"字为要，将宜宾作为酒都的多个"酒"文化元素融入其中，酒多自然醉，但适量的"酒"文化又恰好切合了当代年轻人喜好的"微醺"感。

1. 白酒酿造工艺和遗址：叙州区糟坊头老作坊遗址及蒸馏器具等。
2. 酒都醉文化：诗词酒都，"哥俩好哇，五魁首哇"等酒令，"感情深，一口闷"等顺口溜、祝酒词。
3. "醉"餐系列：开胃菜、酒菜餐、下酒菜、醒酒菜等。
4. 酒都新饮：白酒鸡尾酒、白酒咖啡等。
5. 创意酒食：酒点心、酒果冻、酒心巧克力、酒香冰激凌等。
6. 白酒文创：城市IP、白酒面膜、药酒康养等。
7. 酒的艺术：酒文化书法作品、《庖炊饮宴图》等石刻画像、酒具展示会、酒类艺术藏品等。

（四）总体定位

"宜宾醉楼"的建筑外观突出"酒意"，建筑内部结合酒文化元素，以酒都酒菜、白酒新饮的餐饮为主，结合"昼观宜宾，夜赏金沙"的昼夜异样观光体验、酒都文创延伸、酒艺术作品展示等，是集酒文化展示、餐饮娱乐、都市观光、文创产业、艺术消费于一体的综合性多功能建筑。

"醉楼"文化产业通过创新白酒的体验方式，坚持传统与现代相结合、白酒与时尚相贴合、艺术与商业相融合，推进中国白酒消费的新理念、新模式和新场景。

（五）体量布局

"宜宾醉楼"规划总占地面积15000平方米，单体建筑占地面积10000平方米，附属建筑占地面积5000平方米，建筑高度300～500米。

（对标分析：茅台酱香酒文化体验馆占地面积3000平方米；梁山水浒酒文化体验馆建筑面积12000平方米；广州塔塔身主体高454米，天线桅杆高

146米，总高度600米。）

（六）功能阐述

1.醉宜宾——酒文化实验室

以"醉宜宾"为主题，以潮流、有趣的直观方式，全方位、零距离的五官体验白酒文化，眼观叙州区糟坊头酒坊、酿酒技艺等酿酒文化；耳听白酒发酵之音、诗词之声、酒坊市井之声等；鼻闻香识白酒，一秒化身专业品酒师；嘴品美酒享醉楼文化；在酒意之中，进行艺术创作，或诗或画。

"醉宜宾"文化实验室采用新饮的酒文化体验，构建宜宾特色白酒文化参观旅游新方式。

2.醉炫餐厅

醉炫餐厅位于建筑的顶楼，可以360°旋转，食客可以一边用膳，一边饱览户外景色，俯瞰整个城市。以"中国酒文化"为核心，以"醉"系列菜、酒都新饮等休闲餐饮为突破，建设酒都风情品鉴空间，引领中国白酒体验新消费新理念、引导消费新形势、培育消费新热点。同时，借力宜宾夜间休闲消费习惯，形成"夜把酒欢，醉看宜宾新风尚"，着力推进宜宾的夜间经济。大力培育宜宾市酒文化旅游品牌，推进"酒文化+旅游"融合发展。

3.金沙跩浪——户外摄影观景平台

"金沙跩浪"是宜宾市较高室内和户外摄影观景平台，是游客登"醉楼"建筑观光所能达到的最高点。昼观宜宾城市全貌，夜赏灯光绚烂多彩，根据四季变化，塑造不同主题色彩灯光秀，实现"白+黑+一年四季"。

4.醉楼文创

城市如人，都需要一颗"有趣的灵魂"。城市品牌成为经济发展的助推器。城市形象IP是打造城市品牌的有效手段，如日本熊本县超级IP的熊本熊成功带动当地旅游业。

围绕宜宾酒文化，融合宜宾地域名称、色彩、地理特征和特产，设计宜宾城市IP形象，同时开发衍生品和影视剧制作，采取动态的营销策略，不断更新设计、跨界合作，创新故事，带动宜宾的城市宣传与旅游效益。

酒具有振奋精神、舒筋活血、驱寒发热、消除疲劳等功能，可以开发酒面膜、康养药酒等延伸文创产品。

5. "ZUI 艺术"展览

以"艺术酒都"为路径，打造城市文化艺术特色。通过举办酒艺术展览、酒文化书法作品、名酒收藏与拍卖等活动，展现宜宾"ZUI 艺术"的城市风貌，以构建中国白酒艺术中心和贸易中心为目标，为城市"酒"文化重构艺术内涵。

(七) 建筑外观设计概念示例

1. 对标建筑一：波兰扭曲屋 (Crooked House)

波兰扭曲屋是家生意兴隆的购物中心的附属建筑，也是世界十一大超级古怪建筑之一。波兰扭曲屋的楼身呈扭曲的褶皱形，像一栋喝醉酒后醉态可掬的卡通房子，波兰扭曲屋是索波特最上镜的建筑。

2. 对标建筑二：里约热内卢"灯塔"

该"灯塔"是由米克设计工作室为巴西的里约热内卢市设计的。灯塔位于 Cotunduba 岛，紧靠着海边的一个大码头。该塔设计成了拱门形，包括观测台、报告厅、天桥、蹦极、攀爬塔、陀螺仪、餐厅、纪念品店、城市平台、多功能空间等众多功能。

3. 对标建筑三：凯越首都门 (Capital Gate)

凯越首都门是阿联酋首都阿布扎比有趣的建筑，高 160 米，倾斜 18°，是比萨斜塔倾斜角度的近 5 倍，创吉尼斯世界纪录，被认为是世界上最倾斜的大厦。

三、僰道城市音乐厅

(取名说明，①僰道城市音乐厅：宜宾历史悠久，史籍有"古僰国""僰侯国"之称，僰道是宜宾最早的行政称谓，以此命名彰显浓厚的历史底蕴，加上"城市"二字，展现历史与现代的交融，文化的传承和发展。②金沙城市音乐厅：音乐厅坐落金沙江畔，以此命名彰显宜宾"万里长江第一城"的美誉。③"鎏音"音乐厅：鎏，既对应金沙鎏金的比喻，也通留，留住音乐之意。④槐花开音乐厅：取材自宜宾唯一一首传唱度很高的民歌《槐花几时开》，彰显本地独特的音乐符号。⑤蜀南音乐厅：取名与宜宾地缘相关，与打造成川南最具科技感、优美感、专业性的网红音乐厅定位匹配，"蜀南"本身也形成了一定的品牌效应。⑥聆兰音乐厅：聆，聆听之意；兰取自宜宾市花黄桷兰。聆兰代表了让世界听到宜宾声音，让宜宾市民在自己的音乐厅听到希望听到高雅声音之意。）

（一）建筑位置

建筑位于金沙大道与南二十四路临水地块。如图 5-2 所示。

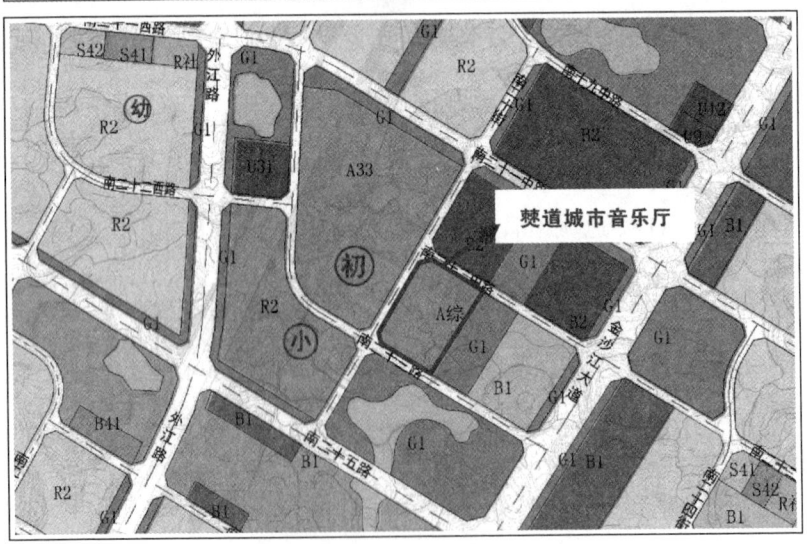

图 5-2 僰道城市音乐厅位置

（二）建筑风格

建筑是凝固的音乐，音乐是流动的建筑。当一座城市出现了具备较高水准的音乐厅时，也从侧面印证了生活在城市中的人对音乐的热爱与渴望，人们的期待赋予了音乐厅价值和名望。很多时候，正是这样城市文化综合体的涌现，成为我们判定一座城市"时尚""文明""国际化"的参考指标。而音乐厅，正是城市文明的体现和标志之一。

僰道城市音乐厅采用现代主义建筑风格，以简洁的造型和线条塑造鲜明的建筑表情，通过融入宜宾本土文化元素，在外观设计上采用对称、整洁的建筑造型和金属、充满科技感的材料组合，带给人音乐的节奏和韵律的美感。类似中国国家大剧院、广州大剧院、深圳音乐厅等建筑风格，僰道城市音乐厅在外观上给人以视觉冲击，同时在外部环境打造上，充分利用湖泊、广场、喷泉等要素，给人一种宁静、高雅之美。特别是在夜间，灯光、湖水、喷泉、音乐交织在一起，打造一个声、光、水、色有机交融梦幻世界。

（三）文化元素

江河文化：在建筑外观造型上可以融入长江首城这一概念，将建筑外形设计成船形、帆形等与江河文化息息相关的造型。在湖泊周边可以布局鹅卵石浅滩，营造一种江滩清澈透明的感觉。

竹木及油樟文化：在建筑装饰设计中加入竹编元素，在建筑外围及绿道环境营造中，可以用不同种类的竹子或者油樟树布局加以衬托，用竹和木制作一些乐器摆件，展现出生态之美。

（四）总体定位

目前宜宾音乐产业发展滞后，配套基础设施缺乏，通过建设规模化、专业化、现代化的音乐厅，成为引领行业发展的引爆点，打造成川南最具科技感、优美感、专业性的网红音乐厅，为叙州区打造全省合唱基地创造条件，使之成为地方形象宣传的响亮名片。

（五）体量布局

建筑主体加外围环境打造在1万平方米以上。

（六）功能阐述

音乐"赏教培"一体化殿堂。音乐厅包含演播厅、合唱排练室、化妆室、艺术培训中心、录音棚、琴房等教学场地及设施，配套建设餐厅、停车场、小商品店等。音乐厅可举办个人和团队展演、合唱赛事、合唱培训，集音乐演出、餐饮休闲、艺术培训等功能于一体。

高端夜景打卡地。建筑采用独特的科技手段，采用灯光装饰使建筑在夜间呈现出高端典雅之风格，搭配周围雅致的景观布置及音乐跳泉，使之成为宜宾城市建设的新地标及高端夜景打卡地，让市民不仅领略到由音乐厅建筑本身带来的美学享受，更通过水流与音乐的交织感受到高雅艺术的魅力。

互动式音乐跳喷泉。音乐厅周围增加互动性极强的音乐跳泉或喷泉。互动式音乐跳泉的原理是将跳泉装置与集电地板连接，每踩下一块地板则可启动一组跳泉，互动式音乐喷泉则是通过感应装置让喷泉感应到人手的变化来调节喷水的高度。互动式跳喷泉设计特别能有效激发市民的参与感，让市民尤其让儿童体验交互的趣味性。

（七）建筑外观设计概念示例

1. 建筑似"超级游艇"矗立江河潮头，层层退台式营造出优美的流线，雅致的金属板和巨幅落地窗，使一种通透的江河文化和艺术气息扑面而来。可以考虑融入宜宾江河文化，"万里长江第一城"概念。

2. 建筑如同一艘白色玻璃帆船，搭配蓝天、白云、玻璃、音乐，给人足够的视觉美感和浪漫气息。可以考虑融入宜宾江河文化"万里长江第一城"概念。

3. 建筑灵感来自鸟类的翅膀，流畅、灵动且具有生命力，充满了未来感，通过最简单的线条，展现最独特的艺术气息。

4. 建筑顶部流动的线条如重峦叠嶂的山脉，也如跳动的音符，与湖面的倒影相互映衬，展现出宜宾的山水自然气息。

5. 建筑采用连绵起伏的坡屋顶，塑造"文化山峦"的形象，造型简洁，极具视觉冲击力，优雅的建筑造型与水道交相呼应，展现出宜宾自然的山水气息。

6. 线条是最简单也是最复杂的艺术，通过冷静、极简的线条以及优雅的曲线造型，展现音乐的韵动。

7. 将建筑打造成一个音乐花瓣圣殿，夜间照亮如同巨型灯笼，营造出高端、神圣、宁静的感觉（可以考虑融入宜宾市花元素）。

8. 建筑外部有多个花瓣状帷幕环绕，由多层透明度不同的高科技纤维布料制成，并可以根据外部光线条件的改变进行调整，始终保持室内的光线亮度（可以考虑融入宜宾市花元素）。

四、融创文旅城

（一）建筑位置

建筑位于天池大道以北，南二十六路以南，金沙江大道以西，外江路以东。如图 5-3 所示。

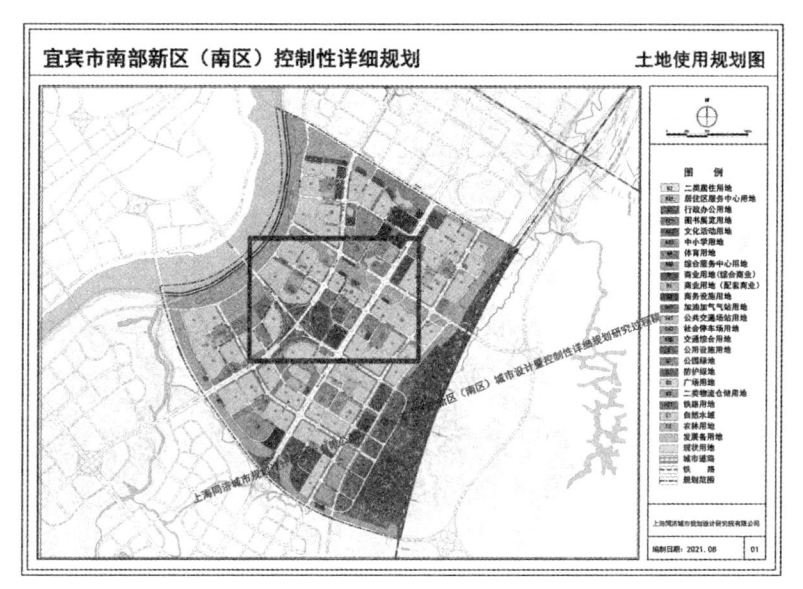

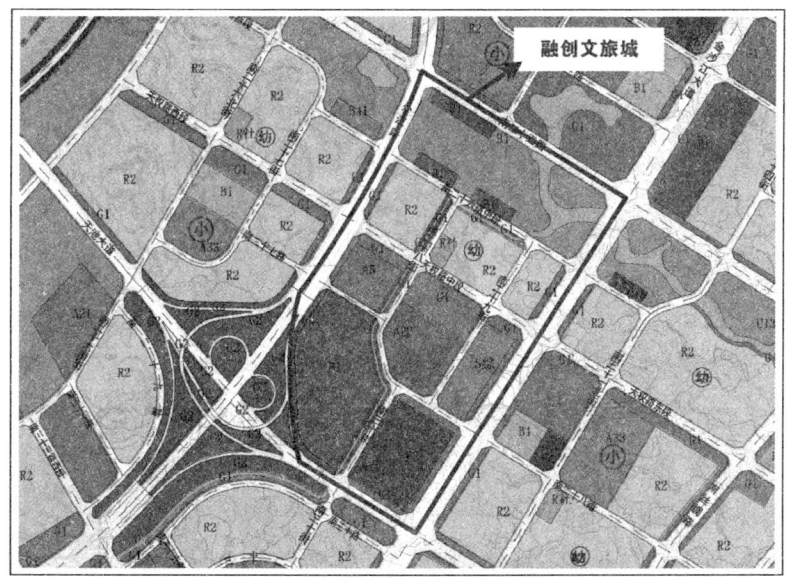

图 5-3 融创文旅城位置

（二）建筑风格

童话城堡、仿生建筑、绿色园林、风情特色街区。

（三）文化元素

1. 文化母题：恐龙文化、侏罗纪。

2. IP体系：挖掘马门溪龙、中华鲟等本土文化元素作为恐龙园文化母题的IP定位。

（四）总体定位

以主题公园品牌中华恐龙园的引入为基础，建设体现"文、旅、商、娱、秀、康、养、教、宿、创"要素融合，满足所有年龄层次需求的中华龙鲟园融创文旅综合体，打造宜宾新的城市会客厅，使之成为西南地区一流的主题公园和引爆新区建设发展的网红打卡地标。

（五）体量布局

规划面积800亩左右（对标分析：常州中华恐龙园占地面积600亩，郑州中华恐龙园规划面积934亩，兰州西部恐龙园规划面积1000亩）。

（六）功能阐述

1. 主题游乐

以恐龙园原创IP形象设计的水上游乐园，结合可爱萌动的恐龙宝贝卡通形象和科技互动体验项目，打造亲子欢乐天地；整个魔幻雨林区域被打造成亿万年前恐龙时代的热带雨林，除了恐龙，还有各类史前生物生活在这片区域中，斑驳的蕨类和恐龙的嘶吼让游客真切地感受到身处史前世界。

2. 主题教育

以科普为目标设置中华恐龙馆，馆中化石陈列运用互不雷同的手法，通过高科技手段和声光电的运用，结合影视成像、卡通动画、恐龙翻模、网络游戏以及各类科技制作等，使中华恐龙馆突破了传统博物馆的观念，成为集博物、科普、观赏、游乐、参与于一体的现代新型恐龙博物馆。

3. 主题商业

根据恐龙主题，将园区商业打造成主题鲜明、个性独特的多元化消费场所，让游客形成鲜明的视觉和感觉冲击。通过对主题的具象挖掘和营销推广，把商品作为"道具",服务作为"舞台",环境作为"布景",使顾客在集零售、餐饮、娱乐于一体的商业活动中享受到美好的体验。另外,通过研发恐龙宝贝等一系列独有的IP形象,并以此开发多款恐龙主题的衍生商品,增强游客体验内容的同时,进一步促进园区的商业消费。

4.主题演出

园区设置多场演出遍布全天各时间段,将游客碎片化的时间无缝串联起来,有经久不衰的经典演出《恐龙王国欢乐行》《鲁乐回家》《冒险恐龙岛》等,也可根据园区IP或不同活动主题打造原创的舞台演出,配合现代科技手段,让游客可以多维度感知艺术。

5.沉浸式互娱体验

组织不同主题的花车巡游,如暑期狂欢节期间推出的"星光璀璨花车大巡游"、万圣节期间推出的"万鬼朝圣大巡游",精心的创作不断提升游客对主题活动的体验感。

6.文科融合

打造科技互动体验区,体验"伊萨利卡城"、4D影片《翼龙骑士》、大型多媒体魔幻剧《库克传奇》等一系列原创项目,通过AR、VR、绿幕、体感互动等科技手段优化IP体验。

7.主题环艺

注重主题环境的营造,在良好的生态环境基础上,通过主题雕塑、环艺造景、项目包装对每个区域进行故事氛围的打造:"库克苏克"区被打造成为恐龙王国文明以外的一个神秘区域,是翼龙骑士军事训练的军营,通过飞溅的瀑布、冷峭的山岩、茂密的丛林等情景还原,令人仿佛置身神秘境地。

8.恐龙人俱乐部

恐龙人俱乐部是恐龙园文化旅游集团股份有限公司打造的"家庭娱乐中心"类产品,它从各种社交、娱乐、体验元素中萃取、拆分成独立的产品模块,按需进行灵活组合,是集主题餐饮、休闲社交、互动娱乐及时尚零售等多种业态于一体的家庭娱乐中心,可以满足亲子游乐、聚会团建、商务活动等全方位需求。

(1)亲子模块。恐龙人俱乐部围绕亲子人群的娱乐休闲需求,通过对多种类的产品项目进行趣味组合,寓教于乐的同时,有效促进亲子关系发展。其中，恐龙人主题餐吧以原始丛林恐龙家园为主题氛围，结合声光电及立体环绕声设备，真实还原恐龙影像，耳边有力的脚步声令人感觉仿佛身在侏罗纪丛林中与恐龙共餐，趣味十足。餐吧主打东南亚特色，浓郁鲜美的咖喱大明虾、神秘的海底宝藏、肉食主义的霸王龙午餐等主题特色菜深受消费者喜爱，被赞创意与美味兼具。另外还有以体验镜子迷宫为主题的亲子冒险的梦幻世界和融科普、神秘、运动竞技为一体的亲子同乐的侏罗纪高尔夫。

（2）休闲模块。恐龙人俱乐部通过不同的线下休闲娱乐体验来促进社交，在满足不同群体的休闲娱乐需求的同时，促进人与人在现实生活中的沟通。集合了不同主题、不同功能的轰趴房可以满足各年龄层用户的不同需求。每个主题房都配有全套与主题相关的娱乐设施，包括VR体验、娱乐K歌、互动桌游、电子竞技、棋牌娱乐等，恐龙人俱乐部是一处适合各种家庭派对、企业团建、生日聚会的新型娱乐场所。除此之外，还有能够承办各种主题分享活动、读书会友、品茶、桌游等休闲聚会活动的咖啡吧、主题网咖以及台球馆。

（3）运动模块。恐龙人俱乐部通过有趣的运动项目，紧张刺激的氛围营造，让游客告别了以往枯燥的运动模式，真正体验运动所带来的快乐。CS激光战场拥有全球领先的激光装备和强大的后台系统，模拟真实战斗场景。玩家组成两队比赛竞技，斗智斗勇，不断上演腹背受敌、绝地反击的各种状况。还有在荧光特效下，保龄球赛道如同洒满月光，配合着超酷的荧光保龄球，引领恐龙人CLUB的最炫潮流风尚。除此之外，还有最受年轻人喜爱和欢迎的电动卡丁车和数码飞镖等项目。

（4）探险模块。神秘、刺激的娱乐体验一直备受年轻人推崇，当下程序化的生活方式需要不断的探险来为其调味。恐龙人俱乐部有盗墓笔记官方授权的《七星鲁王宫上、下篇》《逃出侏罗纪》《巫蛊荒宅》《怨灵诡厕》《贤者遗迹》七大主题密室逃脱项目，真实还原的情景充满挑战，玩家可在自己喜好的主题场景中扮演理想中的角色，凭借缜密的推理和团队协作，完成逃脱任务。

（5）游艺模块。恐龙人俱乐部的游艺模块是对现代科技与传统趣味游戏进行融合，为不同年龄层提供健康向上的游艺体验。除了K歌机、跳舞机、飞镖机、游戏机等有趣好玩的互动数码游艺机之外，还专为亲子家庭设计了娃娃机、儿童游乐天地、绘画水族馆、数码水族等项目，在拓展儿童思维的同时，培养儿童的社交能力，丰富儿童的娱乐生活。

（七）对标案例

对标案例一：常州中华恐龙园。

对标案例二：兰州西部恐龙园。

五、西阁（"西楼"或"宜宾阁"）

[取名说明，第一，关于"阁"：基于传统建筑类型形式上"阁"对"楼"。第二，关于"西阁"：在名称及形式上呼应"东楼"。同时，"东楼"因765年杜甫路过宜宾而出名。杜甫离开宜宾后沿长江东下，于766年旅居夔州，居"西阁"，并著有诗作《西阁夜》。第三，"阁"的建筑风格与功能，可高可低，可大可小，可单可群，可观可用，便于地标及功能性综合塑造。第四，关于"西楼"：唐会昌二年（842年），马湖江（金沙江）涨大水，三江口土城已荡然无存，城址迁往岷江北岸今旧州坝。到宋朝时，宜宾城址在旧州坝。南宋诗人刘翼之《题戎州西楼》曰："西楼何似古东楼，但觉新州胜旧州。山色不藏兴废迹，江声空战古今愁。"但唯纠结之处在，明确古"西楼"在岷江北岸今安阜。第五，关于"宜宾阁"："宜宾"之地域名以及"宜宾"一词内涵之大意义，在"宜宾"源头的叙州区地域，当立足大宜宾的角度，有一具名"宜宾"的具备文化底蕴的功能性标志性主体建筑。]

（一）建筑位置

选址一：南部新区（南区）南三十二路与南三十三路之间靠湖边"A综"地块（说明：第一，水陆结合，便于单体地标型、文化类建筑群打造。第二，靠近金沙江大道，交通方便，可成为主干道地标，便于参观体验）。如图5-4所示。

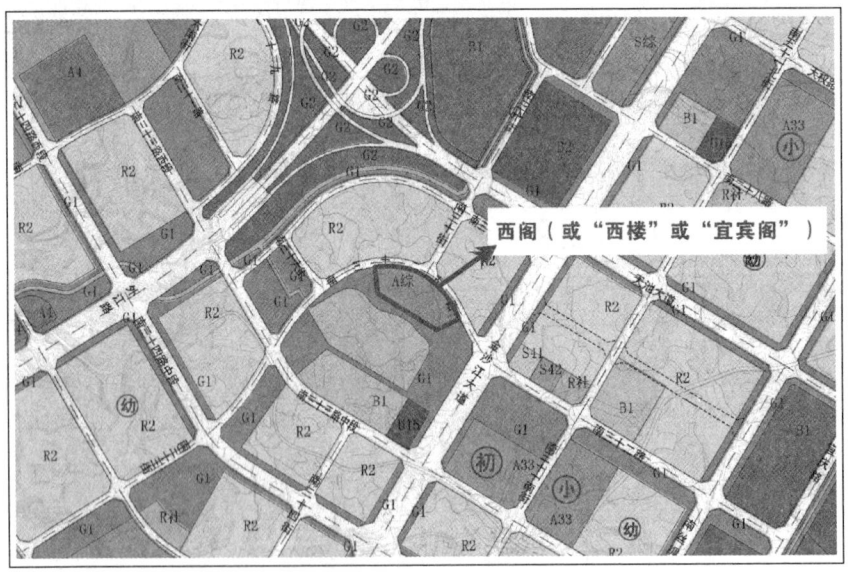

图 5-4 西阁选址一

选址二：普和新区马门溪大桥与城南大桥之间临水地块［说明：第一，靠近南部新区（南区），具有较强的辐射作用。第二，靠近河岸及水岸，有丰富的水资源用于外部景观打造］。如图 5-5 所示。

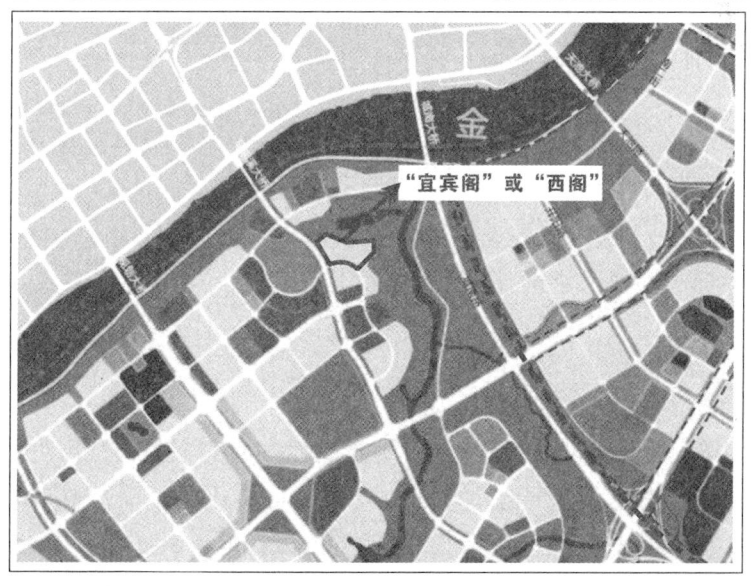

图 5-5　西阁选址二

（二）建筑风格

1. 总体结构：标志性主楼与附属功能性建筑群。
2. 位置分部：沿湖。
3. 建筑样态：基于川南民居"青瓦、白墙（梁柱正方分割网格化）、两面坡（四面坡、歇山顶）"特色元素的仿古建筑群（统一单体建筑）；或基于川南民居"青瓦、白墙（梁柱正方分割网格化）、两面坡（四面坡、歇山顶）"特色元素的后现代建筑（主体标志性建筑加附属功能建筑）。

（三）文化元素

1. 文化渊源：以"西阁""西楼"计，金、岷二江，均自"西来"。
2. 建筑硬件：川南民居建筑特色元素与仿古或后现代风格。
3. 时代文化：宜宾及叙州区历史文化与现代文化。
4. 元素类别：精神文化与物质文化，包括自然文化元素以及人、事、诗文、艺术；餐饮文化。

（四）总体定位

1. 川南民居"青瓦、白墙（梁柱正方分割网格化）、两面坡（四面坡、歇山顶）"特色元素的集中展示。
2. 作为金、岷西来两江孕育文化渊源的宜宾城之"宜宾名""宜宾源""宜宾义""宜宾地"的打卡体验型和集中性迎宾、溯源、寻根之地。
3. 宜宾主城区文化元素的集中展示地。
4. "新宜宾"气质的内涵原点和外观起点。

（五）体量布局

1. 主体标志性展示建筑后现代风格约60米高，仿古主体建筑约40米高。
2. 所有建筑：总体建筑面积2万～3万平方米。

（六）功能阐述

1. "宜宾文化史展陈"：宜宾文化发展线索与宜宾人的精神历史。
2. "宜宾源头文化"展陈：基于宜宾市多种文化元素源自叙州区。例如："宜宾"之名，马门溪龙，中华鲟，古道，古镇，古工商文明，文人文脉，近代开化，现代学术，红色文化，市树，市花，改革，等等。

3."宜宾人图书馆"：宜宾籍、居于宜宾人士著作或讲述宜宾事的著作。

4."九境书院"或"九境讲坛"或"书房头"或与"宜宾人图书馆"功能合并：①利用"大学城"资源打造宜宾学术中心；②建立青少年传统文化（特别是利用赵场传统上学人云集的"成功"效益）体验基地；③宜宾现代文学、书法艺术体验馆。

（说明：以上1～4内容归入标志性主体建筑。以下5～6归入附属功能性建筑。）

5."槐花开"或"槐花"或"金沙槐花"音乐厅：借助宜宾唯一享誉全国，且诞生于叙州区至旧屏山金沙江途中的爱情民歌《槐花几时开》歌名，打造地方特色音乐厅。

6."跩楼"：（"跩"的由头，第一，酒都宜宾，微醺喜跩，酒酣大跩。第二，宜宾最发达餐饮：早餐面食和晚餐酒食。这说明宜宾人重在朝暮，无意过程。）①建筑外观"跩楼"即"醉楼""楼醉"的后现代建筑；②基于健康和美食的理念，创新打造"宜宾酒"必配"宜宾菜"的新业态，从酒餐开胃、下酒到醒酒形成宜宾独有的系列酒餐菜系；③集中展示经营亦即销售和体验宜宾面食文化，附设小型"宜宾面食文化博物馆"和体验馆；④集中展示、销售、体验宜宾其他特色餐饮文化（如楠竹壳包裹的黄粑、猪儿粑、全竹宴、凉糕等，以及楠竹叶粽子、"马茶"又叫砖茶或大白茶和已经消失的"凉水"等）。

（七）建筑外观设计概念示例

1.与川南民居建筑元素对标：青瓦、白墙（梁柱正方分割网格化）、两面坡（或四面坡、歇山顶）。

2.与后现代总体风格对标。说明：①所有方、平顶造型更换为青瓦两面坡造型；②所有墙体格子改为白底，赭色梁柱正方形密集网格化布局；③主楼层级数字可寻找文化含义确定；④建筑群统称"宜宾阁"或"西阁"；最高楼即为"跩楼"。

3.与仿古总体风格对标。说明：①主、附楼墙体均改为白底，赭色梁柱正方形密集网格化布局，上部及横向间以赭色门窗；②屋顶改为四面坡造型；③底层腰墙为青砖；④总体布局为一主三附，四合院。

六、未来城市雕塑及景观设计

（一）建筑地标位置

按照南部新区未来公园社区示范区的总体规划目标，未来城市地标主要分布在南部新区绿色街区、休闲消费、医养服务、体育运动、陆港枢纽、人文教育及未来人居中心等七处，形成南部新区（南区）环状地标群。如图5-6所示。

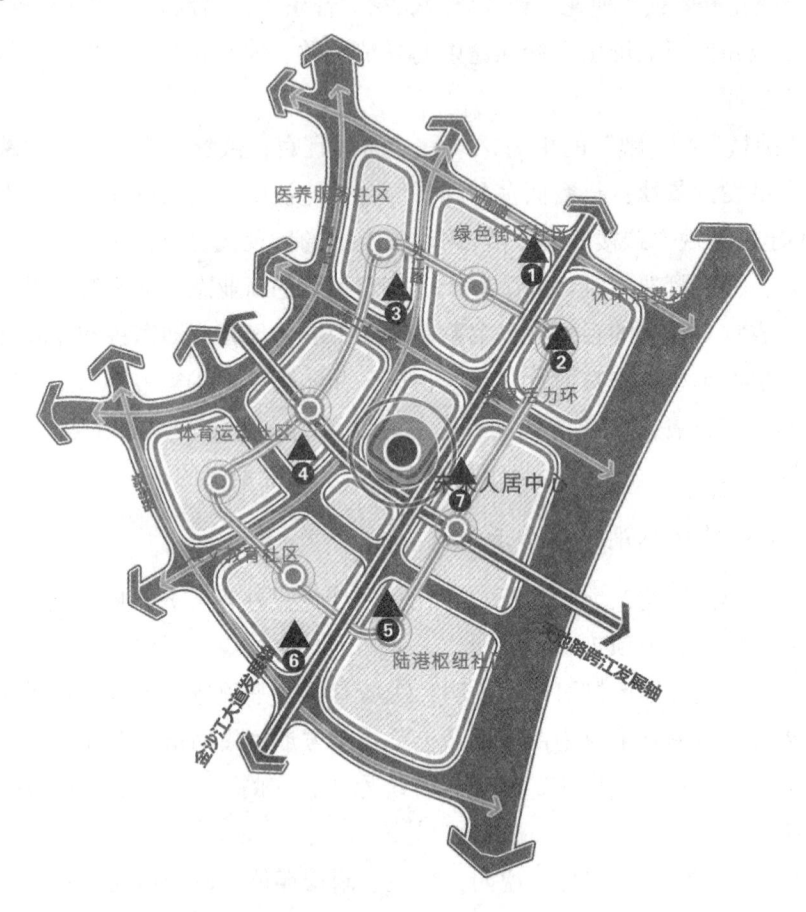

图5-6 南部新区未来城市雕塑及景观设计点位图

（二）建筑地标风格

根据七大片区不同应用场景和未来主义城市发展路径，雕塑景观设计以后现代主义风格为主，主要采用充满现代感和科技感的金属材料和体现自然感和生态感的植物元素，总体上给人以视觉上的享受和对文化的思考与传承。

（三）文化元素

1. 江河文化：宜宾江河文化资源丰富，以三江汇流、长江之首为特色，区域江河文化具有无与伦比的源头性，宜宾地标理应包含此元素。

2. 生态文化：宜宾作为山水城市，长江上游重要生态屏障，城市发展必然贯彻绿色发展新理念，在南部新区建设公园社区示范区的过程中，绿色生态是应有之义。

3. 都市文化：作为长江首城的都市核心区，必须具备一批可游、可观、可想的体现宜宾作为现代都市，引领城市生活新态度的标识性文化载体，展现现代都市文化精神。

（四）总体定位

按照南部新区未来公园社区示范区的总体规划目标，在七处场景规划布局相适应的地标或建筑，适配未来人居中心、未来公园社区的目标要求，展现宜宾独特的文化元素，引领城市新生活。

（五）功能阐述

1. 六片

（1）绿色街区社区，打造自然交互场景。本社区大量使用自然材料和废弃材料进行雕塑设计，强调雕塑与自然的融合、与环境的沟通，呼应"绿色"主题。

（2）休闲消费社区，打造现代都市场景。利用简约，具有未来感，代表城市生活新态度的雕塑去烘托整个社区的时尚感和现代感。雕塑的选材更多选择有金属感，具有未来主义风格的材料，同时能够利用灯光变换营造白天和夜晚的不同风格。

（3）医养服务社区，打造健康医养场景。以防疫为主题，为医生护士塑像，既讴歌医护人员对社会的贡献，也为常态化防疫工作做出警醒。

（4）体育运动社区，打造体育活力场景。配套运动基础设施地标，同时利用运动感、流线感雕塑及景观进行运动环境营造。

（5）陆港枢纽社区，打造创新创业场景。通过浮雕展现交通发展历程，提取火车、高铁、智轨等外形元素,突出社区交通枢纽特色。

(6)人文教育社区,打造人文教育场景。通过在街道、社区或者公园制作书本模型,展现知识的力量,烘托人文教育氛围。

(7)未来人居中心,打造温暖宜居场景。在未来人居中心,靠近金沙江大道发展轴处,设置呵护人类心理健康的装置和景观,实现宜居之目的。

2.一轴

在金沙江大道两侧,宜宾西阁、酒都醉楼、中华恐龙园、僰道城市音乐厅等标志性建筑已经以自身的建筑风格吸引到公众眼球,展现宜宾从传统到现在,再到未来"浪跹金沙,潮动宜宾"的变迁之路,外围装饰涵盖在具体项目中,此处无须再重复加设雕塑。

(六)设计概念示例

1.绿色街区社区

(1)除了可以设计出动物造型的生态雕塑,还可以设计出体现本地文化元素的生态雕塑,亦可以利用枯枝等其他自然资源进行雕塑设计。

(2)在绿色街区社区加入利用PVC排水管制作的景观,在"后现代主义"的社会中,污水管、雕塑和花园也许没有任何区别。该装置在鲜艳俏皮的外表下提出了一个严肃的问题:美为何为美,丑又为何为丑?我们该如何用"丑"的事物来创造"美"的事物?(所对标艺术装置是2018年"Insolites走廊"作品竞赛的优胜作品,"Insolites走廊"是魁北克规模最大的公共艺术项目)

(3)"白日梦蓝"是利用PVC排水管制作的发声器,分为三个声部,每个声部3~5个音阶。主要发声部位为三种不同直径的PVC排水管,并由顶部的蓝色给水管进行音高的调节。使用PVC给排水管设计发声器的灵感,来自巴布亚新几内亚原住民的竹制打击乐器。他们使用不同直径的竹子,打通内径并捆扎到一起,击打发出声音,形成极为丰富且有力量的旋律与节奏。在绿色街区社区设置此类装置,有助于号召人们形成"变废为宝"的消费理念,强化绿色概念。

2.休闲消费社区

(1)云梯以云朵与星河为灵感,结合了雾森的表现形式,构建了百年守护的星云树来守护与陪伴这片土地上生活和奋斗的人们。

(2)以"种子"为形的雕塑由成百上千朵"桃花"组成,结合"万花筒"

的元素，将其置于一片广阔的绿地中，营造出唯美静谧之感。

（3）荷叶将植物艺术应用到景观设计之中，于水岸间蜿蜒屈伸，肆意地展现大自然的纯粹魅力，传达出无拘无束的空间意境。

（4）蝴蝶造型配以互动跳泉，孩子可以在这里放飞自我地玩耍，回归本真的快乐。在后场空间，游客步行经过触动到开关后，景观墙上的蝴蝶就会闪动起来，产生不同的光影效果。

（5）水滴以镜面不锈钢为表现材质，表面打孔做成花纹团，夜晚配合灯光，呈现流星落地的效果。犹如一颗流星幻化成水滴冲破天际，坠落到大地，星光闪耀，从此便有了传说。

3. 医养服务社区

披着披风的医生以超人的形象出现在人们面前，歌颂医生群体对社会的贡献，展现其勇敢、坚毅的群体形象。同时，戴口罩的医生呼应常态化防疫工作，警示疫情防控工作应当常抓不懈。

4. 体育运动社区

（1）名为"映像"的雕塑展示了艺术家经典的曲线打褶技巧，也是受到自然形态和运动的启发对运动和流动性的抽象诠释。温和优雅的曲线打褶技巧增加了雕塑的艺术感，同时起到遮阳的作用。

（2）乐器座椅系统让人们"能动就不坐着、能玩就不闲着"。它旨在为市民提供一个开放可玩的平台，为平平无奇的公园长椅注入新的活力。长椅的独特形态是根据其所在的环境定制的，流动的形态鼓励人们在各种层次上进行互动。长椅的音乐部分包含两个八度的音符，"琴键"由实心铝条制成，可以用附带的木槌来演奏。

5. 陆港枢纽社区

通过浮雕展现交通发展历程，提取火车、高铁等外形元素，尤其是智轨的外形要素，进行雕塑设计，突出社区交通枢纽特色。

6. 人文教育社区场景

通过在街道、社区或者公园制作书本模型，展现知识的力量，烘托人文教育氛围。

7. 未来宜居中心场景

（1）设置类似的"心灵树洞"装置。该装置犹如从地面冒出的树干，上方有相应的圆洞，外观上类似"树洞"的造型。同时，每个装置都可以通过旋转而拼接出不同的词汇。装置柱的宽阔底座可以当成座椅使用。同时，树洞本身是一个网络流行词，该词来源于童话故事《皇帝长了驴耳朵》，是指可以将秘密告诉它而绝对不会担心会泄露出去的地方。这个装置鼓励人们在此沉思、与自己对话，也鼓励人们在此汇聚，与可信任的朋友对话，缓解生活焦虑。

（2）该公共装置位于马路和步行广场之间，与城市以及其中来往的人群发生着关联。这个公共装置是一整块30米长造型扭曲反转的板，路过行人的身影会被反射。设计者希望将这个装置做成装扮公共空间的一个焦点，能够吸引周围人的注意力，人们路过这里就像是在走秀，在这里看自己也看别人，看与被看发生崭新的关系，并产生一种全新的理解周围观点的方式。

七、金沙潮运动公园

（一）建筑位置

建筑位于金沙江沿岸，南部新区西北角。如图5-7、图5-8所示。

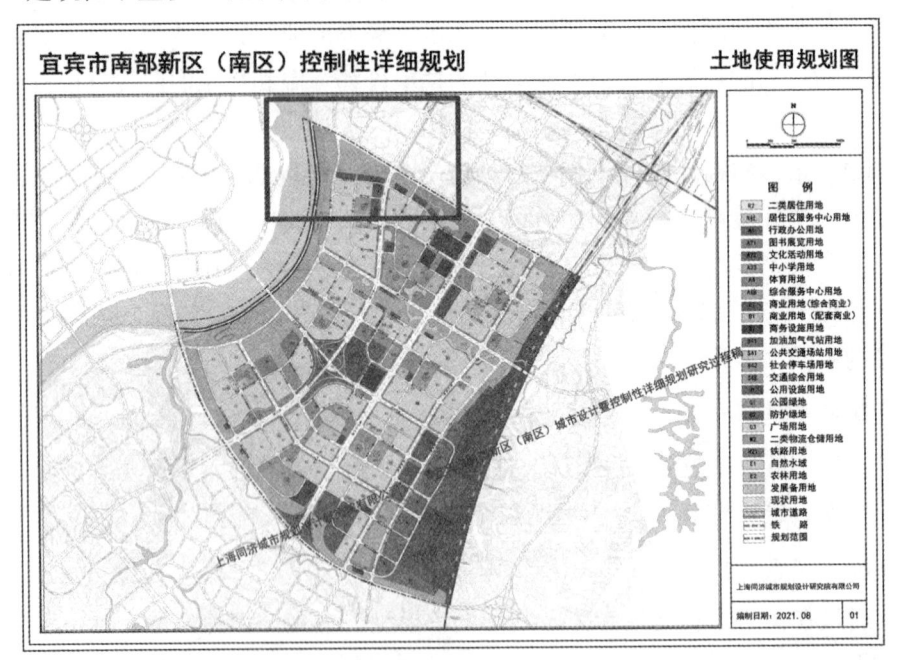

图5-7 宜宾市南部新城区（南区）土地使用规划图

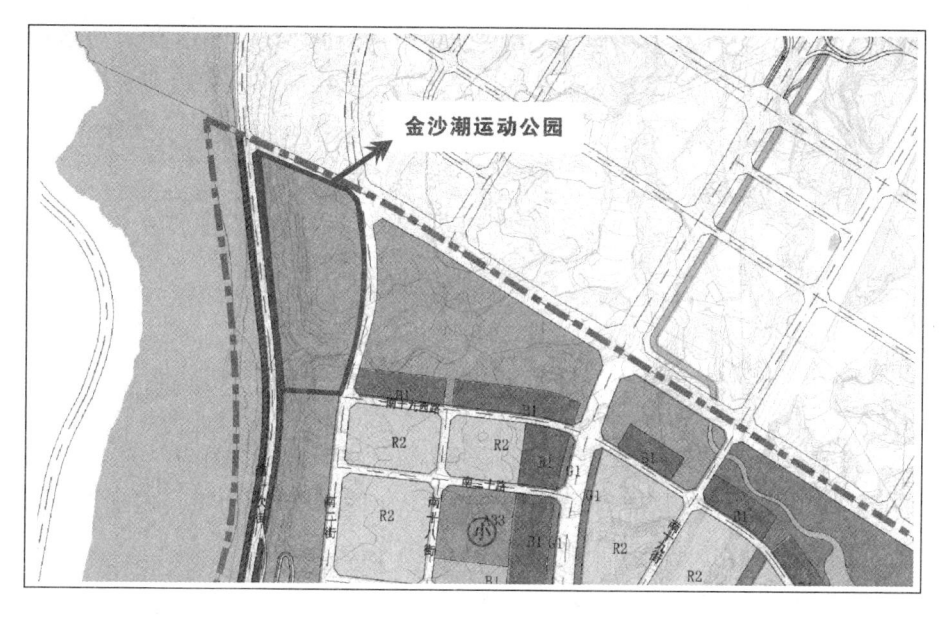

图 5-8　金沙潮运动公园位置

（二）建筑风格

1. 潮流运动街区：现代工业风运动场馆、涂鸦文化墙。
2. 金沙滩运动休闲区：植物迷宫（马门溪龙、中华鲟园艺造型）、樟台（室外攀岩、健身步道、油樟树造型景观台）、沙滩雕塑广场（运动主题、后现风格）、金沙滩。

（三）文化元素

潮流运动、涂鸦文化、油樟文化、马门溪龙、中华鲟。

（四）总体定位目标

根据《全民健身计划（2021—2025 年）》提出的"2025 年全民健身公共服务体系更加完善，人民群众体育健身更加便利，三级公共健身设施和社区 15 分钟健身圈实现全覆盖，每千人拥有社会体育指导员 2.16 名，带动全国体育产业总规模达到 5 万亿元"的要求，在体育公园布局公共体育场馆与设施，满足全民健身基本需求的同时，设置潮流运动街区和金沙滩运动休闲区。

潮流运动街区，以中青年人为主要用户群体，通过潮流运动项目的推广，彰显潮流文化特色，带动运动产业发展，打造集运动、社交、娱乐、比赛于一体的综合性时尚潮流文化空间。金沙滩运动休闲区以娱乐和沙滩运动项目为主，打造亲子活动、家庭互动的开放休闲场所，将体育公园建设成为集公共体育、潮流运动、休闲娱乐于一体的适合各年龄层次需要的运动、休闲、娱乐、社交的复合型体育运动场所。

（注：公共体育场馆及设施由主管部门按国家相关规范要求确定，本方案不涉及。）

（五）体量布局

1. 潮流运动街区：规划面积2万平方米左右

（对标分析：成都市地心引力潮流运动综合馆，以室内蹦床为主，占地面积6000平方米；深圳湄南河体育小镇，以大型极限运动为主，占地2.5万平方米；上海大悦城高登公园，用地面积1.5万平方米）

2. 金沙滩运动休闲区：规划占地90亩左右

（六）功能阐述

1. 休闲潮流运动空间

休闲潮流运动空间为中青年群体提供释放压力、结交朋友、强身健体的空间。休闲潮流运动以娱乐、轻松、简单的体育运动为主，如保龄球、射箭等轻松运动。

2. 奥运极限运动馆

奥运极限运动馆以竞争激烈、观赏性强的奥运会比赛项目为主，如攀岩、滑板、街舞、霹雳舞等。

3. 极限体育竞赛

体育赛事是城市文化的载体和社会缩影，通过举办或引进大型体育赛事来营销宜宾城市形象和城市品牌，提升宜宾市城市竞争力和影响力，符合"新经济、新动能"和绿色经济的概念，助力宜宾市经济发展。

4. 涂鸦文化墙

以"我在宜宾的美好生活"为主题，邀请专业涂鸦团体、宜宾老百姓、大学城的大学生等人群，对涂鸦墙进行设计绘画，呈现出宜宾地方生活特色，表达青年人的想法。同时，涂鸦墙可以加入互动元素，使观看者与涂鸦进行交流。

（1）植物迷宫：在穿梭植物迷宫的过程中，儿童能够趣味地学会分析、判断和总结，并学会积极面对失败，激发勇于尝试、探索和挑战的精神。在探索的同时，儿童认识了自然、亲近了自然，与自然和谐相融。

（2）樟台：突出油樟文化。外形设计可以借鉴法国蒙彼利埃高层塔楼方案设计，从底部到顶部探出了众多"疯狂"的阳台，这些阳台就像是密密麻麻生的树木的枝条。内部结构可借鉴以色列Pardesia，以树形金属柱支撑着混凝土板，具体可以油樟树形态进行刻画。

功能：健身步道、室外攀爬运动、登高望远、生活类油樟产品展示与专卖、茶吧及咖啡厅等时尚休闲消费场所，满足人们健身、极限运动、观景、休憩等需求。

（3）沙滩雕塑广场：展现潮流运动、后现代、江河文化、马门溪龙、中华鲟等文化元素，打造艺术性与休闲性相结合的沙滩广场，并设计昼夜不同的功能与景观。

白天为亲子玩沙、DIY沙塑的乐土场地，打卡拍照的场所。

夜晚使用3D光影技术打造金沙鎏金、潮流运动、恐龙与中华鲟等灯光影像秀，打造绚丽之夜。

（4）金沙滩：展现江河文化，将沙滩、泳池、运动场融为一体，打造家庭运动、休闲、聚会的理想之地。

（七）对标案例

对标案例一：湄南河体育小镇。

对标案例二：成都江滩公园。

西部县域文化产业化发展战略研究
——基于波特钻石模型理论及宜宾南溪区案例

一、研究背景

（一）新的宏旨

2011年，中共十七届六中全会审议通过了《中共中央关于深化文化体制改革推动社会主义文化大发展大繁荣若干重大问题的决定》。这是指导中国文化改革发展，开创中国特色社会文化建设新局面，建设社会主义文化强国的纲领性文件，文件提出建设文化强国长远战略，对文化创新创造表达出前所未有的重视。党的十八大报告基于科学发展的理念，着眼于推进中国特色社会主义事业，全面建成小康社会、实现社会主义现代化和中华民族伟大复兴，提出了新的具体目标和要求。其经济建设、政治建设、文化建设、社会建设、生态文明建设"五位一体"的总体布局，"文化建设"居其一，进而指出要使"文化产业成为国民经济支柱性产业"。四川省政府也于2012年提出了"促进我省文化产业跨越发展，推动文化产业成为我省国民经济支柱性产业，努力建成与西部经济发展高地相适应的文化强省"的发展目标。

（二）现实痼弊

在我国文化产业的发展过程中，文化产业与文化资源禀赋在地域分布上的"倒挂"现象日益引起关注。根据《中国文化产业年度发展报告（2013）》，我国东部地区（如北上广）文化产业已经逐渐成为国民经济的支柱产业，文化产业占 GDP 的比重达到 5%～10%；西部大部分地区文化产业占 GDP 的比重则不到 3%。与之相对应的是，西部文化资源禀赋远优于东部。例如世界人类口述与非物质文化遗产代表作数量、国家物质遗产与非物质文化遗产数量、国家级及 5A 级风景名胜区数量，西部都多于东部。类似的"倒挂"现象在西部区域内部同样存在，即文化资源禀赋优越的县域文化产业的发展普遍落后于同区域大、中城市。中国有 2000 多个县和县级市，其人口占全国的 80%，面积占全国约 90%。县域经济是国民经济的重要支撑，中国要成为文化产业大国强国，没有县域文化产业的支撑无异于空中楼阁。

（三）提出问题

那么，县域文化资源丰富与文化产业落后的逻辑关系是什么？决定文化产业竞争力的因素是什么？西部县域文化产业发展的个性化对策是什么？本报告选择四川宜宾南溪区作为研究对象，试图对文化产业发展的动力传导机制做出解释，进而构建提升西部县域文化产业竞争力的发展模式。

对文化产业发展进行区域比较，必须对文化产业竞争力做出合理评估，因此建立恰当的文化产业竞争力评估指标体系是前提。

二、研究方法：对波特"钻石模型"的修正

目前，学界关于文化产业竞争力评估模型林林总总，如"钻石模型"（祁述裕、殷国俊、李高业、李宜春等）、ANP 法（王岚、赵国杰等）、VRIO（李雪茹等）等。评估模型巨大差异的产生在于研究者研究范式的不同导致观点、立场和研究方法的不一。总体而言，波特"钻石模型"是主要的参照体系，也是构建评估体系最有影响的模式。但是容易被研究者忽略的是：波特"钻石模型"主要考虑的是制造业的竞争力问题，对文化产业和服务业考虑相对较少；同时，它诞生于西方经济体制与文化土壤，故而其理论品质与"中国特色"的市场经济定有龃龉。因此，运用波特"钻石模型"评估中国文化产业在方法论上决不能削足适履，而是对该理论做出适当修正。波特"钻石模型"示意图如图 7-1 所示。

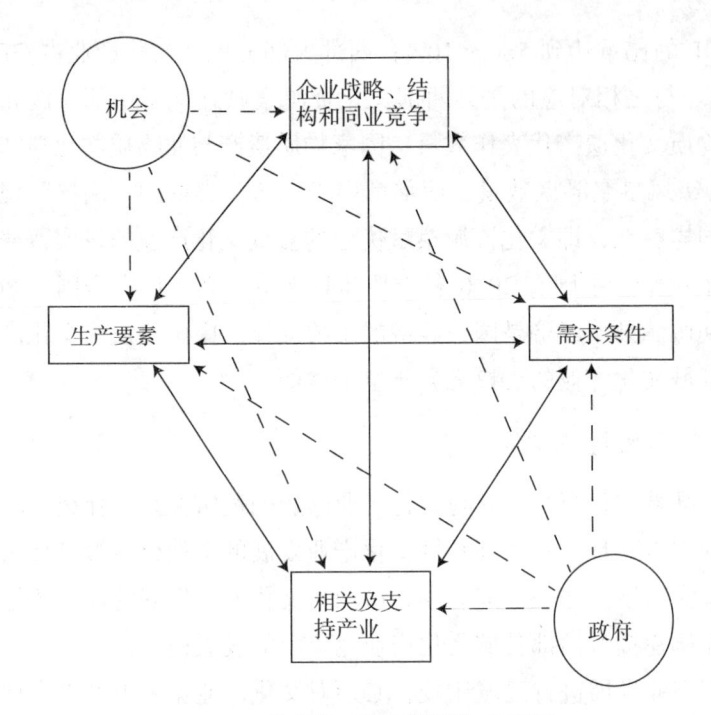

图 6-1 波特的"钻石模型"示意图

波特认为，决定一个国家某种产业竞争力的因素有四个：一是生产要素，包括人力资源、天然资源、知识资源、资本资源、基础设施；二是需求条件，主要是本国市场的需求；三是相关产业和支持产业的表现，这些产业和相关上游产业是否有国际竞争力；四是企业的战略、结构、竞争对手的表现。在四大要素之外还存在两大变数：政府与机遇。

考察中国的现实情况，值得指出的是，首先，有四个因素决定"政府行为"以及"机遇"在中国文化产业发展中起着决定性作用：一是中国作为以政府主导为根本行为特征的"后发"现代化国家的现实；二是文化产业承载价值塑造与导向，这是政府责任；三是文化产业与文化事业紧密相关，政府责无旁贷；四是文化产业作为新兴产业，其"机遇性"受政绩性抉择因素制约关系紧密。而波特"钻石模型"把"政府行为"和"机遇"这两个因素作为次要、边缘因素，这反映出东西方市场经济体制在运行机制和效果上的巨大差异性。因此，将二者合为"政府调控"，作为关涉文化产业竞争力的一个主导因素。其次，文化产业有其特殊性，这主要表现在其外在的新颖性、人文价值的富集、价值取向稳固而外在形态变动不居、个性化和差异性。因此必须强调创新能力因素。文化产业赖以生存和发展的根本是创新性。文化产品及服务一方面有形而上的价值意义，另一方面又具有娱乐功能，因此创新才有可能真正满足市场对于新颖、个性的需求，创造市场价值，进而具备价值引领功能。创新能力本属于生产要素，为强调其重要性，单独列出。最后，对发展潜力应高度重视。文化产业是我国的新兴产业，由于整体开发较晚，产业发展不成熟，因此评估的时候应充分考虑文化产业的"未来导向"。特别是对于西部地区，其发展潜力有时甚至比现有实力更加重要。改进后的文化产业竞争力"钻石体系"如图6-2所示。

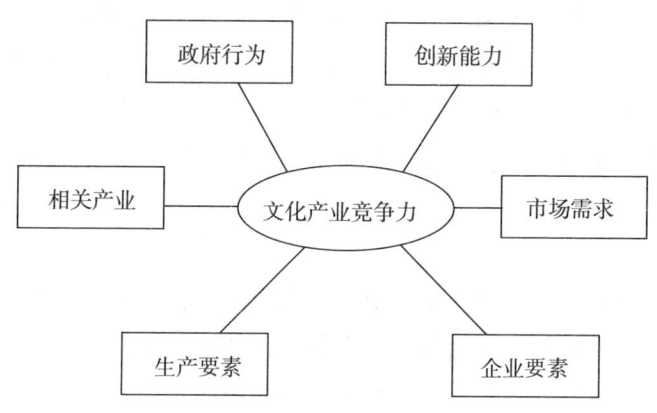

图 6-2　改进后的文化产业竞争力"钻石体系"

应该看到，这六个要素是相互影响的，如同"木桶理论"的六块桶板，产业竞争力是综合评估的结果。而产业发展潜力则取决于最长桶板的"倾斜"与最短桶板的"补短"。

三、县域文化产业竞争力评估

课题组认为，南溪文化产业的发展具有典型性，对于研究如何提升西部县域文化产业竞争力有较强的借鉴意义。南溪文化产业经过近十年的发展，文化产业业态逐渐丰富，已成为宜宾市县域文化产业发展的"领头羊"。2012年，南溪文化产业增加值3.17亿元，占GDP比重为3.78%，高于3%的全国平均水平。阶段性成绩的背后，一些问题值得深入思考：在西部县域，文化产业是否可能成为支柱性产业？依靠政府财政高额投入的文化产业发展是否具有可持续性？如何选择文化主导产业？近两年开始启动的南溪古街、川南休闲谷项目和南溪动漫产业园项目是一时的头脑发热还是前瞻性设计？这些问题的回答都取决于对南溪文化产业竞争力的科学评估。

（一）生产要素

1. 继得性要素：2014年，国家发改委、交通运输部启动"依托长江建设中国经济新支撑带"工作，宜宾的良好港口资源成为长江开发的"桥头堡"。南溪位于长江上游经济带的核心区域，其区位优势突出。同时，历史文化底蕴是南溪的既得个性化优势。南溪有1500多年的建城史，名人辈出。"字妖"包弼臣、革命先烈孙炳文、五粮液鼻祖邓子均、兵工泰斗刘鼎等都是南溪人。南溪现保存完好的文物古迹有元代"镇南塔"、明代"映南塔"、清代"港岸寺摩岸造像"等，城区内有濒临长江边上的明清城门城楼3座，保存完好的明代石城墙600多米。其中尤以"文明门"城楼及城墙最负盛名，是长江边上保存最为完整的城楼城墙，素有"万里长江第一门"之称。南溪也是著名的豆腐干之乡，南溪豆腐干因制作精细、色香味浓，被人所称道，其手工制作流程是省级非物质文化遗产。

2. 新建性要素：从公共文化资源和基础设施看，南溪近年大力推进包括图书馆、文化馆、公众健身在内的公共文化服务体系建设，提出了公共文化设施全域化、公共文化服务均衡化、公共文化供给精细化的要求。南溪把滨江休闲区定位为公共文化服务功能核心，逐步完成三馆两厅（文化馆、博物馆、科技馆、城市规划展厅、演绎厅）工程。近四年时间，南溪建设了4.76平方千米的新城，建成城区万人体育文化广场，免费对市民开放文体中心室外活动中心，增设公共文体健身设施12处，免费开放图书馆、文化馆、综合文化站共17处。

总体而言，南溪现实文化产业继得性要素深远可溯，新建性要素具有区域性的时空相对优势。南溪历史底蕴深厚，但是历史遗存破坏比较严重。城内古有"九宫十八庙"，境内有"八景"，如今大都荡然无存。因此南溪的文化资源禀赋基于具备追溯和复建的历史脉络和现实可能而具有一定的比较优势，但是有形的历史文化产业资源不具备优势。公共文化基础设施近年来发展速度很快，开始显现出明显的区域时空上的比较性竞争优势。

（二）创新能力

决定创新能力的是理念、人才、资本投入和科技水平，显然，在这几方面南溪的现状参差不齐。

1. 理念：顶层宏观设计超前，思想解放，富于创新性，主导行为大刀阔斧；中观敏行讷言，而思辨不足，导致行为理性创新不足；微观战略略显凌乱凝滞，无所适从，呆望不前。

2. 人才：目前，南溪文化产业从业人员逐渐增多，但是文化产业发展方面的人才总量少，高层次人才稀缺，专业能力欠缺。南溪的教育事业在全省有一定知名度，但是主要是在中小学板块，功在外输，为他人作嫁衣，不足以为南溪的文化产业直接输送本土高端人才。所在川南区域高校密度小，文化创意专业设置很少，对南溪文化产业人才支撑力度有限。毋庸讳言，南溪既缺乏顶级的文化产业领军人物，也缺乏技术开发、经营管理等骨干人才，尤其缺乏既熟悉地区文化特征，又具有专业技能的复合型高级人才。

3. 资本：目前的资本投入主要由政府主导，外来资本的投入不足，以南溪古街为例，之所以现在文化产业业态不够丰富，一方面是由于政府打造精品宁缺毋滥的要求，另一方面也反映了外来资本还没有大规模进入。

4. 科技：一方面缺乏高科技人才，另一方面缺乏相关高科技产业的支撑，如电子信息产业、现代装备业、新材料产业等，而这些支撑产业往往是文化创意产业的物质与设备基础。

（三）企业要素

1. 要素界定：国家统计局《文化及相关产业分类2012》对"文化及相关产业"的定义是：为社会公众提供文化产品和文化相关产品的生产活动的集合。根据这一定义，文化及相关产业包括了四个方面的内容，即文化产品的生产活动、文化产品生产的辅助生产活动、文化用品的生产活动和文化专用设备的生产活动。其中文化产品的生产活动构成文化及相关产业的主体，其他三个方面是文化及相关产业的补充。

2. 既有优势：南溪企业要素竞争力优势主要表现在文化用品的生产活动和文化专用设备的生产活动这一方面。宜宾市政府2012年出台的《关于加快文化产业发展的意见》，将印刷复制业作为宜宾重点文化产业发展格局中的第一产业，围绕"发展一批具有较强实力和竞争力的骨干企业、拥有比较优势的主导文化产业集群"的思路，提出了"建成全省最重要的印刷复制产业基地"的目标。根据中国印刷科学技术研究所主办的《印刷经理人》杂志公布的"2013年中国印刷企业100强"名单，宜宾3家企业榜上有名。其中，宜宾普什集团3D有限公司以年销售规模超过17亿元、宜宾丽彩集团年销售规模超过14亿元同时进入前10强，分列第9名、第10名，南溪恒旭投资集团有限公司则以年销售规模5.4亿元位列"百强"第64名。南溪蓝天纸业是目前西南地区唯一规模化生产涂布白板纸的大型生产企业，2012年上海凯石国浦股权投资基金入股蓝天纸业后，对蓝天纸业今后的发展增加了新的活力，公司随即提出了力争在2015年实现上市的目标。随着恒旭包装及生产出中国第一张新闻纸的宜宾纸业等5家复制印刷包装企业相继落户南溪，南溪的印刷业已经初步形成产业集聚，成为宜宾文化产业第一集团的主力军。从文化相关产业逐步进入文化核心产业，是西部县域经济在不具备比较优势情况下的可行的现实选择。

3. 新的亮点：目前总体而言，南溪文化产业核心层，即文化产品的生产企业数量少，对GDP的贡献小。但是文化创意动漫产业园的建设能够从根本上改变这一现状。2013年，南溪启动建设总占地1000亩，总投资10亿元的文化创意动漫产业园，提出了"四川动漫科技成果首席发布、展示、体验基地，川渝动漫高端人才交流、竞技大平台和大舞台"的发展目标。产业园分为动漫创意总部、动漫主题乐园、动漫主题小镇三大板块。与川内新津、双流动漫产业园相比，南溪在动漫设计方面不具备优势，但是动漫乐园具备垄断性优势。文化创意动漫产业园是南溪文化产业"未来导向"的重点培育项目，对产业竞争力有决定性的影响，而人才瓶颈成了最重要的制约因素。

（四）相关产业要素

1. 要素界定：根据国家统计局《文化及其相关产业分类2012》，文化产业和旅游产业交叉的部分主要有，一是在文化产业的文化艺术服务类中，文艺表演服务、文物保护服务、文化遗产保护服务、博物馆等有一部分是面向游客的，对应的是旅游产业中"游"和"娱"的环节。二是在文化产业的文化休闲娱乐服务类中，公园管理、游览景区管理、室内娱乐活动、游乐园活动等很大部分都是面向游客的，对应的也是旅游产业中"游"和"娱"的环节。三是在工艺美术品生产中，工艺美术品的制造和销售如果面向游客，对应的是旅游产业中"购"的环节，但这部分在旅游购物中所占比重并不会太高。总体来看，文化产业和旅游产业交叉的部分并不是太多。根据2010年城镇居民国内旅游抽样调查的数据看，游购娱的比重大约占全部旅游消费的三分之一，而这其中属于文化产业的部分大概只有三分之一。因此，大致估计旅游产业和文化产业重叠交叉的部分只有10%。所以，我们把旅游业作为南溪文化产业的相关产业进行考察。

2. 业态描述：南溪文化旅游产业和文化休闲食品产业的优势明显。近年来，南溪已经形成了"一园、一街、一区、一业、一谷"五大板块。"一园"即动漫产业园；"一街"即总长约 1000 米，总占地面积约 183 亩，总建筑面积超过 10 万平方米，总投资约 4.5 亿元的古街；"一区"即由滨江湿地景观及长 3.5 千米宽 50 米的滨江绿化景观带组成的长江休闲文化体验区；"一业"即产值已经超过 12 亿的南溪豆腐干产业；2011 年启动的川南休闲谷计划通过五年的建设期，将园区建设成为以现代农业产业为依托，以乡村旅游业为支撑，具备高端农产品加工、高品位休闲旅游、高品质花卉苗木生产、高水准拓展培训等功能的新型乡村旅游地。2013 年春节期间，南溪古街第一次接待游客，即接待旅游人数共计 10.5 万人次，同比增长 11.78%，旅游收入达到 5774.71 万元，同比增长 32.42%。2013 年夏天在南溪古街举办的啤酒节，雅俗共赏、盛况空前。南溪古街已经成为南溪崭新的文化"名片"。在文化休闲食品方面，南溪的豆腐干虽然历史悠久，但是长期以来局限在小作坊生产，并未实现产业化运作。2006 年底，南溪县委、县政府领导与成都阿佩克思广告传播有限公司合作，邀请唐小飞教授对南溪豆腐干产业发展进行战略与概念性规划课题研究。2007 至 2011 年，在《南溪豆腐干产业发展战略报告》指导下，在南溪县委、县政府的积极推动下，2010 年年底南溪豆腐干产值首次突破 10 个亿，创造了一个食品产业快速发展的神话。豆腐干产业通过与文化产业融合发展，依托本土文化，通过每两年一届的中国·南溪豆腐干文化节不断扩大知名度和提升美誉度，实现了裂变式发展，做成了同行业第一的大产业。"南溪豆腐干"传统手工技艺于 2006 年 9 月和 2007 年 3 月被宜宾市和省人民政府分别批准为宜宾市和四川省非物质文化遗产名录。2003 年，南溪制定了全国第一个豆腐干地方标准；2004 年，南溪豆腐干制作工艺被批准为四川省非物质文化遗产；2008 年，世界上最大豆腐干通过吉尼斯认证；同年，中国食品工业协会授予南溪中国豆腐干产业县称号。另外，南溪有包括 5D 影院 40 余家歌舞娱乐场所、30 余家网吧、3 家酒吧、电子游艺 8 家、书刊零售单位 9 家等文化产业单位 104 个。

3. 辐射展望：在交通运输业方面，南溪区地处宜宾、泸州、自贡川南三市品字形中心，距重庆市 200 千米，成都市 340 千米，宜宾市及宜宾机场 40 余千米，成（都）贵（阳）高速铁路和成（都）宜（宾）泸（州）渝（重庆）高速公路穿境而过，大大缩短了南溪与成都中心城区的距离。此外，未来金堂第二国际机场的建成将增强成都在西南地区的交通枢纽地位,成贵高铁和双流、金堂机场使南溪区的交通区位优势更加凸显。

(五)市场需求

对文化产业的需求,既包括城乡居民的文化产业需求,又包括政府、企业等非居民的文化产业需求。其中,城乡居民对文化的消费和需求始终占据主要位置,而且随着经济的发展和体制改革的深化,城乡居民的文化消费与需求也会越来越重要。南溪文化产业居民消费市场的地理分布主要在周边地域,因此对南溪文化产业市场需求的判断,主要依据是南溪周边地域的恩格尔系数及居民人均可支配收入情况,如表6-1所示。

表6-1 南溪周边地域城镇居民家庭的恩格尔系数

年份	宜宾	成都	自贡	泸州	重庆
2007	0.43	0.39	0.47	—	0.37
2008	0.42	0.40	0.49	0.45	0.40
2009	0.39	0.38	0.44	0.43	0.38
2010	0.41	0.37	0.43	0.42	0.38
2011	0.41	0.37		0.42	0.39
2012	0.41	—	—	0.40	0.42

资料来源:根据各地区《国民经济和社会发展统计公报》(2007—2012)相关数据整理

从表6-1可以看出,按照联合国粮农组织的标准,南溪周边地域城镇居民处于富裕和小康阶段,有较高的文化消费能力。

南溪周边地域城镇居民人均可支配收入(元)如表6-2所示。

表6-2 南溪周边地域城镇居民人均可支配收入（元）

年份	宜宾	成都	自贡	泸州	重庆
2007	10069	13786	9902	10167	13715
2008	11862	16943	11414	12065	14368
2009	13452	13904	12888	13550	15749
2010	15261	20835	14538	15505	17532
2011	17753	23932	16852	17884	20249
2012	20522	27194	19447	20746	22968

资料来源：根据各地区《国民经济和社会发展统计公报》（2007—2012年）相关数据整理

按2012年美元竞投人民币平均汇率6.20来计算，根据菲利普·科特勒的分类，南溪周边地域城镇居民可支配收入位于第三和四层次，即"多样化的休闲开支"，"娱乐或休闲的开支很显著"。

可见，南溪文化产业市场既有文化消费的经济能力，又有较强的文化消费动机与倾向。

（六）政府行为

政府要素是南溪最大的竞争优势。政府的政策工具会对其他的竞争要素产生重要的影响，尤其在中国文化产业方面是主导要素。近年来，南溪明确提出振兴文化产业、建设"文化强区"的战略目标，先后出台《中共宜宾市南溪区委关于加快建设文化强区的实施意见》《南溪区文化振兴规划》等文件，重点加快罗龙印刷产业园、滨江新城文化创意园区、"四古"影视拍摄基地、桂溪河商业街区、长江主题文化公园、川南休闲谷、朱德旧居等一批文化产业基地建设，大力推进商务会展、印刷包装、演艺娱乐、影视动漫、体育赛事、休闲体验等支柱文化产业发展，着力塑造"长江古码头、明清夜生活"的城市文化旅游品牌，强化投入保障，建立多元投入文化建设格局，保证公共财政对文化建设投入增长幅度高于财政经常性收入增长幅度，提高文化支出占财政支出的比例。为缓解文化企业的资金难题，政府增加非税收入于文化投入，同时加大文化产业扶持力度，采取贷款贴息、项目补助、绩效奖励、股权投资等多种形式，引导、撬动和扶持重点文化产业发展，并积极引导社会资本投资文化产业。政府大力招商引资，取得明显成效。动漫产业园区及罗龙产业园区里的一些文化制造企业都是通过招商引进的。南溪提出了"十二五"期间全区文化总投入达到50亿元及以上的目标，"十二五"末，文化产业增加值达全区GDP的4%及以上。到2020年，文化产业增加值达全区GDP的5.5%及以上，文化产业将成为国民经济支柱性产业。

通过修正后的"钻石模型"评估，可以看出南溪的文化产业竞争力既有西部县域的共性，也有自己的个性。和西部县域大多数地区一样，南溪在创新能力方面，无论是人才聚集、技术支撑还是资本注入，都表现出明显的劣势；文化产业构成现状以文化用品制造及相关的文化旅游产业为主，核心层的文化用品生产比较弱。但是南溪的政府行为优势明显，也正是基于此，南溪的文化产业表现出后来居上的可能性。

四、提升西部县域文化产业竞争力的现实路径

从文化产业发展的要素决定上看，资源与产业发展"倒挂"现象的存在源自木桶理论。木桶理论又称为"短板理论"，其核心内容为：一只木桶容量的大小，并不取决于桶壁上最长的那块木块，而是取决于桶壁上最短的那块。对于类似南溪的西部县域而言，文化资源相对丰富，政府行为积极，但在创新能力尤其是行业、项目一线执业人员的整体创新素质落后于东部地区。因此决定西部县域亦即南溪区文化产业发展水平的是资本、人才、科技等短板，而不是其文化资源和政府行为的长板。与之相应的对策，可以通过"倾斜木桶"的方式增加木桶容量，即通过倾斜文化资源和政府行为的"长板"增加木桶的容量，充分释放文化产业发展潜力，同时在短板方面弥补短缺，避免文化产业发展瓶颈的出现。

（一）木桶倾斜：把文化资源优势转化为文化产品优势

1. 树立文化个性形象：文化资源并不等同于文化产品，文化资源演变为文化产品的途径是市场化。从经济角度来看，没有产业化、商品化的文化资源是没有价值的，而能够成为优质文化产业资源的一定兼具差异性民族性亦即个性和市场沟通性。因此，首先应深入挖掘文化资源的内涵，找到具有垄断性和市

场沟通性的资源。那么，在南溪的古城文化、长江文化、豆腐干文化等文化资源中，最有市场价值的文化资源是什么？课题组认为，具有垄断性优势的是长江码头文化。宜宾自古即有"万里长江第一城"之称，这是天赋宜宾的垄断性优势。南溪作为宜宾的东大门、副中心，可以提出"万里长江第一滩""万里长江第一门"等概念，同时放大自己的码头文化特色，并据此塑造自己的文化品牌形象。目前，南溪提出的文化品牌形象是"仙源福地，上善水城"，值得商榷。"仙源"一词，似无所本，而"福地"之说多地使用，没有鲜明的特色。"十二五"时期，四川省长江、岷江、嘉陵江沿江港口城市依托内河水运大力发展临港经济，南溪航道、港口和陆域条件在全省具有明显优势，南溪的长江码头文化既有历史底蕴，又有现实意义。码头的功能是集散与流通——人的集散与流通，物的集散与流通，信息的集散与流通，风俗的集散与流通。码头文化给予南溪的，首先是开阔而不保守的眼界，包容而不狭隘的心胸，是善于接受新鲜事物、敢为天下先的探索、开拓意识；其次是重情守义、一诺千金。从某种意义上讲，码头文化塑造了南溪的城市品格。但是最有资源价值的码头文化特色没有在目前的文化品牌形象中体现出来，不能不说是一种遗憾。因此，南溪的文化品牌形象可以考虑为：长江第一码头，上善水城南溪。

2. 把握产业融合个性：在充分认识挖掘文化资源的基础之上，应将文化资源进行整合，把西部文化资源传统的、民族的、区域性的文化要素和现代的、品牌的、市场的甚至是全球的开发理念结合起来，走市场化的西部文化资源开发的道路。南溪可以以文明门古城楼和大南街为核心区域，收集整理曾在此拍摄的多部影视剧照和道具文物，打造集播放、展示、实景再现和体验、购物、拍摄等多种功能于一体的影视文化参观体验区，争取同影视集团合作，建设影视拍摄基地；设计文化夜生活项目，如长江夜宴，丰富产品内容；充分利用"中国·南溪豆腐干食品文化节"，搭建长江特色饮食文化展示、推广、交流平台；打造长江亲水区，在保障安全的前提下，设计亲水体验内容，如摸鱼、戏水、游泳等。

（二）木桶补短：释放政府长板优势

如何弥补西部县域普遍存在的创新能力短板是关键，实现"补短"基本取决于政府行为。

1. 人才：应实施文化产业人才战略。对于本土人才稀缺的西部县域而言，最重要的是通过设立更有吸引力的政策条件，加大文化科技人才的引进力度，特别是高端紧缺文化人才。建立优秀文化人才引进"绿色通道",编制和发布紧缺人才引进指导目录,对引进人才给予生活津贴、住房补贴、科研启动经费等相关优惠待遇。另外,建立创新人才激励机制,完善分配制度,探索建立劳动、资本、技术和管理等生产要素按贡献参与分配的格局。例如,设立奖励基金、技术入股等,让优秀人才能够安心服务。在引进人才的同时,也应重视本土人才的培养。

2. 资金:在资本注入方面,产业启动初期以政府投资为主是必要而且合理的,但是仅靠政府投资办文化,文化产业的发展很难适应竞争激烈、多元多变的市场需求。因此,在投资方式上,应逐步改变初期主要依靠财政性投入和文化企业自身积累扩大再生产的方式,运用投资控股、金融信贷、资本融资等手段,形成综合性的投资融资格局,特别应该鼓励和引导民营企业的进入。与国有企业相比,民营企业更灵活更有市场适应性,文化产品和服务更能满足市场多元化的需求。应进一步加强招商引资工作,逐渐淡化"政府主导"色彩。

(三)锥形突破:主导产业的现在与未来

所谓锥形突破,指的突出重点,找准主导产业,使之成为带动其他文化产业的排头兵和战略突破口。

1. 稳定、强化既有增长极:目前南溪的主导文化产业无疑是文化用品制造业中的印刷包装业。南溪区发展印刷产业,有资源禀赋和产业集聚的优势。在资源禀赋方面,截至 2010 年年底,宜宾市竹林总面积为 1832230 平方千米,位于四川省第一。竹浆性能与木浆相近,完全可作为木浆的替代品使用。国家已经把大力发展竹浆作为解决我国自制木浆能力不足的重要手段。竹浆造纸成本低,竞争优势明显。南溪的宜宾纸业是中国竹浆造纸首屈一指的企业,搬迁工程完成以后,实现了年产 55 万吨竹浆。竹浆产业的快速发展,为印刷产业的发展提供了良好的支撑。南溪发展印刷产业也有产业集聚的优势,宜宾纸业前身为"中国造纸厂",始建于 1944 年,是中国第一张新闻纸的诞生地,目前是四川最大的制浆造纸企业;恒旭集团是全国印刷百强企业。以宜宾纸业、恒旭集团、蓝天纸业为代表的文化印刷产业的集聚导致资本与人才集聚,产生规模效应,进而产生新的优势,也为培育文化产品的生产产业提供了支撑。印刷包装产业在很长时间应该是南溪文化主导产业的现实选择,而进一步发展的关键是实现印刷包装业产业链的前后端延伸，做到创意融合。

2. 主导、发展新的增长极：印刷包装业成为南溪文化产业，主导产业是现实比较优势的体现，文化创意产业则应该成为南溪重点培育的"未来导向"产业。文化创意产业要求在体制、项目、技术等主要环节力求创新，表现出创意精神。创意是依靠人才的知识、灵感和创造力对现有资源和产业的深层次加工，借助于高科技对文化资源的再创造、再提高，是新产品、新服务和新商机的"孵化器"。目前西部县域文化产业同质化现象越来越明显，且多集中在文化旅游产业。因此在科学论证的基础上，西部县域应该选择核心层的文化产业作为主导产业，方可形成强大而持续的竞争力，缩小同东部及大中城市的差距。目前，南溪选择了动漫产业园作为文化创意主导产业。产业园整体定位是"文化创意产业创业之都"，由动漫创意总部、动漫主题乐园、动漫主题小镇三大板块构成。项目以广东四川商会电子动漫分会从业企业中的300余家川渝企业为主体，影响和带动番禺区域的其他6000余家动漫、游戏、游艺企业及珠江三角洲20000余家动漫衍生品从业企业到西部投资兴业，实现结构转型、提档升级。项目于2013年2月1日启动，于2016年全部建成。

3. 发现、培育未来增长极：西部县域能否选择人才和科技密集型的文化产业作为主导产业？如果单纯从生产要素的静态比较来看，答案显而易见是否定的。但是需要明确的是，生产要素并不是静止的，比较优势也是动态的。如果都以现状的比较优势来确立产业发展方向，固然成功的可能性相对大些，但是却会丧失发展机遇。而选择合理性的关键在于与之相关的人才和科技及资本要素真正实现转移。因此，南溪文化创意产业真正成为"无中生有"的未来产业，政府因素至关重要，政府坚定的持续的支持，才有可能实现创意生产要素的真正转移。目前南溪动漫产业园已经开始主题乐园的建设，如何把哪吒文化融入主题乐园，以原创的哪吒动漫作为整个动漫产业链的核心支撑，是产业园可持续发展的关键。

（四）由"器"而"道"：提升人的素质，实现县域经济社会可持续发展

判断区域文化产业发展状况，经济效益并非唯一和最重要的指标，这是文化产业有别于其他产业的一大特性，从根本上说这是由文化产业的社会与经济二重属性所决定的。因此，文化产业的竞争力内涵，应该同时有益于企业、居民和政府三方面。就南溪的实践而言，应该肯定的是，南溪区政府对文化产业的扶持和调整文化产业结构前瞻性的理念。政府主导思路并没有阈限于"文化GDP",而是遵循"文化产业—文化发掘—文化营造—文化创造—人文关怀—人格塑造—社会和谐"的逻辑思路,表现出由"器"而"道"、由"用"而"体"的策略特征:时空上的"两极互动",即文化产业的内涵紧扣本土历史与占领现代前沿相结合;"无中生有"的人文塑造,特别是动漫产业园和以"长江古码头"彰显"上善水城"长江文化精神内涵最为典型;强调公共文化基础建设,让文化产业反哺文化事业,使文化产业回归孕育人的灵魂的正道,让文化为西部县域经济发展提供持久性和根本性的动力。

城市主题文化理念的内涵与功能
——基于"拜水长江·养心宜宾"的价值理性与常态实践

历史的主题即思想的主旨。所以恩格斯在《自然辩证法》中指出:"每一个时代的理论思维,都是一种历史的产物。""拜水长江·养心宜宾"的提出,自有其宏阔的时代背景和历史理则。同时,作为全整性的主题文化理念,其于道器体用亦即形上形下层面,必涵盖问题与目标、理论与知识和方法与实践三个系统。这也是本章致思的逻辑顺序。其中,背景理则表明这一理念的提出因应大势,"问题与目标"决定其指向,"理论与知识"决定其品质,而"方法与实践"则具体体现其"形下"的实践内容。

一、背景与理则:主题转换与文化凸显

(一)历史主题的转换

基于历史中轴观亦即社会主题周期性转换的立场,汤因比曾指出:"变形恰恰是历史的本质,因为历史的本质正在于不断地增添自身。"[①]历史运动及其发展具有的不平衡性,使得在不同的历史阶段会呈现出不同的、具有主导性的进化原因、矛盾、力量、目标或焦点亦即进化主题,进而导致历史"中轴"或主题的不断转换,从而引起我们历史认知和历史实践的中心及任务的变化。制约社会发展变化的基本要素有经济、权力、法律、智力、道德、文化等。基于历史主题(中轴)转换的周期律,在历史演进的不同时期,会有不同的要素成为社会发展的新主题、制约核心亦即历史中轴。譬如人类历史由"治外"到

---

① 汤因比.历史研究:修订插图本[M].刘北成,郭小凌,译.上海:上海人民出版社,2000:3.

"治内"的转换。有人说，20世纪是物理学世纪（征服自然）即"治外"的世纪，21世纪是人类诉求于灵魂即"治内"的世纪。

（二）文化主题的显进

在中共十七届六中全会之后，"文化中国"在体制性层面逐渐成为国家战略的重要核心，这主要源于四个背景：第一，中国三十多年的现代化实践，物质性经济体量世界第二与精神性建设相对滞后之不协调反差的事实。第二，全球化导致"后发"（late-development）国家文化竞争亦即"软实力"颓势和世界性文化趋同的危险。第三，文化建设滞后对于社会主体——人的负面影响，成为现实社会各种矛盾、问题的重要归因指向，同时阻碍了国家整体性发展目标的实现。因为，在绝对的价值意义上，文化乃人类独有，其质与量亦即文明的程度，决定着人本身存在的满意、幸福、和谐的最终质量。第四，重建民族精神家园的需要。人类作为关系化族群的存在体，对内，文化认同是国家、民族（族群）内部凝聚力的黏合剂；对外，则成为独立存在的标识。正如亨廷顿所言："在一个世界各国人民都以文化来界定自己的时代，一个没有文化核心而仅仅以政治信条来界定自己的社会哪会有立足之地。"同理，对于一个地域、城市亦然。所以宜宾市基于主题文化提出"拜水长江·养心宜宾"的城市理念，可谓适得其时。

（三）"拜水长江·养心宜宾"文化意蕴概述

1. 功能模式。文化涵盖观念、制度和物质三个层面，具有社会实践的要素全整性和过程全域性。所以，以文化立论，具备价值导向、理念引领、精神涵养、修道自悟、思想号令、政策设计、实践动员等，有机和谐、包容有序、有效共存的机制空间。

2. 重心指向。由外在世界到主体人、由物质到精神、由身到心、由外向内的导向，改变了当下社会实践重物质轻精神、重外在轻内心的普遍心理，重回对人的尊重，指出了主体实践对象要素完备和价值完满的方向，使人作为实践的主体和幸福的创造者，重新获得了尊严。同时，向内的追求，是突破人类文明极限最有可能的有效途径。

3. 内涵要素。"拜水"的立场和"养心"的态度，必然带来庄严、敬畏、悲悯、慈怀、信仰、超越等终极情怀的自觉陶冶与涵育，将丰富改善我们的心性与道行素养和为政、从商及做人心态。

4. 精神资源。观水悟性，亲水育情，拜水养心，无不赖于对水性、水德、水智、水能的认知与体悟，这一过程，也是对于民族传统精神与智慧的回归和自觉。

5. 族群认同。有两个情感与身份自我认知的基点：一是基于长江首岸的地域唯一性的自我认同，二是对于古代宜宾（义宾）人"慕义来宾""以义宾服"的"尚义"精神和当今宜宾人"宜人宜宾宜天下"博大襟怀独特表达方式的认知。同时，这两点是"养心"之具有宜宾特质的精神资源。

6. 核心的精神主旨。上述所有要素，使"拜水长江·养心宜宾"理念贯彻到我们的认知和实践上，最终指向常道、本质、善意、正面的意义亦即价值理性与常态实践的回归。

二、问题与目标系统：价值理性与常态回归

如前所述，历史的主题即思想的主旨。"拜水长江·养心宜宾"理念因解时弊就时趋而起，其理论的精神气质，基于"拜水"与"养心"、育人涵文的首要旨趣，摒弃喧嚣浮躁而趋内敛静穆，而反映在主体认知和改造世界的实践活动上，就是基于理性态度和常态心境，在价值上超越形式合理，把握实质合理；在真理上超越外在、表象与个别，追寻本质与常道。

（一）从工具理性向价值理性的转换

工具理性是人实现改造世界的理性自觉。它以功利主义、技术主义和数量性效益为目标，是人类本能性、原始性行为方式的表现。在人所特有的价值、意义以及道义的范畴内，工具理性只是一种中性的取向，无所谓善恶。价值理性则重视人的情感和精神取向，强调动机的纯正与正义，以及正面价值的终极性实质性合理意义。在二者的关系上，工具理性是前提，价值理性是目的。人们合目的、合规律的社会实践，取决于价值理性与工具理性的统一。但是现代社会，物质化的标的物往往成为人们追求的直接目的，工具理性走向极端化，其在追求效率、实施技术的过程中，必然由解放人的工具退化为绑架自然和人的枷锁，最终导致的人的异化和物化。

反映在现实之中，如无意义的学习、无文化的知识、无温暖的技术、无人文的行政、"唯GDP主义"，社会成员工具化、学术活动民工化、行政身份家丁化，功利取代价值、事实取代理解、现象取代思辨、当下取代长远、个别取代普世、知识"非人化"等。

唐君毅先生曾指出，"近代文化之弊端，由于人之根据一时之科学结论以形成其宇宙观人生观与科学技术运用之不当，仍使人不免背离整个之人文，面向自然，物化人生"。当务之急，"就是如何从'人之物化'里解放出来。一个是从个人生活的物化中解放出来，一个是人类政治、经济、社会各种关系的安排、组织，从'视人为物'的这个观念里解放出来。"①而对置之道，则在于以"拜水"的敬畏心态和"养心"的内在追问，重回价值理性，追寻我们真实的、本质的善和美好。

（二）从激越动员向常态实践回归

2014年5月，习近平在河南考察工作时，首次提出"新常态"，与之关联的是同时提出的对历史时期"阶段性特征"的判断与"保持平常心态"的实践态度与要求。"常态"话语虽发端于经济领域，但其由治政策略与智慧发出的政治意蕴、时代特质和政风诉求，早已超越经济阈限而成为影响中国新历史形态的全整性时代范式和导向。

基于工具理性与价值理性的和谐统一，所谓"常态"即"合妥协与法治之公序"和"合善与正义之公意"的社会治理状态。这种状态与"理性""有序""自然""平和""安详""和谐"等"词"有关。"常态"连接着人类对安详与幸福的向往、修行妥协共赢的胸襟、敏于追求实质合理的智慧、并重真知知识与价值知识的习惯、彻悟工具理性与价值理性的运行位序以及从容理性地运用德性与智性禀赋等愿景。

非常态则是一种不稳定、难驾驭的秩序状态，通常情况下，在实现其向常态的转变过程中，往往存在以实现终极政治目的或价值诉求为名，超越或冲破常态政治的法治和道德秩序对政治行为约束的风险。非常态时期，无论是"组织化"或"自发"的"非常"化作为，不管目标结果如何，都必然以社会、历史的超常代价为其实现前提。

"历史进程是受内在的一般规律支配的"，而只有立足常态才能够认知历史的真正本质。因此，坚持常态观，就是立足常态社会、常态立场、常态思维和理性的平常心态，超越个别、暂时、孤立、偶然以及表象，以把握历史之普遍、长远、系统、规律、本质的常态性全貌，真正准确渗透历史表象背后的精神而得出的认识。其最根本的特质是客观、理性，具有时空上的穿透力量和

---

① 唐君毅.唐君毅全集：卷6[M].台北：台湾学生书局，1991：132.

稳定性。在政治实践层面，就是要克服政绩焦虑，从运动式动员型实践向常态转换，以最终实现思想和实践指向本质、终极性的实质合理的回归，以真正做到功成不必在我。而"拜水"与"养心"的精神特质就是从里到外的本根性"常态"。

三、理论与知识系统：人本认知与修养资源

"拜水长江·养心宜宾"作为全整性的城市文化理念，在目的论上着眼于人在精神、社会实践和物质上实现全面的自我完善，在知识资源上，则需要对于"长江""宜宾"文化意蕴的拓展和对古今中外"拜水"和"养心"文化资源的汲取。

（一）人本主义与"拜水""养心"

对于"拜水长江·养心宜宾"理念人本内涵的体悟，在理论和胸量上需要超越科学的藩篱，浸润哲学的智慧，体悟人本的意义，心怀终极情怀。

1. 美国哲学家威尔·杜兰特说："仅有科学而无哲学，仅有事实而无洞察力和价值观，是不能使我们免于浩劫和绝望的。科学给予我们知识，然而只有哲学才给予我们智慧。"[1]换言之，对于"拜水"情怀和"养心"境界的契合，只有上升到认知人是具有实然与应然、生物性与社会性、欲性与德性、必然王国与自由王国等双重生活的主体，以及辨人禽之别、人是意义的动物，人最本质的存在是精神的存在等方面，方可得其要。

2. 关于人本思想。人为世界至尊至贵，是东西方共有的"普世价值"。"拜水""养心"之第一义，就是悟道人本之尊，通过养心内修，完善自我。西方文艺复兴兴起的人道主义思潮，即确立了人是世界的中心，人是创造幸福的主体和享有幸福的主人，人是目的的观念。在中国文化中，荀子尝言："水火有气而无生，草木有生而无知，禽兽有知而无义；人有气，有生，有知，亦且有义气，故最为天下贵也。"儒家兴学，以人为本。孔子辨夷夏，孟子别人禽，荀子证性恶，董子观天人，程朱分理欲，陆王言心性，无不言人。从四书五经到十三经无不论人。贯彻到实践层面，就是要认知我们的一切起意、行为、组织、实践，其最终目的无不为人。

3. 从终极关怀的高度理解"拜水"与"养心"的情怀意境。近代以降之当

---

[1] 杜兰特.哲学的故事[M].梁春，译.北京：中国档案出版社，2001：扉页.

下现实，人的理性被推崇到极端的程度，欲望和创造性空前膨胀。人被认为无所不能，理性批判的利剑指向一切神圣的领域。但随着认识愈深入，人就愈发现理性本身的局限，而理性无法填补的认识空间只能由对终极价值的信仰予以填补。人毕竟不同于神，人性的潘多拉盒子一旦打开，不仅会放出天使，也会跳出魔鬼。终极价值的顿悟，使人回到其在自然界应有的位置，从而产生敬畏感，注重与自然的和睦相处。这既是"拜水"的逻辑缘由，也是"养心"的目的所在。

（二）"拜水""养心"的文化资源

中国文化在根本上虽无宗教之绝对信仰精神，但并不乏人神际会、物我神交、敬畏自然，并以此理则约束人的行为，完善人的精神的情怀与诉求。段玉裁在《说文解字注》中所言："人者，其天地之德，阴阳之交，鬼神之会，五行之秀气也。……天地之心谓之人，能与天地合德。"[①] 以及厚德载物、民胞物与、天人合一即是例证。在人与自然界的关系上，马克斯·韦伯有言：西方文化旨在理性地征服世界，中国文化的特征旨在理性地适应世界。这大体可以窥见中国人在敬畏自然，完善人生方面的智慧特征。[②]

"拜水长江·养心宜宾"所应当包含的知识系统，在态度上，有一种观点，商周时期用眼睛看世界，春秋时期用头脑看世界，汉唐时期用心胸看世界。因此，正确的态度就是立足于超越与悬空的立场，涵摄古今中外。在领域上，涵盖基于"拜"态度的终极关怀知识，基于"养心"之中国传统的内学知识，基于形下经世致用的关于长江的知识。在内容上，古今中外关于水的价值意义及文化内涵的认知，尤其是中国传统文化对于水性、水德、水智、水能的认知与体悟内容。诸如："仁者乐山，智者乐水"的辩证思维，"上善若水"的价值追求，"逝者如斯"的运变认识，"不积小流，无以成江海"的质量观，"水则载舟，水则覆舟"的政治智慧，"海纳百川"的襟怀，"金木水火土，五行相生相克"的本体生化观，"君子之交淡若水"的超然逸致以及"逆水行舟，不进则退"的励志警语，等等不一而足。在地域知识上，一是基于长江首岸的地域唯一性的价值意义认知，二是对于古代宜宾（义宾）人"慕义来宾""以义宾服"的"尚义"精神和当今宜宾人"宜人宜宾宜天下"博大襟怀独特表达方式

[①] 段玉裁.说文解字注[M].成都：成都古籍书店，1981：387.
[②] 韦伯.中国的宗教：儒教与道教[M].康乐，简惠美，译.桂林：广西师范大学出版社，2004：332.

的体悟等。

四、方法与实践系统：由己及物智慧和文化实践方法

"拜水长江·养心宜宾"为我们提供了"拜水"的态度与向度以及"养心"的内在指向，但是，作为一种城市主题文化理念，它绝不止于纯个人化的封闭式静虑与完满，在认知和态度上，必然旁及群性和物性，以及修炼对于社会和物质世界的正确对置、创造幸福的实践智慧和能力的追求。

（一）由己及物的实践智慧

在德性层面，张之洞曾说："中学为内学，西方为外学；中学治身心，西学应世事……"[①]中国传统文化虽以内学心性养成为主旨，但它终究不是单纯独善其身、成就君子的道学。内在修养的完善，首先获取的是个体与外在世界和谐相处的智慧，如厚德载物、民胞物与、天人合一。另外，儒家积极有为、兼济天下、知其不可而为之、素王改制、利用厚生及至狂狷的中庸，无不指向对于改变现实外在世界的有为诉求。"拜水""养心"的外在指向亦然。

在智性层面，"拜水长江·养心宜宾"的地域个性化，可以用于资政济事的知识，则主要在于对宜宾位于长江首岸的独特区位，其于宜宾、长江、首岸之政经关系的发展策略的自觉与认知。同时，其"养心"至"宜人宜宾宜天下"，必由内治其心而外至于为人、治政及从商。而这一由内而外的功能转换的途径，就是"内圣外王"式的，亦即由人的内在超越进而实现事与物的外在超越，以完满人和世界目的的完美实现。

（二）道器兼具的文化实践路径

"拜水长江·养心宜宾"理念的根本属性是文化。其功用的实现，当成为宜宾由内到外、个人到群体、私意到公论、形上到形下、意识到实践、制度到组织、群体、事业的整体性气派和风格。文化的实践方式就是观念、制度、物质三管齐下。

在现实功用上，文化以文而化之、人化而化人、以文化人为逻辑顺序。其于人和事的功用，是精神的滋养、认同、内化、凝聚，最终成为人、群体及社会的第二天性，并表现出稳固、强烈、潜移默化、日用不知的特征。在个体修身之"义"与事功之"利"的关系上，墨子以"志功为辩"立论，可谓达观崇

[①] 陈山榜.张之洞《劝学篇》评注[M].大连：大连出版社，1990：159.

实。"拜水长江·养心宜宾"之表，在修身养性。但其作为文化主题理念，既是文化，必也涉及观念、制度和技术物质三个层面。

在观念层面，文化的基础是里仁，文化的核心是价值，文化的载体是知识，文化的高度是思想，文化的目标是人格。文化事功的实现，均有赖"拜水"的敬畏与"水"的精神意蕴、长江的"首岸"自觉、"养心"的内在取向、"宜人宜宾宜天下"的襟怀自认及其与此有关的政治经济等方面的知识，融入政、商人士及全体市民的精神领域，并运用于人性自修及外在的创造性事业之中。需要说明的是，观念最为稳固不易，需要长期持久的涵养。

在制度层面，运用高效的行政资源，使所有的体制、程序及政策设计，必须具体体现"拜水长江·养心宜宾"主题文化理念的核心精神、风格气质和可用于政治经济"事功"的具体内容，以确保理念贯彻的一致性。

在物质层面，"拜水长江·养心宜宾"需要稳固、具体、有形和具备仪式感的载体。譬如拜水场所、节气、专用建筑、城市色彩与建筑规划风格、养心的专业场所、节义及与"长江首岸""宜人宜宾宜天下"和"水文化"有关的纯文化性建筑等。

最后需要说明的是，所有实践"拜水长江·养心宜宾"主题文化理念的观念行为，必须立足世界、中国、四川、长江流域相对视域的宜宾，以及具有十区县幅员的宜宾。

文化植根于民族特性之中，它以信仰和价值观为内核，以不同方式表现在人们的生活方式、政治制度、风俗习惯、宗教、审美、学术理论等之中。"拜水长江·养心宜宾"的理念，是一种由人的内在超越进而实现事与物的外在超越，以完满人和世界的方法论。它是一种自由的进步，更是一种属于宜宾的个性化、时代化的文化彰显。

基于大学功能全要素认知的地方"大学城"建设

大学之为"城",发轫于欧洲,发展于美日,在当下中国尚属方兴未艾。毫无疑问,对于宜宾这样的经济文化发展尚处于爬坡期,特别是大学、人才、文化、产业等资源要素相对不足的城市而言,抓住时机,尽快建成具有集约、开放、有机关联、社会化、产业化、市场化、国际化特质的高等学校集中区亦即"大学城",意义重大。

大学城的起意及推进模式,欧洲源于"自发需求"与"自然生成",而中国则是典型的"自觉发动"和"主动构建",亦即"后发"模式。"后发"之下,我们有参照系、有需求甄别、有高起点、有损益空间,亦即"后发优势"的发挥。理性思考、规划和实践"大学城"工程的关键,基于大学功能全要素理念,精准、系统、因地制宜地认识该工程的功能界限,以及由此获得的社会、经济、工具、价值、当下和可持续等方面的最大正面效能,并据此判断和选择我们的策略、技术、实践、规模、要素、目标等。

一、关于大学及"大学城"功能的一般性论述

(一)关于大学功能

大学作为大学城的根本性构成要件,其主体社会功能的特质,影响并决定着大学城的功能属性和社会效能的发挥。

1.角色演进。作为一种功能性主体,大学所扮演的社会角色亦即功能的演变,大约经历了四个阶段:一是"象牙塔"时期。欧洲中世纪最早的大学,在

精神气质上有浓郁的宗教背景,在社会角色上以"纯净的象牙塔"遗世,独立于世俗社会,教育内容基于"成人"而非"成才"的神学、哲学、法学和医学,取向上致力于寂寞、自由、纯粹地创造知识的活动。二是准"世俗化"或社会化时期。随着欧洲文艺复兴运动的兴起,基于对人本价值的尊重,人是世界的主体,人能够创造幸福并享受幸福的人文主义思想大行其道,大学中科学教育与研究、艺术教育与创造欣欣向荣,大学开始脱离纯然学术与知识的追问,知识的存在逐渐介入社会生活。三是完全社会化时期。工业革命的开展,产业革命的突飞猛进,对于知识、技术、人才急剧需求,彻底打破了传统大学"象牙塔",催生了现代大学。特别是与美国社会在近代的全整性崛起互为表里的美国大学的全面兴起,使大学的社会化及社会功能得到彻底释放。四是一种逐渐失去自我精神和组织特质的、完全世俗化的、以单纯满足社会需求为组织行为指向的全能型社会合作组织。

2.组织功能。作为完全世俗化亦即社会化的现代大学,基于人才与知识的密集,其社会功能一般包括人才培养、科学研究、服务社会、文化传承和社会批评五个方面。一是人才培养,简言之就是知识传播。作为现代大学最为基本的社会功能,人才培养在行为上就是知识的传授、传播和传承。其实质性指向则是对于"目的人"的精神塑造和"工具人"的知识、技术等生存和建设能力的培养。二是科学研究,亦即知识的创造。大学及其研究机构,是现代科学技术、人文知识组织化创造的重要机构,是推动人类知识丰富和进步的原创主体。三是服务社会,即知识的运用。随着大学世俗化社会化程度的加深,服务社会早已不再仅仅是政府、企业及一般社会组织的职能。大学知识创造和传播的独特功能,早已成为知识型创新社会发展所必需的、不可或缺的主要推动力量。四是文化传承。大学是知识的接续、积累、传承以及知识精神的凝练、升华与传播的组织化、创造性行为的主要阵地。五是社会批评。大学是真理追求与知识创造最为自觉和集中的园地,加上其相对独立超然、清流自处的角色自觉,良性发挥其社会批评功能,大学可以成为寻求社会公平、妥协与稳定的重要而积极的制约力量。

(二)基于大学功能集群化呈现的"大学城"效能

1.主体功能一体化。大学城或高教社区的建立,使得大学之科学研究、人才培养和社会服务亦即"产、学、研"高度综合一体。加之学校运行模式集约化、开放化、社会化程度的提高,可以极大地提高高校服务社会成果的产业化、市场化综合水平。

2. 延伸功能互动化。大规模、相对集中的大学园区亦即"大学城"的建立，城校之间在建设结构、功能、要素上的高度融合，特别是配套设施的资源共享，使大学对城市经济、社会和文化的发展起到极大的带动作用。同时，大学的城市集群化布局，必然带来单独大学的"破围墙"效应和大学传统的综合性变革。

3. 专业特质互补化。大学人才培养，科学研究，服务社会，文化传承和社会批评功能的发挥，必须依赖其独有专业和传统特长。"大学城"综合集中、城校一体、异质聚集、开放互动的布局和组织方式，特别是各具特色的专业有机互动，将极大地改变大学资源配置、人才培养、科学研究以及自身成长效能的形态。

4. 持续效能综合化。"大学城"亦即大规模的城校一体，其对所在地城市的持续性影响效能是综合性的。其外，在城市的外观、规模、人口；其内，在城市的精神、气象、气质；其宏，在城市的政治、经济与文化的变动；其微，在城市习俗、心理及至言谈举止的渐变。

二、基于功能全要素认知的地方大学城建设

基于超越"一般性"和聚焦宜宾"个别性"的立场提出以下讨论。

（一）"后发优势"的自觉

所谓"后发优势"的着力点，一是基于"后发"者而有机会对于"先发"者的所有不足和优点做全面系统地考察，二是基于"后发"而有机会实现差异化、先进性、示范性和制高点的规划和建设追求。

我国"大学城"建设按照影响因素顺次经历了三个阶段，亦即因为高校扩招、经济发达对劳动力需求的剧增和大学服务社会功能的迅速发展，而在中心城市周边或经济发达地区兴建"大学城"。宜宾"大学城"的建设在时间上滞后于"三次高潮"之外，空间上亦不在上述区域。但在动因和组织方式上则与之有综合的相关性。基于"后发"，在规划、目标、定位、政策、融资、资源配置、工程实施等方面，尽可观"先发"者得失，趋利避害，择善而从。而在目标可期方面有如下几点：

1. 助力全域旅游战略。瞄准和配合国家、四川省全域旅游战略，在外观设计、功能规划、要素配置和风格指向上，努力建设成为符合全旅游要素的旅游

目的地。

2. 地域文化优先。因为是新建，我们有机会实现地域文化自觉。所以，在建设风格、元素特征和功能内涵上，基于川南宜宾地域人文风情，做到美丽而有个性，秀外而慧中，厚重而现代，内敛而充满活力。

3. 内在效能优化。一是依据科学与长远的判断做出迎拒取舍，做到产、学、研效益的比较性最优化；二是做到所引进大学在地域、风格、类型、特色、优势和专业上配置效能的差异化、比较性最佳。

4. 整体性示范效应。在"先发"者所有经验基础上，在"校"与"城"建设的所有理念、规划、要素、目标、效能、成就方面，特别是在建设大学一样的城市和城市一样的大学方面，探索全新有效的范式，力争闯出一条与中心大城市和经济发达地区区别性差异化的大学城发展新路。

（二）全整性与可持续思维

所谓"全整性"，就是基于单一大学，要全要素发挥其功能；基于"大学城"，要充分考量与宜宾未来建成区域性中心城市的关系。所谓"可持续"，就是要持续关注和发掘"无中生有"的前提条件，规避不可逾越的制约要素。

1. 全要素发挥大学功能。大学城建设，最易于被关注，也是最为及时和显性的效益在经济亦即投资拉动的 GDP 绝对增量。但是大学作为知识智力密集型组织，其社会功能本质上是综合持续长效和潜移默化的。这就需要我们在乐见及时、显性效应的同时，通过制度化的设计与实践，充分关注和发挥其人才培养、科学研究、服务地方、文化传承、社会批评多方面助力社会综合系统进步的效能。特别是大学城的存在，给城市的精神气质、文化结构、社会治理、市民构成、文明形态等方面带来的长效性良性改造。

2. 优化大学城在区域中心城市建设中的功能。充分综合考量大学城在区域中心城市建设中的角色担当和效能发挥。与此同时，就区域中心城市而言，其"中心"的定位，关键在内在属性，而非外在禀赋。其成为区域中心或制高点的机理，就大学城的建立而言，除了常规性地提高城市的政治、经济影响力外，对于人口聚集的高度吸引是另一种重要贡献。人是文化和精神的动物。人之存在与去留，生存之余，是寻求快乐的自觉生活。城市的魅力所在，机遇与物质条件之外，还包括独特的人文环境与文明品位、多彩的青春活力和时尚故事、浪漫的奋斗足迹和成长记忆。将这种认知变为有计划的实践行为，可为将来把临港建成具有行政性区域职能的中心城市核心区制高点亦即"滨港新区"，奠定前瞻性基础。

3. 留住支撑"无中生有"可持续的要素。一则针对引进的高端人才抉择去留的"软肋"制定政策，充实牢固其留下来的理由，为大学城可持续储存核心理据；二则为大学城培养的人才创造本土化成才发展的环境，可使大学城建设投入的本土效益最大化。

4. "有所不为"规避制约实现可持续的风险。一是关注引进大学与地方现实和未来产业发展的高度相关性，以提高大学城人才的"自产自销"率，实际支撑起可持续目标；二是充分理性考量大学城不同办学层次本土化的可能性和同质、同层的竞争关系，亦即引进大学硕、博层次的培养教育移居宜宾有极大的可能性和现实性，而省级及其以上城市的大学本科层次移居宜宾大学城，可能会遭自学生本人或家长的抵制。同时，与宜宾同一层级城市大学本科生移居宜宾，有可能遭自其地政府的极力反对。这些因素会在实际上制约大学城规模化的持续发展。

（三）视野开阔与以我为主

1. 视野开阔。一是要全方位突破大学城建设中引进高等教育机构的自我阈限，包括高校或高等研究培养机构、国内或国外、本地或外地、重点或非重点、公办或私立、行业专业划分、高教办学层次（如普通专科或职业教育）、全日制或培训机构等。重在寻求实质合理，落实为我所用；二是实现"双城"（大学城与科创城）良性互动。充分认知二者在方向、要素、人才、功能、上下游等关系上的关联、互补等关系，以实现在实际规划建设运行中获得综合效益最大化；三是关注"三城"互动亦即大学城、科创城和宜宾城的联动关系，包括引进研究机构与宜宾资源独特禀赋的相关性、与宜宾本土现实产业的相关性，以及与宜宾未来产业和社会事业发展的正面相关性。

2. 以我为主。首先是基于大学人才培养、科学研究、社会服务、文化传承和社会批评功能全要素视角，对症宜宾本土的当下和长远实际需要进行引进和建设；其次在引进大学的办学定位、业务发展、专业转型、招生指标区域配置等方面，在基于互利互惠的前提下，力争宜宾优先权，提高大学城内涵与宜宾发展的综合关联度和利益紧密性；最后是处理好引进大学与本地大学的关系，切实消除壁垒，建立起互利共生、和谐共荣的和谐双赢机制。

后　记

　　民族的复兴离不开文化的繁荣昌盛。从党的十八大提出"建设社会主义文化强国"，到党的十九大强调"坚定文化自信"，再到党的二十大聚焦"推进文化自信自强"，反映的是我国文化建设发展的历史进程和前进趋势，也彰显出文化在国民经济与社会发展中的重要性。

　　研究如何走好中国特色社会主义文化发展道路、如何更好地推进现代公共文化服务体系建设等问题，必须着眼于基层公共文化与治理的实际。习近平总书记2022年6月8日来到宜宾学院实地考察，期间对师生发表的重要讲话为高等学校更好地服务地方经济社会发展指明了责任使命和新的方向，极大地鼓舞了师生的专业研究和实践工作。

　　本书是团队合作的研究成果。研究团队成员既有高校中长期专注于基层公共文化与治理的研究者，又有文化企业和基层政府机构的好学深思之士。初稿完成之后，为了保持整体严谨和风格一致，团队对各章节做了大量的修改润饰和内容调整等统稿工作。编写组在素材采集、实地调研和案例撰写过程中，得到了地方党委政府和企事业单位的积极支持和配合，也参考了有关课题、专题报告或论文的研究成果。对于有关机关、企业和个人前期研究的辛勤付出及其对案例所作的基础性贡献表示诚挚的感谢。

　　因水平、时间、阅历等多方面原因，书中某些观点和思路或有不足之处，诚望读者不吝赐教，使之臻于完善。

编写组
2022年11月